"十三五"国家重点图书出版规划项目

全国听力语言康复系列丛书

ZAOQI JIAOYU QUANMIAN FAZHAN HUODONG ZHIDAO

早期教育全面发展活动指导

2.5~3岁

刘青兰　胡静　主编

蘭州大學出版社
LANZHOU UNIVERSITY PRESS

图书在版编目（CIP）数据

早期教育全面发展活动指导. 2.5～3岁 / 刘青兰,
胡静主编. -- 兰州 : 兰州大学出版社, 2022.12
（全国听力语言康复系列丛书）
ISBN 978-7-311-06416-7

Ⅰ. ①早… Ⅱ. ①刘… ②胡… Ⅲ. ①听力障碍－早
期教育－特殊教育 Ⅳ. ①G762.2

中国版本图书馆CIP数据核字(2022)第238963号

责任编辑 黄 卉
封面设计 雷们起

书　　名 早期教育全面发展活动指导(2.5～3岁)
作　　者 刘青兰 胡静 主编
出版发行 兰州大学出版社 (地址:兰州市天水南路222号 730000)
电　　话 0931-8912613(总编办公室) 0931-8617156(营销中心)
　　　　 0931-8914298(读者服务部)
网　　址 http://press.lzu.edu.cn
电子信箱 press@lzu.edu.cn
印　　刷 兰州银声印务有限公司
开　　本 710 mm×1020 mm 1/16
印　　张 28.75
字　　数 481千
版　　次 2022年12月第1版
印　　次 2022年12月第1次印刷
书　　号 ISBN 978-7-311-06416-7
定　　价 96.00元

前　言

本书受国家出版基金资助，由甘肃省听力语言康复中心专家及老师精心编写，是《全国听力语言康复系列丛书》中的一本。《早期教育全面发展活动指导（2.5～3岁）》以听力语言康复全面发展为依托，以2.5～3岁婴幼儿身心发展规律为基础，运用“多样化”和“立体化”的教育形式，促进听障儿童全面康复。

本书的课程设置在突出各领域全面发展的基础上，注重体现特殊教育的特点，内容涉及逻辑思维、绘本、美术和音乐等各个方面，旨在帮助2.5～3岁婴幼儿搭建个性化的立体知识框架，为其未来的学习生涯打下坚实的基础。本书通俗易懂、内容简单明了，对于听障儿童家长来说，也是一本容易上手的育儿手册。

根据婴幼儿的发展特点，现已开发出《早期教育全面发展活动指导（2～2.5岁）》和《早期教育全面发展活动指导（2.5～3岁）》两本。期望为相关康复机构、听障儿童及家长提供简单易行、切实有效的帮助和指导。

目 录

第一篇　逻辑思维

第一课
蝴蝶飞飞

一、问好

活动目标：

1. 初步培养幼儿的社会交往能力。
2. 让幼儿形成见面打招呼的习惯。
3. 幼儿初步认识自己的名字（汉字符号认知）。

活动准备：

幼儿姓名卡片

活动过程：

1. 教师欢迎幼儿，逐个出示每一个幼儿的姓名卡片，边唱歌曲，边请幼儿来取走自己的姓名卡片。

2. 问答回应歌曲。

1 2　3 4 | 5　5 | 5　3 | 1 1 ‖
这　是　谁 的 名 字，× × ?

1 2　3 4 | 5　5 | 5　3 | 1 1 ‖
这　是　我 的 名 字。× × ?

二、静寂活动：拉大锯

活动目标：

1. 稳定幼儿情绪。
2. 培养幼儿的模仿能力。
3. 通过游戏活动，促进亲子关系。

活动准备：

波波熊玩偶

活动过程：

1.教师将波波熊面对自己放在膝盖上，示范拉扯及落地的动作，并唱儿歌：

“拉大锯、扯大锯，姥姥门前唱大戏；

爸爸去、妈妈去，就是不让宝宝去。”

2.家长带领幼儿进行活动。

a 放倒动作

b 拉回动作

c 落地动作

图1-1-1 拉大锯活动动作示意图

三、康复训练：回答“哎”

活动目标：

1. 听辨自己和他人的名字。
2. 能够听辨自己的名字并回答“哎”。
3. 感知双耳后面的声音。

活动过程：

1. 请幼儿背对着教师坐在家长怀里。
2. 教师请听到自己名字的幼儿大声回答“哎”，并转过身来坐在家长的腿上。
3. 提醒家长先让幼儿进行听辨。被叫了两次名字还不能听辨的幼儿，家长可以用眼神提醒，并示意幼儿答应“哎”。

四、主题活动：蝴蝶飞飞

活动目标：

1. 通过视觉的感知，按颜色进行配对练习。
2. 通过配对练习，让幼儿形成一一对应的概念。
3. 培养幼儿的专注力。

活动准备：

红色、蓝色、黄色蝴蝶的卡片，红色、蓝色、黄色花的卡片，教具筐

图 1-1-2 蝴蝶飞飞活动教具示意图

活动过程：

1.教师取工作毯铺好，然后从玩具柜双手端教具筐回到毯前坐好。

2.教师逐一出示花的卡片，告知幼儿这是什么颜色的花，并逐一摆放整齐。

3.教师逐一出示蝴蝶卡片，告知幼儿红色的蝴蝶要去找红色的花。

4.教师逐一进行蝴蝶和花的颜色配对演示。

5.请幼儿进行配对活动。

6.活动结束后，教师一边收教具，一边讲解活动目的，然后将教具与工作毯放回原处。

五、游戏活动：小手拍拍、小脚踏踏

活动目标：

1.通过游戏发展幼儿肢体协调能力。

2.通过游戏激发幼儿的愉快情绪以及合作能力。

3.完成听指令做动作的活动。

活动过程：

教师带领幼儿边说儿歌边做动作。

“小手、小手拍拍，我的小手举起来”，先拍手，再打开手并举过头顶；

“小手、小手拍拍，我的小手转起来”，先拍手，再打开并摆动双手；

“小手、小手拍拍，我的小手藏起来”，先拍手，再将双手藏在身后；

“小脚、小脚踏踏，我的小脚走起来”，先双脚原地踏步，再向前走几步；

“小脚、小脚踏踏，我的小脚抬起来”，先双脚原地踏步，再将一只脚抬起来；

“小脚、小脚踏踏，我的小脚踮起来”，先双脚原地踏步，再做踮脚动作。

六、再见礼仪

活动目标：

1.培养幼儿的礼貌修养。

2.培养幼儿的耐心。

3.学会和教师告别，养成良好的礼仪习惯。

活动过程：

教师告知大家今天的活动结束了，请幼儿伸出小手拍一拍，语言提示，“拍拍小手，说拜拜”，提示幼儿拍手、摆手表示再见。

【教学具准备】

教师教具：

1.A3纸1张（公园草地），在纸上划三个1 cm长的小口（如图1-1-3），可插入花朵卡片。

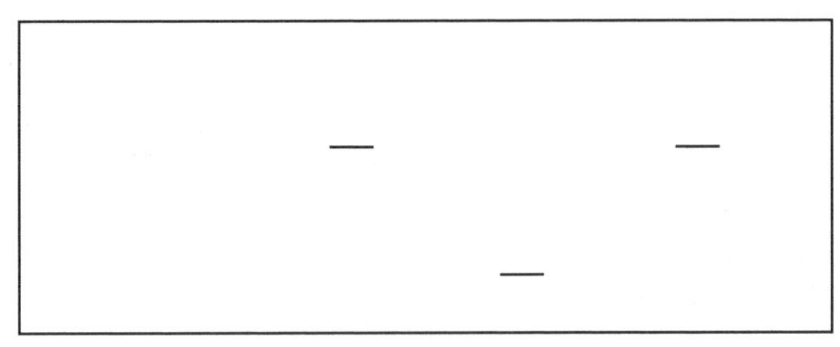

图1-1-3 “公园草地”示意图

2.宽1.5 cm的红、黄、蓝五瓣花卡片各1张。在花朵下方连接宽1 cm、长10 cm的竖纸条，并在每朵花朵中央划长1 cm的小口。

3.红、黄、蓝3种颜色的蝴蝶各1只，蝴蝶是展开翅膀的，宽8 cm，蝴蝶下方连接宽1 cm，长10 cm的竖纸条。

幼儿学具：

1.A4纸1张（可做公园草地）。

2.红色、蓝色、黄色的蝴蝶卡片各1张，宽4 cm，背面可粘贴。

3.红色、蓝色、黄色的花朵卡片各1张，宽8 cm，背面可粘贴。

第二课

水果找朋友

一、问好

活动目标：

1.初步培养幼儿的社会交往能力。

2.让幼儿形成见面打招呼的习惯。

3.幼儿初步认识自己的名字（汉字符号认知）。

活动准备：

幼儿姓名卡片

活动过程：

同第一课内容。

二、静寂活动：两根手指

活动目标：

1.通过游戏发展幼儿手指的灵活性。

2.通过游戏激发幼儿的愉快情绪。

活动过程：

1.教师边唱歌谣边示范做手指动作，并请家长和幼儿跟随教师一起唱儿歌学动作。

“两根大拇指弯弯腰、点点头、点点头”，伸出大拇指，指尖上下活动；

“两根食指变公鸡，斗一斗、斗一斗”，伸出食指碰在一起；

“两根小拇指拉拉钩，好朋友、好朋友”，伸出两根小拇指勾在一起；

“两只小手碰一碰，拍拍手、拍拍手”，伸出双手拍一拍。

2.请家长带领幼儿模仿教师动作学做手指操。

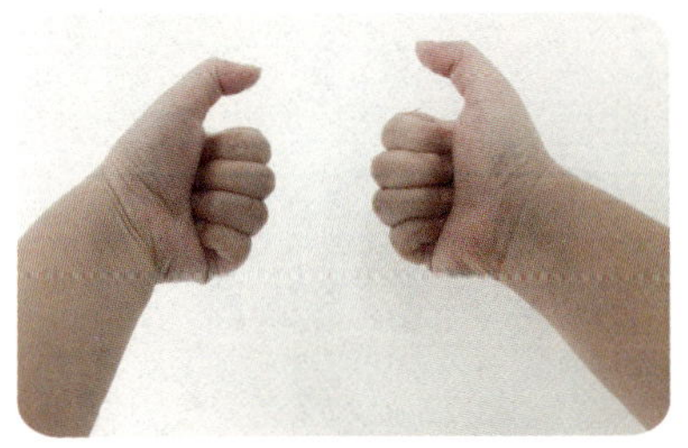

a　弯腰、点头

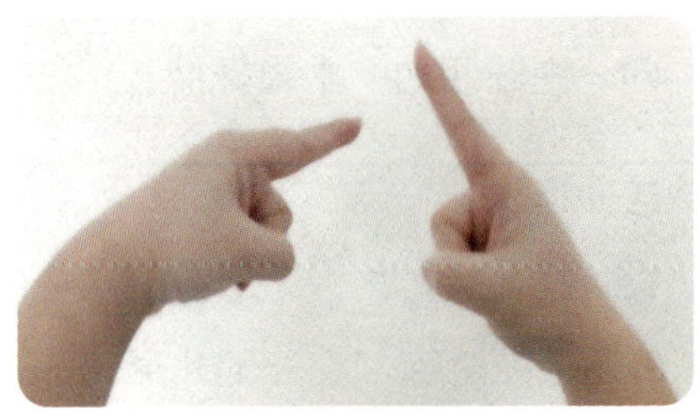

b　变公鸡

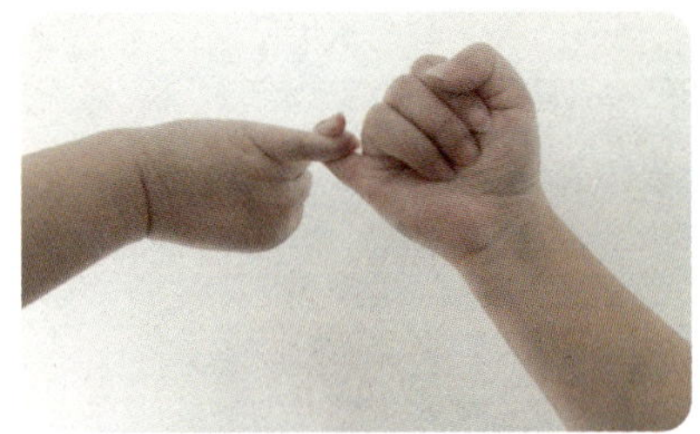

c　拉钩

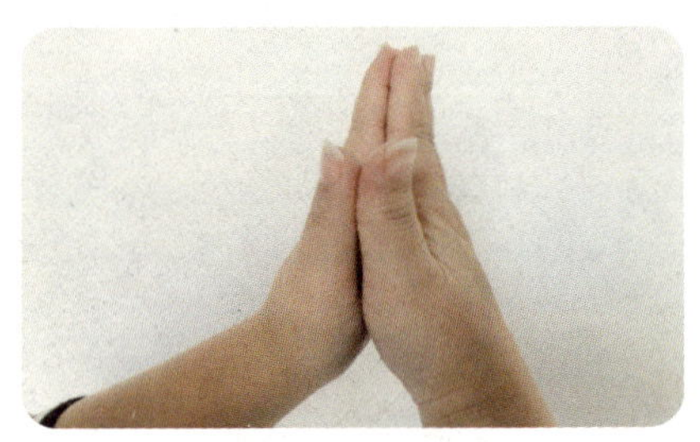

d　拍手

图 1-2-1　两根手指活动动作示意图

三、康复训练：吃豆豆

活动目标：

1.锻炼幼儿口腔肌肉的灵活性。

2.锻炼幼儿唇部肌肉力量。

3.锻炼幼儿模仿动作的能力。

活动准备：

舌操音乐

活动过程：

1.教师模仿吃豆豆的动作，引导幼儿进行咀嚼练习。

2.播放音乐，教师进行张大嘴、卷舌头、顶舌头、活动嘴、揉脸活动。

3.请家长引导幼儿模仿教师动作。

4.活动完成后，教师带领幼儿将双臂打开，学小鸟飞的动作，做呼吸放松练习。

四、主题活动：水果找朋友

活动目标：

1.通过观察实物，让幼儿感知物体和图片的颜色。

2.通过配对练习，让幼儿形成一一对应的概念。

活动准备：

苹果、香蕉、西瓜模型各1个，苹果、香蕉、西瓜图片各1张，玩具筐

图1-2-2　水果找朋友活动教具示意图

活动过程：

1.教师取工作毯铺好，然后从玩具柜双手端教具筐回到毯前坐好。

2.教师逐一拿出水果模型，在用手触摸后，给幼儿展示，并语言提示，“这是苹果，一个红色的苹果”。

3.教师一边介绍水果的名称，一边依次将其摆放在工作毯上。

4.教师随机拿出一张水果图片，逐个与摆放的水果模型进行对比观察，找到与它相同的水果模型，并将图片摆放在其下方。

5.教师在配对时用点头或摇头的方式对幼儿强调配对结果正确与否，直到找到与图片相应的水果模型。

6.教师请幼儿参与活动。

7.教师一边收教具，一边讲解活动目的，然后将教具与工作毯放回原处。

五、游戏活动：苹果长在大树上

活动目标：

1.通过游戏发展幼儿的踮脚能力及肢体协调能力。

2.通过游戏激发幼儿的愉快情绪，增强亲子感情。

活动准备：

苹果卡片、绳子（需要穿在苹果卡片上）

活动过程：

1.教师出示苹果卡片，语言提示"苹果"。

2.教师示范将苹果卡片用绳子提起来，请幼儿使劲踮脚够苹果卡片。

3.家长带领幼儿进行游戏活动。

4.家长跟随教师一起唱儿歌《苹果长在大树上》。

"苹果长在大树上，摇一摇，掉下来，
苹果长在大树上，转一圈，掉下来，
苹果长在大树上，大风吹，掉下来。"

六、再见礼仪

活动目标：

1.培养幼儿的礼貌修养。

2.培养幼儿的耐心。

3.学会和教师告别，养成良好的礼仪习惯。

活动过程：

同本篇第一课内容。

【教学具准备】

教师教具：

红色苹果、香蕉、西瓜图片各1张，A4纸大小。

幼儿学具:

1.红色苹果、香蕉、西瓜图片各1张，16K纸大小。

2.直径5 cm的苹果（带叶子）卡片2张，将苹果卡片过塑，并在卡片上打一个孔。

3.可以穿过孔的绳子2根，提前穿在苹果卡片上。

第三课
分积木

一、问好

活动目标：

1.初步培养幼儿的社会交往能力。

2.让幼儿形成见面打招呼的习惯。

3.幼儿初步认识自己的名字（汉字符号认知）。

活动准备：

幼儿姓名卡片

活动过程：

同本篇第一课内容。

二、静寂活动：手指亲亲

活动目标：

1.稳定幼儿情绪。

2.培养幼儿的模仿能力。

活动过程：

1.教师边唱歌谣边示范做手指动作，并请家长和幼儿跟随教师一起唱儿歌学动作。

“小拇指勾勾”，伸出小拇指互相勾在一起；

“大拇指顶顶”，伸出大拇指相互顶；

“转个圈儿”，大拇指相顶，其他四指伸开，手心相对，右手向前，左手向后；

“转个圈儿”，大拇指相顶，其他四指伸开，手心相对，右手向后，左手向前；

“握手亲亲”，两手相握；

“握手亲亲”，两手相握。

2.家长带领幼儿模仿教师动作进行活动。

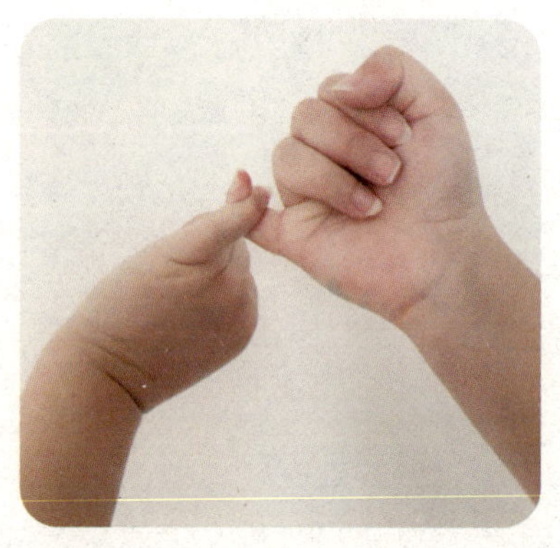

a 小拇指勾勾动作

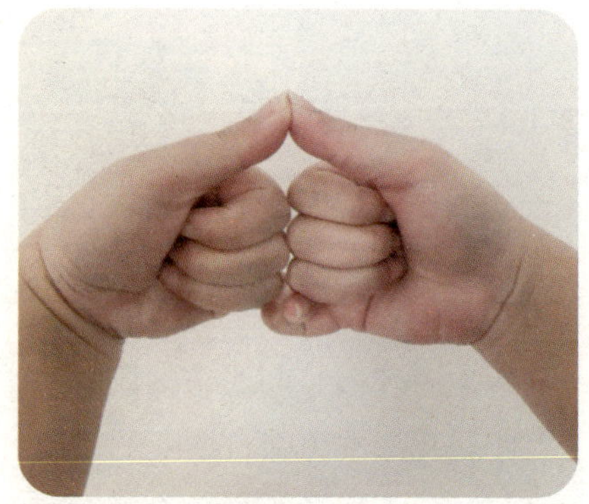

b 大拇指顶顶动作

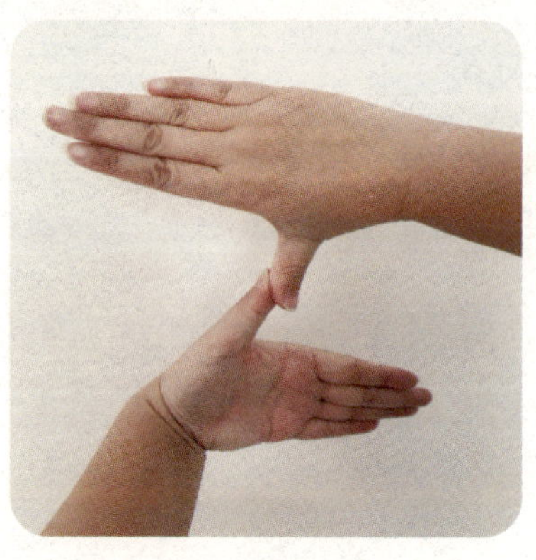

c 转个圈动作

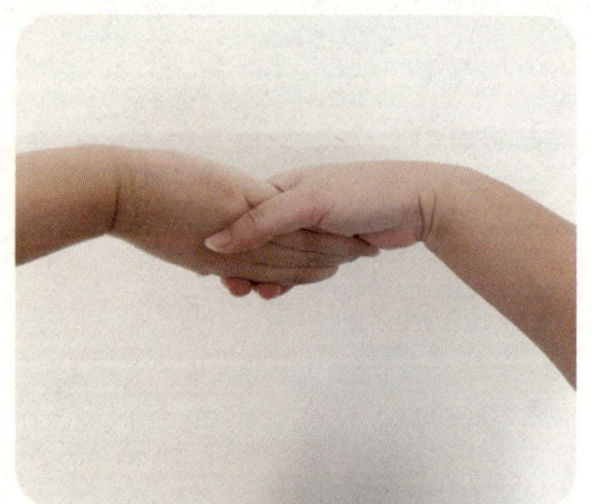

d 握手亲亲动作

图1-3-1 手指亲亲活动动作示意图

三、康复训练：纸飞机1

活动目标：

1.进行简单的哈气练习。

2.训练幼儿手部精细动作。

3. 训练幼儿手眼协调能力，练习用眼睛追踪物品的能力。

活动准备：

不同颜色的正方形折纸

活动过程：

1. 教师出示折纸，示范折纸飞机。
2. 请家长协助幼儿折纸飞机。
3. 教师示范哈气的动作后将飞机飞出去。
4. 请家长带领幼儿拿着折好的飞机站在教室一边，引导幼儿进行哈气练习，将自己的飞机飞出去，再找回自己的飞机。

图 1–3–2　纸飞机 1 活动教具示意图

四、主题活动：分积木

活动目标：

1. 通过视觉的感知，按颜色进行分类练习。
2. 通过分类练习，让幼儿形成类的概念。
3. 培养幼儿的专注力。

活动准备：

红色、蓝色、黄色的积木各 1 块，红色、蓝色、黄色的盘子各 1 个，玩具筐

a 积木

b 盘子

图1-3-3分积木活动教具示意图

活动过程：

1.教师取工作毯铺好，然后从玩具柜双手端教具筐回到毯前坐好。

2.教师出示红色的积木，语言提示，“这是红色的积木”。同样的方法展示蓝色和黄色的积木。

3.教师将3种颜色的积木摆放整齐后，拿出3个盘子放在工作毯上，演示将3种颜色的积木分别放入相同颜色的盘子中。

4.请幼儿进行分类活动。

5.活动结束后，教师一边收教具，一边讲解活动目的，然后将教具与工作毯放回原处。

五、游戏活动：小兔子拔萝卜

活动目标：

1.通过游戏进行弯腰和下蹲的练习，并练习简单的跳跃动作。

2. 发展幼儿肢体协调能力。

3. 通过游戏激发幼儿的愉快情绪，并培养合作能力。

活动准备：

兔子头饰、胡萝卜卡片若干、筐子

图 1–3–4　小兔子拔萝卜活动教具示意图

活动过程：

1. 教师布置场地：将胡萝卜图片插在地垫接缝处，请幼儿们站在教室的一侧，在教室的另一侧放置筐子。

2. 教师示范活动过程：戴好兔子头饰后，模仿兔子动作跳着出发到“胡萝卜地”，蹲下拔出“胡萝卜”，站起身来跳着将“胡萝卜”送进筐子。

3. 请家长给幼儿戴好兔子头饰，并排好队进行活动。第一位幼儿将“萝卜”送到筐子里时，再请第二位幼儿出发。活动过程中，教师强调每位幼儿每次只能拔 1 根“胡萝卜”。

4. 教师整理场地，告知家长本次活动的目的。

六、再见礼仪

活动目标：

1. 培养幼儿的礼貌修养。

2. 培养幼儿的耐心。

3. 学会和教师告别，养成良好的礼仪习惯。

活动过程：

同本篇第一课内容。

【教学具准备】

幼儿教具：

1.红色、蓝色、黄色纸盘（直径15 cm）。

2.小兔子卡通头饰（宽15 cm）。

3.胡萝卜图片（长15 cm，宽5 cm），过塑。

第四课
大兔子和小兔子

一、问好

活动目标：

1. 初步培养幼儿的社会交往能力。
2. 让幼儿形成见面打招呼的习惯。
3. 幼儿初步认识自己的名字（汉字符号认知）。

活动准备：

幼儿姓名卡片

活动过程：

同本篇第一课内容

二、静寂活动：石头、剪刀、布

活动目标：

1. 发展幼儿手的灵活性。
2. 能够模仿成人动作，进行简单的儿歌练习。

活动过程：

教师带领幼儿边说儿歌边做动作。

“石头、剪刀、布呀，石头、剪刀、布，左手剪刀、右手剪刀，变成小白兔”，伸出双手的食指和中指模仿两只兔子耳朵（如图1-4-1a所示）；

“石头、剪刀、布呀，石头、剪刀、布，左手是布、右手是布，变成蝴蝶飞”，伸开双手，大拇指相邻，模仿蝴蝶飞舞的样子（如图1-4-1b所示）；

“石头、剪刀、布呀，石头、剪刀、布，左手石头、右手剪刀，变成蜗牛去散步”，伸出右手的食指和中指模仿蜗牛的触角，左手握拳放在右手上方模仿蜗牛壳（如图1-4-1c所示）；

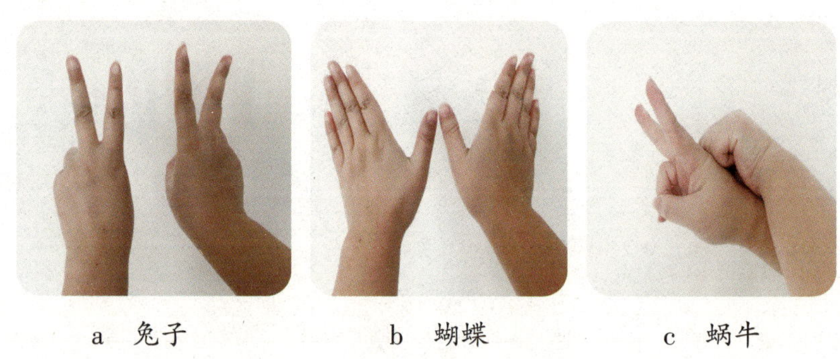

a 兔子　　b 蝴蝶　　c 蜗牛

图1-4-1　石头、剪刀、布活动动作示意图

三、康复训练：飞飞机

活动目标：

1.发音练习，分别练习发单元音ɑ的一声、二声和四声。

2.通过身体的高低变化感知声音的高低。

活动过程：

1.教师介绍活动主题。请家长扶住幼儿的身体，让幼儿双手伸开模仿飞机。家长慢慢地蹲下来，语言提示“飞机要起飞了”，教师带领幼儿发ā声，随着身体站起来，声音变高。

2.语言提示，“飞机飞起来了”，请家长把幼儿举高，语言提示，“飞机飞得高高的”，教师发á声，语言提示，“小飞机飞高了”。家长扶着幼儿的身体，尽量将幼儿向上举，并引导幼儿发á声。

3.语言提示，“飞机飞得好累啊，请飞机降落吧，à，飞机落下来了”。家长在高处将幼儿较快速地放下，并发à声。

4.发音练习进行两次后，家长在教师的带领下随意“飞飞机”。家长在带领幼儿玩游戏时，可以这样说：“飞机慢慢地飞，开始飞快了，飞机飞得很高很高，飞机飞得很低很低，飞机侧着飞，换个方向侧着飞，飞机飞累了。飞机场到了，请找个空的机位停好飞机吧。”

四、主题活动：大兔子和小兔子

活动目标：

1. 初步学习从两个大小不一样的物体中辨别出哪个大、哪个小。
2. 在辨别大和小的基础上，学会按大、小配对。
3. 学说“大的”“小的”。

活动准备：

大兔子、小兔子毛绒玩偶，大、小胡萝卜模型若干，玩具筐

活动过程：

1. 教师取工作毯铺好，然后双手从玩具柜端教具筐回到毯前坐好。
2. 教师拿出大、小兔子毛绒玩偶，并告知幼儿，“这是会跳、跳、跳的兔子。”然后出示大兔子，语言提示，“大的、大的，这是大的兔子”；出示小兔子，语言提示，“小的、小的，这是小的兔子”。
3. 教师拿出大、小胡萝卜模型，并告知幼儿，“这是兔子爱吃的胡萝卜。”然后出示大胡萝卜，语言提示，“大的、大的，这是大胡萝卜”；出示小胡萝卜，语言提示，“小的、小的，这是小胡萝卜”。
4. 教师示范操作大、小兔子与大、小胡萝卜配对，大兔子的食物是大胡萝卜，小兔子的食物是小胡萝卜。当教师将兔子和胡萝卜进行对比时，用点头或摇头的方式强调配对成功或配对失败。
5. 请幼儿进行配对练习。
6. 游戏结束后，教师分别将教具和工作毯收好后，告知家长活动目标。

五、情景游戏：送小兔子回家

活动目标：

1. 通过游戏发展幼儿肢体协调能力。
2. 锻炼幼儿钻、爬的能力及身体平衡性。
3. 通过游戏激发幼儿的愉快情绪，并增加亲子感情。

活动准备：

平衡步道，阳光隧道，大、小兔子毛绒玩具，大、小房子

a 平衡步道

b 阳光隧道

c 大、小兔子

图 1-4-2 送小兔子回家活动教具示意图

活动过程：

1. 教师布置场地，用平衡步道当作小桥，阳光隧道当作山洞，另一端放置大、小房子，引出送兔子回家的话题。

2. 教师示范活动过程：手拿毛绒玩具走过“小桥”，爬过“山洞”，将大兔子和小兔子送回到自己的家里，大兔子送回大房子，小兔子送回小房子。

3. 请幼儿排队依次进行活动。

4. 游戏结束后，教师整理场地，告知家长本次活动的目的。

六、再见礼仪

活动目标：

1. 培养幼儿的礼貌修养。

2. 培养幼儿的耐心。

3. 学会和教师告别，养成良好的礼仪习惯。

活动过程：

同本篇第一课内容。

【教学具准备】

幼儿学具：

1. 大兔子卡片，15 cm×15 cm大小。

2. 小兔子卡片，6 cm×6 cm大小。

第五课

形状分类（小狗吃饼干）

一、问好

活动目标：

1.初步培养幼儿的社会交往能力。

2.让幼儿形成见面打招呼的习惯。

3.幼儿初步认识自己的名字（汉字符号认知）。

活动准备：

幼儿姓名卡片

活动过程：

同本篇第一课内容。

二、静寂活动：钢琴曲欣赏（寂静的森林）

活动目标：

1.锻炼幼儿学习等待的能力。

2.稳定幼儿情绪。

3.练习幼儿身体的平衡感。

活动准备：

钢琴曲《寂静的森林》、海绵球（每人1个）

活动过程：

1.教师与幼儿同向站在椭圆线上准备走线，家长们站在线外。

2.教师示范走线的动作，将海绵球双手捧在手心，随着音乐慢慢地走。

3.家长要引导幼儿小脚踩在椭圆线上，在幼儿走的过程中，教师提醒家长要安静地跟随幼儿走。

4.幼儿的小球如果掉落，请家长帮忙捡回。

5.音乐停止时，家长带幼儿面向教师呈半圆形站在线上，将小球依次送回，然后坐下休息。

图 1-5-1　静寂活动示意图

三、康复训练：划船

活动目标：

1.通过游戏活动听辨鼓声的快慢。

2.通过游戏巩固韵母 u-a 的发音轮换练习。

3.初步进行声母 h 的发音练习。

活动准备：

鼓、鼓棒、波波熊玩偶

活动过程：

1.教师讲解活动目的及要求。

2.请幼儿横坐在家长腿上，双手搂住家长的脖子，家长双手支撑在地上。

3.教师开始敲鼓，家长开始做双手划船的动作。听到慢慢的鼓声请慢慢地划，听到快快的鼓声请快快地划。教师提醒家长划船时发h-ua音，并注意保护幼儿的安全。

4.游戏反复两次后，请幼儿独立进行划船活动，家长引导幼儿发h-ua音。

图1-5-2　划船活动示意图

四、主题活动：形状分类（小狗吃饼干）

活动目标：

1.发展幼儿对形状的认知能力。

2.通过配对练习，让幼儿学会形状配对。

活动准备：

小狗吃饼干玩具盒，圆形、正方形、三角形饼干卡片，小狗头饰

图1-5-3　形状饼干分类教具示意图

活动过程：

1. 教师取工作毯铺好，然后双手从玩具柜端教具筐回到毯前坐好。

2. 教师头戴小狗头饰，出示小狗吃饼干玩具盒，向小朋友展示圆形、正方形、三角的饼干盒；然后，拿出一个圆形饼干卡片，用手指触摸形状，并说出形状名称，语言提示，“圆形，这是圆形的饼干”；最后，在饼干盒上找出圆形轮廓，用手指触摸，将圆形饼干放入圆形的洞里。

3. 教师依次将正方形和三角形饼干放入相对应的洞里。

4. 教师请幼儿戴好小狗头饰进行活动。

5. 活动完成后，教师讲解本次活动的目的。

五、游戏活动：小动物送信

活动目标：

1. 发展幼儿对形状符号的认知能力。

2. 练习一一对应的能力。

活动准备：

贴着3种形状的信封各1个（圆形、正方形、三角形）、3个呼啦圈（圆形、正方形、三角形）、障碍物

活动过程：

1. 教师在教室一侧放好呼拉圈，在教室另一侧放置信封，在中间放置障碍物。

2. 请幼儿在教室另一侧排好队。

3. 请幼儿选择1个信封，并一个接一个跨过障碍物送信，分别在3个不同形状的呼啦圈里放入画着相应图形的信封。

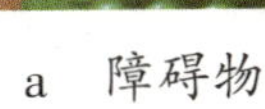

a 障碍物

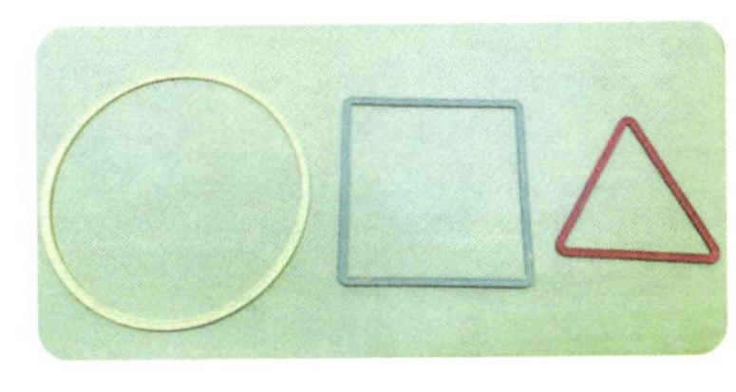

b 呼啦圈

图1-5-4 小动物送信活动教具示意图

六、再见礼仪

活动目标：

1. 培养幼儿的礼貌修养。

2. 培养幼儿的耐心。

3. 学会和教师告别，养成良好的礼仪习惯。

活动过程：

同本篇第一课内容。

【教学具准备】

教师学具：

1. 圆形、正方形、三角形饼干卡片。

2. 卡通小狗头饰，可调整大小。

幼儿学具：

1. 圆形、正方形、三角形饼干卡片。

2. 分别贴有圆形、正方形、三角形的信封各一个。

3. 卡通小狗头饰，可调整大小。

第六课
穿红色扣子

一、问好

活动目标：

1. 初步培养幼儿的社会交往能力。

2. 让幼儿形成见面打招呼的习惯。

3. 幼儿初步认识自己的名字（汉字符号认知）。

活动准备：

幼儿姓名卡片

活动过程：

同本篇第一课内容。

二、静寂活动：五只猴子荡秋千

活动目标：

1. 通过游戏发展幼儿手指的灵活性。

2. 通过游戏激发幼儿的愉快情绪。

活动过程：

1. 教师示范手指动作，并请家长跟随教师一起学习儿歌。

教师左手五指伸开，右手四指并拢、大拇指上下开合，做鳄鱼嘴巴状，并将两手保持动作背在身后做准备（见图1-6-1a）。

“五只猴子荡秋千，嘲笑鳄鱼被水淹，又来一条大鳄鱼，吃掉一只小猴子，啊呜”，将两只手伸到胸前，右手做鳄鱼张合嘴状，左手大拇指随着“啊呜”弯曲，然后再次将两只手保持动作背在身后；

“四只猴子荡秋千，嘲笑鳄鱼被水淹，又来一条大鳄鱼，吃掉一只小猴子，啊呜”，将两只手伸到胸前，右手做鳄鱼张合嘴状，左手食指随着“啊呜”弯曲，然后再次将两只手保持动作背在身后；

“三只猴子荡秋千，嘲笑鳄鱼被水淹，又来一条大鳄鱼，吃掉一只小猴子，啊呜”，将两只手伸到胸前，右手做鳄鱼张合嘴状，左手中指随着“啊呜”弯曲，然后再次将两只手保持动作背在身后；

“两只猴子荡秋千，嘲笑鳄鱼被水淹，又来一条大鳄鱼，吃掉一只小猴子，啊呜”，将两只手伸到胸前，右手做鳄鱼张合嘴状，左手无名指随着“啊呜”弯曲，然后再次将两只手保持动作背在身后；

“一只猴子荡秋千，嘲笑鳄鱼被水淹，又来一条大鳄鱼，吃掉一只小猴子，啊呜”，将两只手伸到胸前，右手做鳄鱼张合嘴状，左手小拇指随着“啊呜”弯曲，游戏结束。

2.家长带领幼儿模仿教师动作进行手指谣的学习。

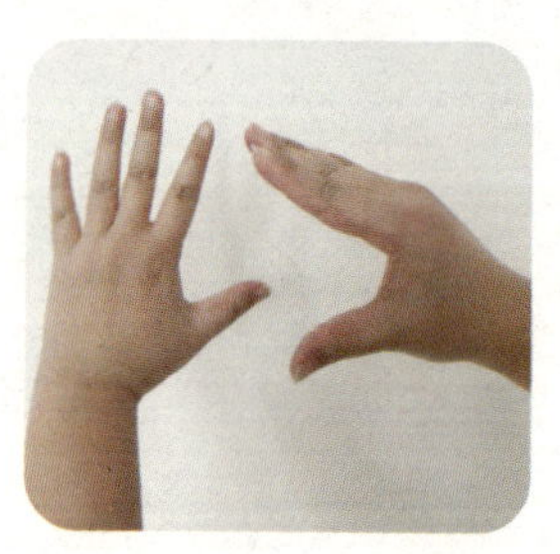

a 吃掉第一只猴子

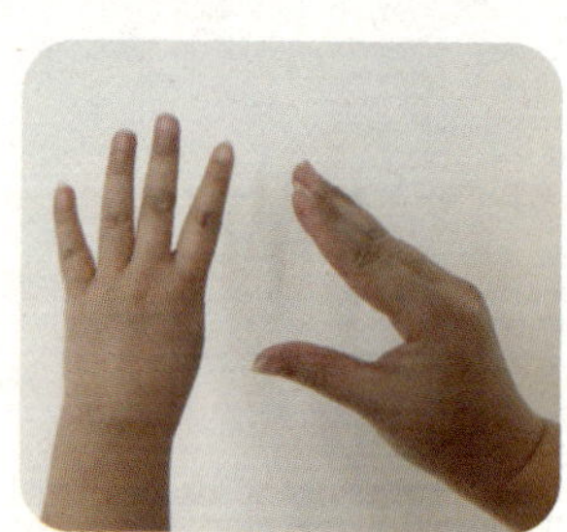

b 吃掉第两只猴子

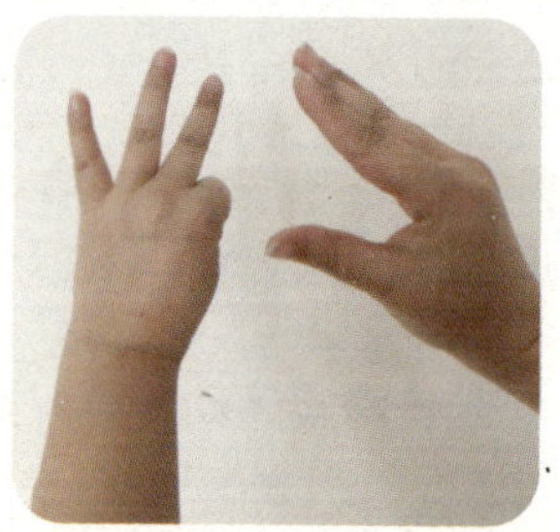

c 吃掉第三只猴子

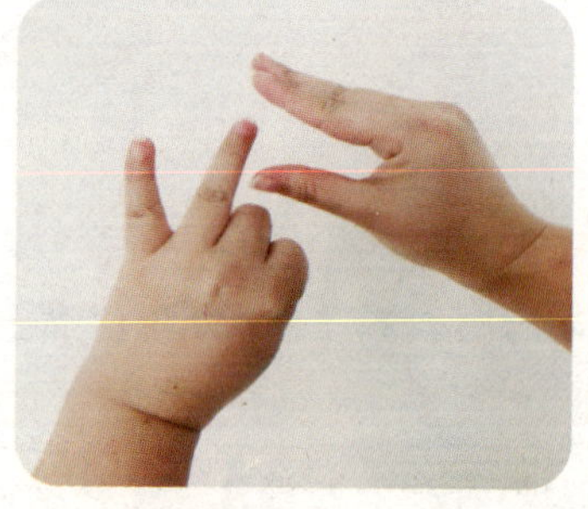

d 吃掉第四只猴子

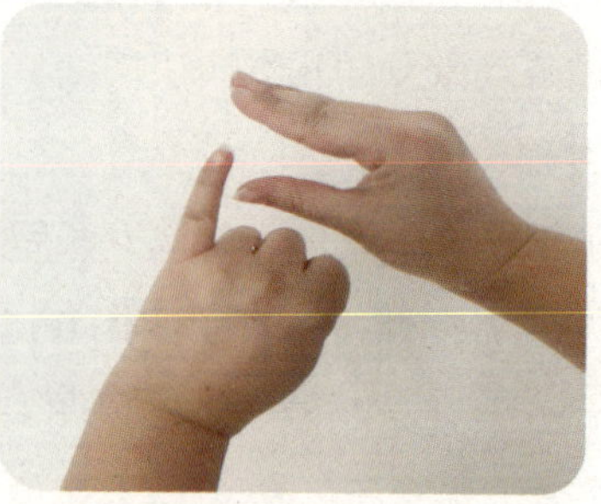

e 吃掉第五只猴子

图1-6-1 五只小猴荡秋千活动动作示意图

三、康复训练：吹胡子

活动目标：

1.锻炼幼儿气息，改善幼儿气息不足。

2.为幼儿大声说话、说长句子打基础。

3.锻炼幼儿手部精细动作。

活动准备：

卫生纸

活动过程：

1.教师示范撕纸：将卫生纸撕成条状，一端不要撕断。

2.将撕好的纸放在唇部上方模仿胡子，进行吹胡子的动作。

3.家长引导幼儿模仿教师动作。

图 1-6-2　吹胡子活动示意图

四、主题活动：穿红色扣子

活动目标：

1.通过观察实物，让幼儿感知红色。

2.通过触摸感知物体的质感。

3.进行红色扣子的归类练习。

活动准备：

各色扣子（红色较多）、绳子、玩具筐

活动过程：

1. 教师取工作毯铺好，然后双手从玩具柜端教具筐回到毯前坐好。

2. 教师出示混在一起的扣子，告知幼儿要找出红色的扣子，语言提示，“这是红色的扣子”，用点头或摇头的方式对幼儿强调是否找对了红色的扣子。

3. 穿扣子时，教师用两指捏的动作将绳子穿过扣眼，语言提示“穿”。

4. 教师请幼儿参与活动。

5. 教师一边收教具，一边讲解活动目的，然后将教具与工作毯放回原处。

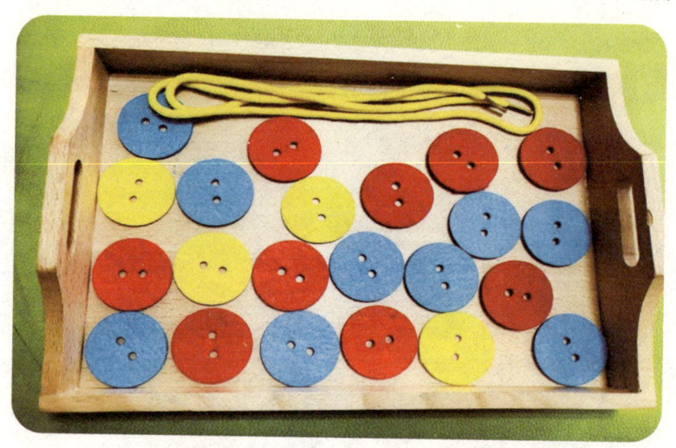

图1-6-3　穿红色扣子活动教具示意图

五、游戏活动：红绿灯

活动目标：

1. 通过游戏培养幼儿的注意力。

2. 初步锻炼幼儿的反应能力。

活动准备：

红色、绿色圆圈指示牌，音乐

图 1-6-4　红绿灯活动教具示意图

活动过程：

1. 教师出示红色指示牌，语言提示，“这是红色”。出示绿色指示牌，语言提示，“这个不是红色”。

2. 教师播放音乐，请幼儿排队随意走、跑、跳，幼儿看到教师出示红色指示牌时停下动作站在原地不动；看到不是红色的指示牌时开始活动。

3. 家长在幼儿不熟悉游戏规则时，可以提示幼儿。

六、再见礼仪

活动目标：

1. 培养幼儿的礼貌修养。
2. 培养幼儿的耐心。
3. 学会和教师告别，养成良好的礼仪习惯。

活动过程：

同本篇第一课内容。

【教学具准备】

教师教具：

20颗大扣子，其中红色扣子10颗，其他颜色扣子10颗 。

幼儿教具：

同教师教具。

第七课

分类夹糖果

一、问好

活动目标：

1.初步培养幼儿的社会交往能力。

2.让幼儿形成见面打招呼的习惯。

3.幼儿初步认识自己的名字（汉字符号认知）。

活动准备：

幼儿姓名卡片

活动过程：

同本篇第一课内容。

二、静寂活动：包饺子

活动目标：

1.加强幼儿身体协调能力。

2.训练幼儿连续翻身的能力。

3.训练幼儿的前庭觉及平衡感。

活动准备：

波波熊玩偶

活动过程：

教师将波波熊玩偶仰面放在地垫上进行身体按摩，并请家长对幼儿做相同的动作。

“擀擀皮”，双手放在玩偶胸前上下摩挲（见图1-7-1a）；

“和和馅”，双手放在玩偶胸前画圈摩挲（见图1-7-1b）；

“捏捏饺子剁三下”，双手横立在玩偶胸前上下按摩（见图1-7-1c）；

“煮一煮，煮一煮”，双手分别握着玩偶的小臂做弯曲动作（见图1-7-1d）；

“翻一翻，翻一翻”，双手扶住玩偶身体的两侧给玩偶翻身（见图1-7-1e）；

“捞起饺子晾一晾”，双手放在玩偶的腋下做“举高高”（见图1 7-1f）；

“闻闻饺子香不香”，将脸部埋在玩偶的胸前左右摇动挠痒痒。

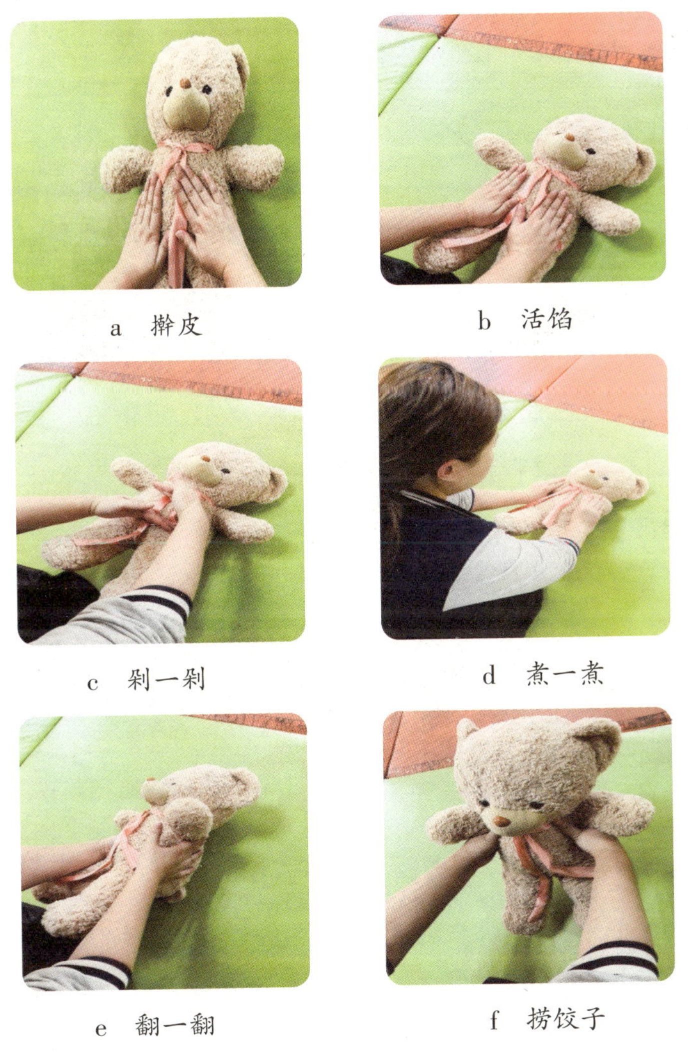

a 擀皮　　b 活馅

c 剁一剁　　d 煮一煮

e 翻一翻　　f 捞饺子

图1-7-1 包饺子活动动作示意图

三、康复训练：谁在唱歌

活动目标：

1. 通过游戏活动听辨两种乐器声。

2. 培养在集体环境中的聆听意识。

活动准备：

鼓、三角铁

a 三角铁

b 鼓

图 1-7-2 谁在唱歌活动教具示意图

活动过程：

1. 教师出示两种乐器，并向幼儿介绍乐器名称。

2. 教师敲击乐器发出声响，请幼儿听乐器的声响，并尝试乐器的演奏。

（1）教师敲击鼓，请家长引导幼儿注意听，让幼儿熟悉鼓声，并请个别幼儿击鼓，感知鼓的声音。

（2）教师示范三角铁的敲击方法，请幼儿学习正确敲击三角铁方法，并熟悉三角铁的声音。

3. 两名教师相互配合，进行两种乐器的听辨练习。

（1）主班教师请配班教师与幼儿背对背坐好，将三角铁和鼓放在配班教师与幼儿之间。

（2）主班教师提醒配班教师开始听，主班教师分别敲击两种乐器，请配班教师和幼儿一起进行听辨是哪种乐器发出的声音。

四、主题活动：分类夹糖果

活动目标：

1. 发展幼儿手眼协调能力及手的控制力。

2. 培养幼儿的专注力，训练幼儿使用工具的能力。

活动准备：

托盘1个、3个小杯子、小夹子1个、三色糖豆

活动过程：

1. 教师取工作毯铺好，然后双手从玩具柜端玩具筐回到毯前坐好。

2. 教师出示夹子，示范夹的动作，语言提示“夹”，并将夹起的糖豆放进小杯子里，语言提示“夹”。

3. 教师换手操作后，请幼儿排队取操作材料，并一一观察幼儿的表现。

4. 活动结束后，教师收教具，并为家长讲解本次活动的目的。

图1-7-3 分类夹糖果活动教具示意图

五、游戏活动：炒豆豆

活动目标：

1. 通过游戏发展幼儿反应能力。

2. 通过游戏激发幼儿的愉快情绪。

活动准备：

小木铲

图1-7-4　炒豆豆活动教具铲子示意图

活动过程：

1.请幼儿和家长站成一个圆圈，教师手拿铲子站在圆心，边念儿歌边做“铲”的动作，当念到“噼里啪啦”时，教师用铲子逐一去铲幼儿的脚。铲子快要碰到幼儿的脚时，家长立即抱起幼儿跳起来。

“炒、炒、炒豆豆，炒了一颗酸豆豆，

炒、炒、炒豆豆，炒了一颗辣豆豆，

炒、炒、炒豆豆，炒了一颗甜豆豆，噼里啪啦！”

2.教师示范几次后请幼儿和家长进行活动。

六、再见礼仪

活动目标：

1.培养幼儿的礼貌修养。

2.培养幼儿的耐心。

3.学会和教师告别，养成良好的礼仪习惯。

活动过程：

同本篇第一课内容。

【教学具准备】

教师教具：

1. 一个木质小夹子（长15 cm）。

2. 红、黄、蓝色彩色糖豆各20颗。

幼儿教具：

1. 一个木质小夹子（长12 cm）。

2. 红、黄、蓝色彩色糖豆各20颗。

第八课

排序项链

一、问好

活动目标：

1. 初步培养幼儿的社会交往能力。

2. 让幼儿形成见面打招呼的习惯。

3. 幼儿初步认识自己的名字（汉字符号认知）。

活动准备：

幼儿姓名卡片

活动过程：

同本篇第一课内容。

二、静寂活动：我爱我的小动物

活动目标：

1. 稳定幼儿情绪。

2. 动物拟声词的听辨练习。

3. 通过游戏活动促进亲子关系。

活动准备：

小羊、小猫、小鸡、小鸭玩偶，玩具筐

活动过程：

1. 教师将小动物玩偶筐藏在身后，一边模仿动物叫声，一边出示相应的玩偶。

2.请家长带领幼儿随着儿歌模仿小动物的叫声。

“我爱我的小羊，小羊怎样叫，咩咩咩，咩咩咩，咩咩咩咩咩”，教师拿出小羊玩偶，请家长引导幼儿学羊叫；

“我爱我的小猫，小猫怎样叫，喵喵喵，喵喵喵，喵喵喵喵喵”，教师拿出小猫玩偶，请家长引导幼儿学猫叫；

“我爱我的小鸡，小鸡怎样叫，叽叽叽，叽叽叽，叽叽叽叽叽”，教师拿出小鸡玩偶，请家长引导幼儿学鸡叫；

“我爱我的小鸭，小鸭怎样叫，嘎嘎嘎，嘎嘎嘎，嘎嘎嘎嘎嘎”，教师拿出小鸭玩偶，请家长引导幼儿学鸭叫。

三、康复训练：谁在叫我

活动目标：

1.听辨两个人说话的声音。

2.进行双耳前方声源定位练习。

活动准备.

2个篮子、2个球

活动过程：

1.主班教师与配班教师分别站在2个篮子旁边，把2个球给2名家长。

2.主班教师与配班教师在开放环境中呼喊幼儿的名字，让幼儿辨听谁在叫自己的名字，进行声源定位。

3.家长引导幼儿仔细听，听一听是谁在叫自己，辨听清楚后，将手里的球扔在发声教师旁边的篮子内。

4.主、配班教师引导幼儿遵守游戏规则，在幼儿能独立完成活动时，及时给予鼓励。

四、主题活动：排序项链

活动目标：

1.锻炼幼儿的思维能力，能够尝试进行ABAB顺序排列物品。

2.锻炼幼儿手指肌肉的灵活性。

3.培养幼儿的专注力。

活动准备：

盒子，红色、绿色珠子，线绳，形式卡片

图1-8-1 排序项链活动教具示意图

活动过程：

1.教师出示盒子，先让小朋友听一听有没有声音，语言提示，“听见声音了吗？”

2.教师示范正确的穿珠方式。

（1）教师出示线绳，语言提示，“我们先来找一根长长的线”。

（2）教师为幼儿示范正确的捏、握方式，将珠子穿在绳子上。

3.幼儿独立进行活动，让幼儿分别制作两种不同形式卡片的项链。

4.对幼儿的作品进行展示和表扬，结束活动。

五、游戏活动：红苹果和绿苹果

活动目标：

1.提高幼儿的辨别能力，以及迅速反应的能力。

2.注意秩序感及遵守规则的培养。

3.家长能够观察指导自己的幼儿，并给予鼓励。

活动准备：

红苹果、绿苹果卡片，红苹果、绿苹果贴纸，魔法棒

图 1-8-2　红苹果和绿苹果活动教具

活动过程：

1. 教师出示苹果卡片，引导幼儿表达，“这是苹果”。

2. 教师出示两种颜色的苹果卡片，引导幼儿说出颜色名称。

3. 家长带幼儿一起选一种颜色的苹果贴纸贴在幼儿的胸前。

4. 教师拿魔法棒扮仙女姐姐发出指令，请家长带幼儿一起根据指令做出相应的动作。

“红苹果、红苹果，蹲蹲蹲”，贴着红苹果贴纸的幼儿和家长蹲下；

“绿苹果、绿苹果，跑跑跑”，贴着绿苹果贴纸的幼儿和家长原地跑步；

“红苹果、红苹果，转转转”，贴着红苹果贴纸的幼儿和家长原地转圈；

“绿苹果、绿苹果，跳跳跳”，贴着绿苹果贴纸的幼儿和家长跳起来。

六、再见礼仪

活动目标：

1. 培养幼儿的礼貌修养。

2. 培养幼儿的耐心。

3. 学会和教师告别，养成良好的礼仪习惯。

活动过程：

同本篇第一课内容。

【教学具准备】

教师教具：

1. 红色、绿色珠子各5颗（直径2 cm，中间有穿孔）。

2. 长30 cm、粗5 mm鞋带。

3. 形式卡片两张，分别为“红红红红红绿绿绿绿绿”“红绿红绿红绿红绿红绿”。

4. 红苹果、绿苹果贴纸若干。

幼儿学具：

1. 红色、绿色珠子各5颗（直径2 cm，中间有穿孔）。

2. 长30 cm、粗5 mm的鞋带。

3. 形式卡片两张，分别为“红红红红红绿绿绿绿绿”“红绿红绿红绿红绿红绿”。

第九课
服装店

一、问好

活动目标：

1. 初步培养幼儿的社会交往能力。
2. 让幼儿形成见面打招呼的习惯。
3. 幼儿初步认识自己的名字（汉字符号认知）。

活动准备：

幼儿姓名卡片

活动过程：

同本篇第一课内容。

二、静寂活动：水边的阿迪丽娜

活动目标：

1. 锻炼幼儿学习等待的能力。
2. 稳定幼儿情绪。
3. 练习幼儿身体的平衡感。

活动准备：

钢琴曲《水边的阿迪丽娜》、装有半杯水的水杯（每人1个）

图1-9-1　水边的阿迪丽娜活动教具示意图

活动过程：

1.教师与幼儿同向站在椭圆线上准备走线，请家长们站在线外。

2.教师示范走线的动作，将水杯捧在双手手心，随着音乐慢慢地走。

3.家长引导幼儿小脚踩在椭圆线上，提醒家长在幼儿走的活动过程中安静地跟随幼儿走。

4.活动开始前，家长提醒幼儿不要将杯子中的水洒落，并尽量沿着椭圆线平稳地走。

5.音乐停止时，家长带幼儿面向教师站在线上呈半圆形，将水杯依次送回，然后坐下休息。

三、康复训练：给气球打气

活动目标：

1.发展幼儿的认知能力，学会拟声词chi的发音。

2.模仿声音的大小。

活动过程：

1.教师请幼儿们围成一个小圆圈，语言提示，“我们是一个小气球。”

2.教师带领幼儿一起做弯腰打气的动作，语言提示，“我们双手握拳，轻轻地打气，chi、chi、chi，我们的气球越来越大。”边说边引导幼儿向后退，随着“气球”越来越大，打气声越来越大。

3.教师发出“peng”的一声后，语言提示，“气球破了”，大家一起躺在地垫上。游戏可反复进行。

四、主题活动：服装店

活动目标：

1. 通过观察衣服图片，让幼儿感知物体的颜色。
2. 通过配对练习，让幼儿形成一一对应的概念。
3. 培养幼儿的专注力。

活动准备：

红色、蓝色、黄色上衣、裤子卡片各1套，玩具筐

图1-9-2　服装店活动教具示意图

活动过程：

1. 教师取工作毯铺好，然后双手从玩具柜端玩具筐回到毯前坐好。
2. 教师拿出红颜色的上衣卡片，语言提示，“这是上衣，红色的上衣”，将卡片摆放在托盘中。用同样的方法展示蓝色和黄色的上衣卡片。
3. 教师随机拿出一张裤子图片，逐个与摆放好的上衣进行观察和对比，找到与它颜色相同的上衣时将图片摆放在其下方。
4. 配对时，教师用点头或摇头的方式向幼儿强调正确与否，直到找到与上衣卡片颜色一样的裤子卡片。
5. 教师请幼儿参与活动。
6. 活动结束后，教师一边收教具，一边讲解活动目的，然后将教具与工作毯

放回原处。

五、情景游戏：摘苹果

活动目标：

1. 通过游戏发展幼儿肢体协调能力。

2. 锻炼踮脚及身体平衡性。

3. 通过游戏激发幼儿的愉快情绪，增进亲子感情。

活动准备：

苹果树模型，红色、绿色苹果卡片，篮子

活动过程：

1. 教师将贴好红苹果和绿苹果的苹果树模型摆好，并在树下放一个篮子。

2. 教师告诉幼儿红色的苹果是成熟的，可以摘。

3. 请每个幼儿摘1个红色的苹果放在篮子里，够不着的苹果，请幼儿把脚踮起来去摘。

4. 请幼儿排队依次进行活动。

5. 教师整理场地，告知家长本次活动的目的。

六、再见礼仪

活动目标：

1. 培养幼儿的礼貌修养。

2. 培养幼儿的耐心。

3. 学会和教师告别，养成良好的礼仪习惯。

活动过程：

同本篇第一课内容。

【教学具准备】

教师教具：

红色、蓝色、黄色的上衣、裤子图片各1张，10 cm×10 cm大小。

幼儿教具：

红色、蓝色、黄色的上衣、裤子图片各1张，5 cm×5 cm大小。

第十课
贴小鱼

一、问好

活动目标：

1. 初步培养幼儿的社会交往能力。
2. 让幼儿形成见面打招呼的习惯。
3. 幼儿初步认识自己的名字（汉字符号认知）。

活动准备：

幼儿姓名卡片

活动过程：

同本篇第一课内容。

二、静寂活动：两根手指

活动目标：

1. 能够模仿成人动作。
2. 在游戏活动中体验愉快情绪。

活动过程：

同本篇第二课内容。

三、康复训练：划船

活动目标：

1. 通过游戏听辨鼓声的快慢。

2.通过游戏巩固韵母u-ɑ的发声轮换练习。

3.初步进行声母h的发音练习。

活动准备:

鼓、鼓棒、波波熊玩偶

活动过程:

同本篇第五课内容。

四、主题活动:贴小鱼(认识三角形)

活动目标:

1.学习简单的粘贴，训练手指的灵活度，并体验完成作品的成就感。

2.巩固幼儿认识大小不一的三角形。

活动准备:

白纸若干、胶水、彩色三角形(大小不一)、深色水彩笔、燕尾鱼图片

图1-10-1 贴小鱼活动教具示意图

活动过程:

1.教师请幼儿欣赏燕尾鱼图片，并语言提示，“看一看，一条小鱼游过来了。我们和小鱼打招呼，你好!”

2.教师请幼儿观察小鱼是什么形状，语言提示，“身体是三角形，尾巴也是三角形，鱼鳞也是三角形的”。

3.教师示范找出不同大小的三角形，并贴在白纸上。

4.教师教授幼儿正确使用胶水的方法。

5.教师提供材料并再次介绍贴“小鱼”方法，请幼儿与家长一起制作

"小鱼"。

6.贴好"小鱼"后，请家长给"小鱼"画上眼睛，并在纸上写上姓名和时间后，向大家展示作品。

图1-10-2　贴小鱼活动成果示意图

五、游戏活动：送水果

活动目标：

1.通过游戏发展幼儿平衡能力及肢体协调能力。

2.通过游戏激发幼儿的愉快情绪。

活动准备：

平衡木（高5 cm）、水果篮、4种水果模型、娃娃玩偶

图1-10-3　送水果活动教具平衡木

活动过程：

1.教师将娃娃玩偶放在平衡木一端，将水果模型分散放在平衡木两旁，请家长带领幼儿站在平衡木另一端。

2.教师示范：语言提示，“娃娃想吃苹果（或其他水果）了，我要给娃娃送苹果（或其他水果）”。教师拿着水果篮站在平衡木上往前走，找到娃娃想吃的“苹果”后，下蹲并捡起“苹果”，放入篮子中，再起立走过平衡木到娃娃处放下“苹果”。

3.请幼儿参与活动，在4种“水果”中找出娃娃想要的“水果”并送给娃娃。家长可引导幼儿找出“水果”。

4.教师逐一向走过平衡木的幼儿提问找到的“水果”是什么，家长引导幼儿说出“水果”名称后，请幼儿喂娃娃吃“水果”。

六、再见礼仪

活动目标：

1.培养幼儿的礼貌修养。

2.培养幼儿的耐心。

3.学会和教师告别，养成良好的礼仪习惯。

活动过程：

同本篇第一课内容。

【教学具准备】

教师教具：

大小不一的彩色等边三角形12个——大三角形（边长15 cm），中等三角形（边长10 cm），小三角形（边长5 cm）。

幼儿教具：

大小不一的彩色三角形12个——大三角形（边长9 cm），中等三角形（边长6 cm），小三角形（边长3 cm）。

第十一课
袜子排队

一、问好

活动目标：

1. 初步培养幼儿的社会交往能力。
2. 让幼儿形成见面打招呼的习惯。
3. 幼儿初步认识自己的名字（汉字符号认知）。

活动准备：

幼儿姓名卡片

活动过程：

同本篇第一课内容。

二、静寂活动：十个小宝宝

活动目标：

1. 稳定幼儿情绪。
2. 锻炼幼儿手部肌肉的灵活性。

活动过程：

1. 教师示范手指动作，并请家长跟随教师一起学习儿歌。

“一个宝，两个宝，三个、四个、五个宝，
六个、七个、八个宝，九个、十个好宝宝。”

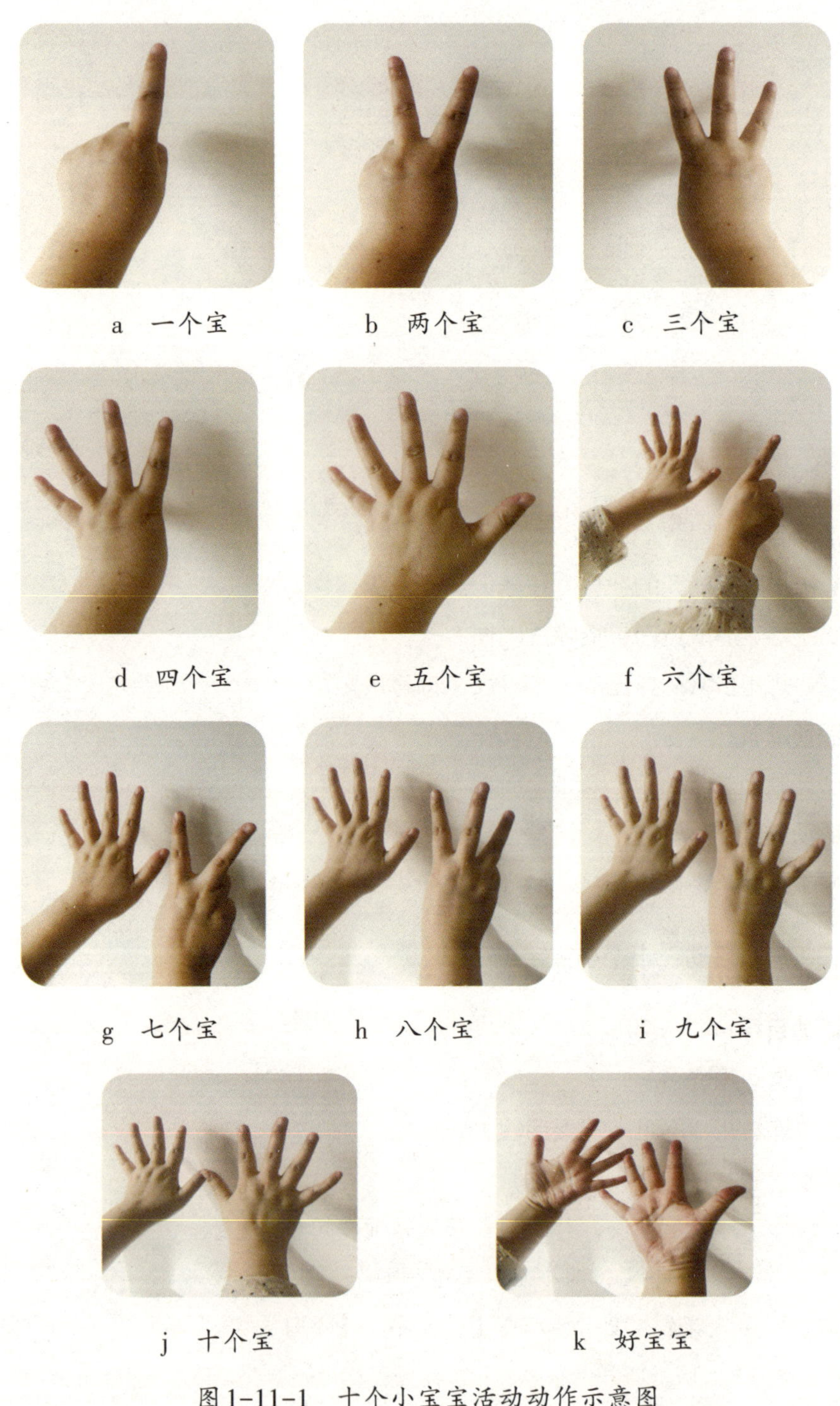

a 一个宝　b 两个宝　c 三个宝

d 四个宝　e 五个宝　f 六个宝

g 七个宝　h 八个宝　i 九个宝

j 十个宝　k 好宝宝

图1-11-1　十个小宝宝活动动作示意图

2. 家长带领幼儿模仿教师动作进行手指谣的学习。

三、康复训练：看谁反应快

活动目标：

1. 通过游戏活动听辨鼓声的有无和快慢。

2. 通过游戏巩固动物拟声词。

3. 培养幼儿在集体环境中的聆听意识 。

活动准备：

鼓、鼓棒、动物玩偶

活动过程：

1. 主班教师发出敲门声，随后模仿小动物的叫声，引导幼儿观察出场的动物玩偶。

2. 主班教师引导幼儿通过聆听辨识小动物，与小动物打招呼，语言提示“你好”，引导幼儿理解问句“谁来了？”

3. 主班教师将玩偶放在地垫中间，配班教师邀请家长配合做游戏。主班教师敲鼓，配班教师与家长围着毛绒玩偶转圈，配班教师与家长听到鼓声停止后马上去拿毛绒玩偶。

4. 请家长与幼儿参与游戏。家长带领幼儿在听到鼓声后，一起围着玩具走，鼓声停止后去拿玩偶。

5. 教师对表现较好的幼儿给予奖励。

四、主题活动：袜子排队

活动目标：

1. 通过游戏活动进行一一对应练习。

2. 通过视觉和触觉初步感知袜子的颜色及质感。

活动准备：

家长自带爸爸、妈妈和幼儿的袜子

活动过程：

1. 找找我家的袜子：教师将所有的袜子放在地垫中央，请幼儿找出自己家的三双袜子，家长可以帮助幼儿找出袜子。

2.这是我的袜子：家长引导幼儿介绍自己家的三双袜子——说说哪双是爸爸的，哪双是妈妈的，哪双是宝宝的。

3.给袜子排队：教师示范按从大到小的顺序给袜子排队，家长引导幼儿进行袜子排序活动。

五、情景游戏：穿袜子

活动目标：

1.学穿袜子，提高自理能力。

2.发展幼儿手脚的协调性。

活动准备：

幼儿袜子

活动过程：

1.请幼儿找出自己的袜子，语言提示，“两只袜子的颜色、图案、大小都应该是一模一样的，这样才是一双袜子”。请幼儿找到袜子后比一比颜色、图案和大小，如果错了，重新去找一找。

2.教师示范穿袜子的正确方法，语言提示，“袜跟朝下张开袜口，小脚往里伸，袜尖套住脚趾，袜跟套住脚后跟，轻轻一拉就穿好”。

3.请幼儿练习穿袜子，家长适时进行帮助。

六、再见礼仪

活动目标：

1.培养幼儿的礼貌修养。

2.培养幼儿的耐心。

3.学会和教师告别，养成良好的礼仪习惯。

活动过程：

同本篇第一课内容。

【教学具准备】

幼儿教具：

爸爸、妈妈、幼儿的袜子各1双。

第十二课
找朋友

一、问好

活动目标：

1. 初步培养幼儿的社会交往能力。
2. 让幼儿形成见面打招呼的习惯。
3. 幼儿初步认识自己的名字（汉字符号认知）。

活动准备：

幼儿姓名卡片

活动过程：

同本篇第一课内容。

二、静寂活动：坐坐、躺躺

活动目标：

1. 锻炼幼儿学习等待的能力。
2. 稳定幼儿情绪。
3. 锻炼幼儿腰背部肌肉。

活动准备：

波波熊玩偶

活动过程：

1. 教师示范动作（见图1-12-1）：

“坐一坐”，扶着玩偶坐在原地不动；

“躺下去”，轻轻地帮助玩偶躺平；
“躺一躺”，玩偶躺着不动；
“坐起来”，扶起玩偶坐好；
“坐坐、躺躺”，玩偶原地坐着不动；
“真有趣”，轻轻地帮助玩偶躺平；
“幼儿练得”，玩偶躺着不动；
“有力气”，扶起玩偶坐好。

a 躺平

b 坐起

图 1-12-1 坐坐、躺躺活动动作示意图

2. 请家长和幼儿面对面坐好，和教师一起边说儿歌边做教师示范的动作。

三、康复训练：吃豆豆

活动目标：

1. 锻炼幼儿口腔肌肉的灵活性。
2. 锻炼幼儿唇部肌肉力量。
3. 锻炼幼儿模仿动作的能力。

活动准备：

舌操音乐

活动过程：

同本篇第二课内容。

四、主题活动：找朋友

活动目标：

1. 发展幼儿对生活用品的认知能力。

2. 通过配对练习，让幼儿进行简单的相关物品配对。

3. 培养幼儿的专注力。

活动准备：

牙刷、牙膏、碗、勺子、本子、笔

图 1-12-2　找朋友活动教具示意图

活动过程：

1. 教师取工作毯铺好，然后去玩具柜双手端玩具筐回到毯前坐好。

2. 教师分别出示牙刷、牙膏、碗、勺子、本子、笔，请家长带领幼儿说一说它们的名字和用途。

3. 教师引出“找朋友”的话题，语言提示，“早上起床我想刷牙，可是只有牙刷，还需要什么东西呢？请小朋友们帮我来找一找牙刷的好朋友。”

4. 请幼儿们为生活用品找朋友，家长可以适当引导。

5. 活动完成后，教师讲解本次活动的目的。

五、游戏活动：抓老鼠

活动目标：

1. 通过游戏发展幼儿肢体协调能力。

2. 锻炼幼儿四散跑的能力以及身体平衡性。

3. 通过游戏激发幼儿的愉快情绪，增进亲子感情。

活动准备：

小猫头饰、系有绳子的沙包

活动过程：

1. 教师头戴小猫头饰，家长带领幼儿提着沙包（小老鼠）。教师模仿小猫动作，边做动作边说儿歌：

“小猫、小猫，本领大，看见老鼠抓住它！”

2. 教师说完儿歌后，家长带领幼儿提着沙包（小老鼠）四散跑，教师开始捉“老鼠”，抓住“老鼠”后，将“老鼠”踩一下。

3. 家长扮演小猫，幼儿扮演老鼠进行游戏活动，也可互换角色进行练习。

a 小猫头饰

b 沙包

图 1–12–3 抓老鼠活动教具示意图

六、再见礼仪

活动目标：

1. 培养幼儿的礼貌修养。

2. 培养幼儿的耐心。

3. 学会和教师告别，养成良好的礼仪习惯。

活动过程：

同本篇第一课内容。

【教学具准备】

教师教具：

1. 生活用品（牙刷、牙膏、碗、勺子、笔、本子）。

2. 小猫头饰（成人可佩戴），沙包（系有绳子）。

幼儿教具：

1. 生活用品（牙刷、牙膏、碗、勺子、笔、本子）。

2. 小猫头饰（幼儿可佩戴），沙包（系有绳子）。

第十三课
夹心饼干

一、问好

活动目标：

1. 初步培养幼儿的社会交往能力。
2. 让幼儿形成见面打招呼的习惯。
3. 幼儿初步认识自己的名字（汉字符号认知）。

活动准备：

幼儿姓名卡片

活动过程：

同本篇第一课内容。

二、静寂活动：我的小手爬呀爬

活动目标：

1. 稳定幼儿情绪。
2. 锻炼幼儿手部的灵活性。
3. 初步学习五官的名称。

活动过程：

1. 教师示范将双手放在膝盖上，双手在身体上做“爬”的动作。

“我的小手爬呀爬，爬呀爬，爬到眼睛上”，双手从膝盖“爬”到眼睛；

“我的小手爬呀爬，爬呀爬，爬到鼻子上”，双手从眼睛“爬”到鼻子。

2. 家长引导幼儿跟着教师一起做动作。教师提醒家长给幼儿反应的时间，让幼儿自己根据提示找五官。

a 准备动作

b 爬上眼睛

c 爬上鼻子

图 1-13-1 我的小手爬呀爬活动示意图

三、康复训练：小动物

活动目标：

1. 复习动物拟声词，并进行差异较小的拟声词的听辨练习。

2. 通过游戏活动促进亲子关系。

活动准备：

小鸭子、青蛙、猴子、小鸡手偶，音乐

图 1-13-2 小动物手偶示意图

活动过程：

1. 教师运用听觉优先的教学技巧逐一出示动物手偶，引导幼儿复习动物拟声词。

2. 教师将手偶放置在地垫中间，请家长带领幼儿围着动物手偶走圈。

3. 教师播放音乐，音乐停止时，教师模仿动物叫声，家长带领幼儿找到动物玩偶。

4.游戏进行活动后，教师讲解活动目的。

四、主题活动：夹心饼干

活动目标：

1.通过游戏活动巩固对圆形和正方形的认知。

2.进行简单的一一对应练习。

3.通过制作饼干获得成功感、体会成功的愉快情绪。

活动准备：

圆形和正方形饼干、草莓果酱、勺子、盘子

活动过程：

1.教师带领幼儿观察不同形状的饼干，说一说它们的样子。

（1）将幼儿带来的饼干放到盘子里。

（2）请幼儿观察饼干，说一说它们的形状。

（3）请幼儿闻一闻，说一说饼干的味道。

2.找出“好朋友”饼干，一起制作“好朋友”夹心饼干。

（1）教师从托盘中找出两块形状一样的饼干。

（2）教师用小勺舀出果酱均匀地涂在一块饼干上，然后与另一块同样形状的饼干合拢。两块“好朋友”饼干“脸”贴着“脸”，中间加上一层甜蜜蜜的果酱，“好朋友”夹心饼干就做好了。

（3）请幼儿独立制作。

3.欣赏、品尝“好朋友”夹心饼干，并与好朋友分享。

a 圆形夹心饼干

b 正方形夹心饼干

图1-13-3 夹心饼干活动成果示意图

五、游戏活动：碰一碰

活动目标：

1.练习对身体部位的认知。

2.通过游戏活动发展幼儿身体协调性。

3.游戏活动中体验愉快情绪。

活动准备：

音乐

活动过程：

1.教师播放音乐，当音乐停止时，教师说出某个身体部位，语言提示，“耳朵”，请幼儿与家长互相轻轻地碰一碰耳朵。

2.教师播放音乐，当音乐停止时，教师说出某个身体部位，语言提示，“小手”，请幼儿与好朋友互相轻轻地碰碰小手，语言提示，“找一个朋友碰一碰，碰哪里？小手碰小手！”（或者肩膀碰肩膀，头碰头，屁股碰屁股，小脚碰小脚等）。游戏中，教师也可请幼儿做询问者，教师根据指令不断地变换“碰”的身体部位。

六、再见礼仪

活动目标：

1.培养幼儿的礼貌修养。

2.培养幼儿的耐心。

3.学会和教师告别，养成良好的礼仪习惯。

活动过程：

同本篇第一课内容。

【教学具准备】

教师教具：

碗、勺子。

幼儿学具：

1.方形和圆形的饼开。

2.果酱。

第十四课

1和许多（找花朵）

一、问好

活动目标：

1.初步培养幼儿的社会交往能力。

2.让幼儿形成见面打招呼的习惯。

3.幼儿初步认识自己的名字（汉字符号认知）。

活动准备：

幼儿姓名卡片

活动过程：

同本篇第一课内容。

二、静寂活动：小老鼠上灯台

活动目标：

1.稳定幼儿情绪。

2.锻炼幼儿手部的灵活性。

3.复习动物拟声词。

活动过程：

1.教师请幼儿跨坐在家长腿上。

2.家长和幼儿跟着教师做手指动作。

3.一边说儿歌一边做动作。

“小老鼠，上灯台，偷油吃，下不来。

喵喵喵，猫来了，叽里咕噜滚下来!”

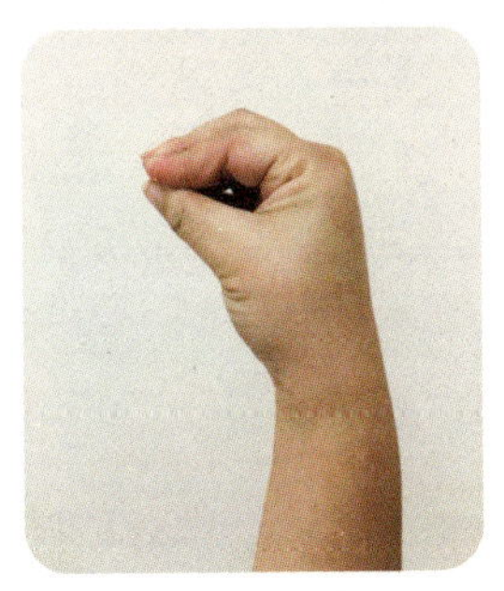

a　小老鼠

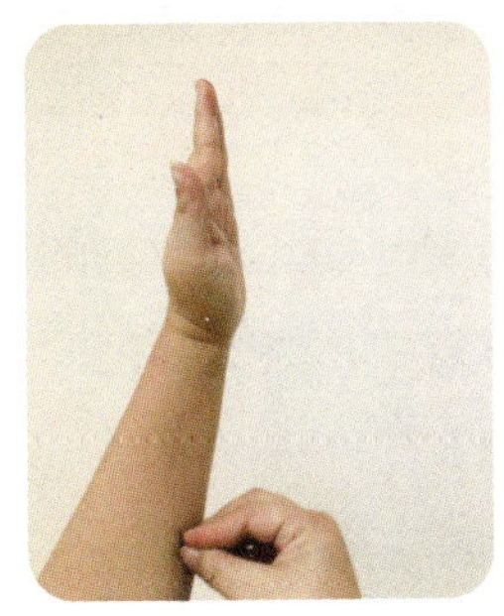

b　上灯台

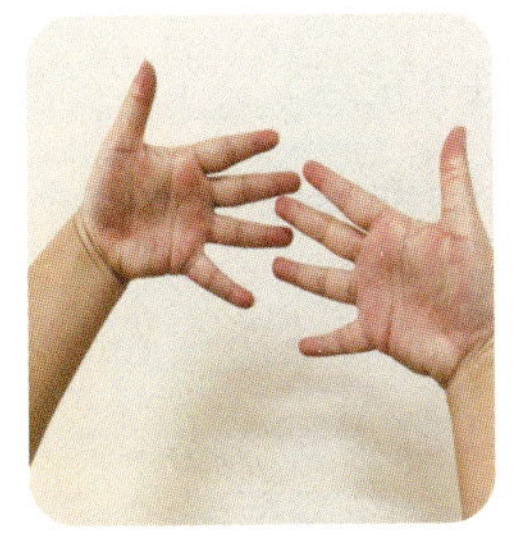

c　猫来了

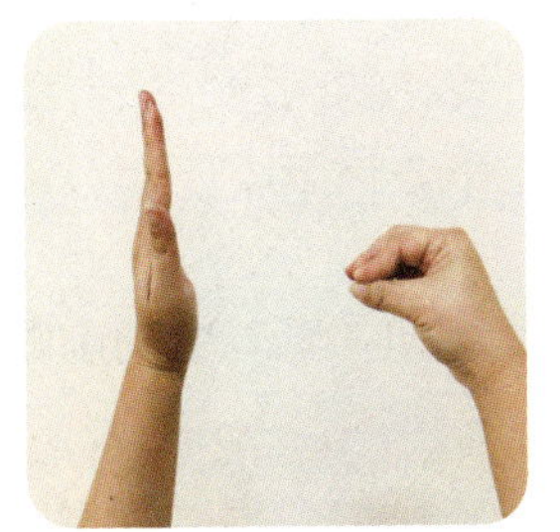

d　滚下来

图1-14-1　小老鼠上灯台活动动作示意图

三、康复训练：吃豆豆

活动目标：

1.锻炼幼儿口腔肌肉的灵活性。

2.锻炼幼儿唇部肌肉力量。

3.锻炼幼儿模仿动作的能力。

活动准备：

舌操音乐

活动过程：

同本篇第十二课内容。

四、主题活动：1和许多（找花朵）

活动目标：

1. 提初步培养幼儿对数量的认知。
2. 能够分辨“1”和“许多”。

活动准备：

3种颜色的花朵图片各1张（每张图片仅有一朵花）、一束花的图片1张

活动过程：

1. 在工作毯上倒出花朵图片，找出一朵花的图片，语言提示，“1，这是1”。
2. 找出一束花的图片，语言提示，“许多，这是许多”。
3. 请幼儿和家长操作，请家长引导幼儿，说出“1”和“许多”。

五、游戏活动：毛毛虫向前爬

活动目标：

1. 提高幼儿的辨别能力，以及迅速反应的能力。
2. 在游戏活动中，感受身体动作的快慢。
3. 在游戏活动中体验愉快情绪，促进亲子感情。

活动准备：

波波熊玩偶

活动过程：

1. 教师示范动作，

“毛毛虫，向前爬，毛毛虫，慢慢爬”，教师趴下背着玩偶熊慢慢向前爬；
“毛毛虫，向前爬，毛毛虫，快快爬”，教师趴下背着玩偶熊快快向前爬；
“毛毛虫，向后爬，毛毛虫，慢慢爬”，教师趴下背着玩偶熊慢慢向后爬；
“毛毛虫，向后爬，毛毛虫，快快爬”，教师趴下背着玩偶熊快快向后爬。

2. 请家长趴下背着自己的幼儿，边说儿歌边做动作。
3. 家长可以协助幼儿，让幼儿自己趴下按照歌词提示做动作。

六、再见礼仪

活动目标：

1. 培养幼儿的礼貌修养。

2. 培养幼儿的耐心。

3. 学会和教师告别，养成良好的礼仪习惯。

活动过程：

同本篇第一课内容。

【教学具准备】

教师教具：

1. 红、黄、蓝三种颜色的小花各一朵。

2. 一束红色花的图片一张。

3. 一束黄色花的图片一张。

4. 一束蓝色花的图片一张。

第十五课
形状盒

一、问好

活动目标：

1. 初步培养幼儿的社会交往能力。
2. 让幼儿形成见面打招呼的习惯。
3. 幼儿初步认识自己的名字（汉字符号认知）。

活动准备：

幼儿姓名卡片

活动过程：

同本篇第一课内容。

二、静寂活动：炒豆豆

活动目标：

1. 通过游戏发展幼儿的反应能力。
2. 通过游戏激发幼儿的愉快情绪。
3. 锻炼幼儿学习等待的能力。

活动准备：

小木铲

活动过程：

同本篇第七课内容。

三、康复训练：听音辨方向（听雨桶）

活动目标：

1. 发展幼儿听声音的准确性。

2. 培养幼儿辨别声音方向的能力。

活动准备：

风雨桶

图 1-15-1　教具听雨桶示意图

活动过程：

教师在教室的不同位置摇动乐器，请幼儿闭上眼睛听声音发出的方向，并用手指出声音的方向，反复进行练习3～5次。

四、主题活动：形状盒

活动目标：

1. 发展幼儿对形状的感知能力。

2. 发展幼儿手眼协调能力。

活动准备：

形状盒，圆柱体、三棱柱、正方体积木，工作毯，托盘

图1-15-2 形状盒活动教具示意图

活动过程：

1.教师取工作毯铺好，然后去玩具柜双手端玩具筐回到毯前坐好。

2.出示玩具形状盒，倒出里面的积木，请幼儿观察不同形状的积木。

3.教师逐一出示积木，边说积木上的形状边用手抚摸积木的轮廓，按正方形、圆形、三角形排好队。

4.教师演示将积木放进形状盒内，语言提示，“现在我要把积木藏起来，找一找三角形的积木塞到哪里去？放不进怎么办？转一转。呀，藏起来了。”

5.“我的工作做完了，现在我要把教具送回家。”卷起工作毯，把教具送回原处。

6.教师请幼儿先拿工作毯，再拿工作盘，开始活动操作，教师在一旁观察指导。

7.活动结束后，教师收教具，并为家长讲解本次活动的目的。

五、游戏活动：网小鱼

活动目标：

1.通过游戏发展幼儿反应能力。

2.通过游戏激发幼儿的愉快情绪。

活动过程：

1.教师与一名家长双臂举高搭在一起，模拟渔网的样子，其他家长带领幼儿

排队依次从“渔网”下钻过，边说儿歌边进行活动。

“一网不捞鱼，
二网不捞鱼，
三网捞一条大尾巴鱼。”

2.家长带领幼儿发“哎哟”声，模仿被“渔网”捞住的“小鱼”，被网住的幼儿可以休息。

3.游戏继续进行，直到“小鱼”都被捞完。

六、再见礼仪

活动目标：

1.培养幼儿的礼貌修养。

2.培养幼儿的耐心。

3.学会和教师告别，养成良好的礼仪习惯。

活动过程：

同本篇第一课内容。

第十六课
比大小

一、问好

活动目标：

1.初步培养幼儿的社会交往能力。

2.让幼儿形成见面打招呼的习惯。

3.幼儿初步认识自己的名字（汉字符号认知）。

活动准备：

幼儿姓名卡片

活动过程：

同本篇第一课内容。

二、静寂活动：小手变、变、变

活动目标：

1.发展幼儿手的灵活性。

2.边听简单的儿歌边模仿成人动作。

3.会唱简单的儿歌。

活动过程：

1.教师边唱儿歌，边做动作。

“咕噜咕噜一，变成毛毛虫，爬爬爬”，模仿毛毛虫爬的样子（手型见图1-16-1a)；

“咕噜咕噜二，变成小白兔，跳跳跳”，模仿小兔跳（手型见图1-16-1b)：

“咕噜咕噜三，变成小花猫，喵喵喵”，模仿小猫叫的动作（手型见图1-16-1c）；

“咕噜咕噜四，变成小螃蟹，走走走”，大拇指相扣，其他手指伸开模仿螃蟹走的动作（手型见图1-16-1d）；

“咕噜咕噜五，变成大老虎，啊呜、啊呜”，模仿大老虎的叫声（手型见图1-16-1e）。

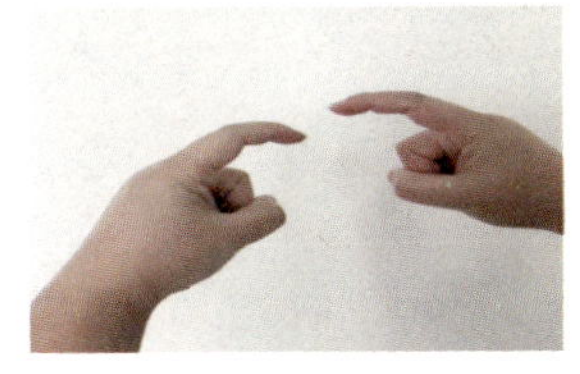

a 毛毛虫

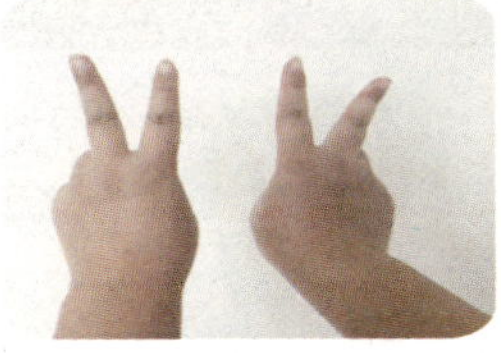

b 小白兔

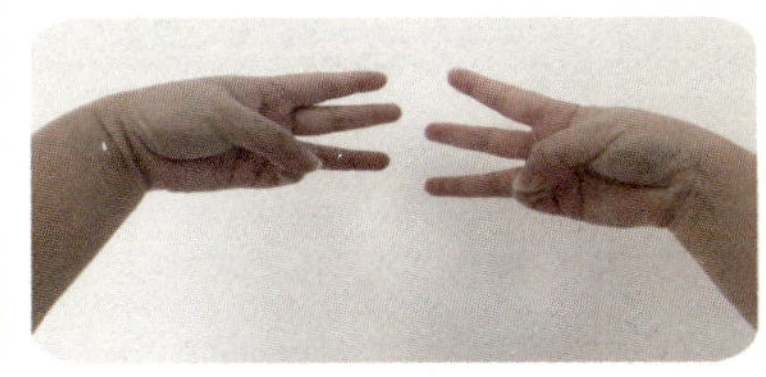

c 小花猫

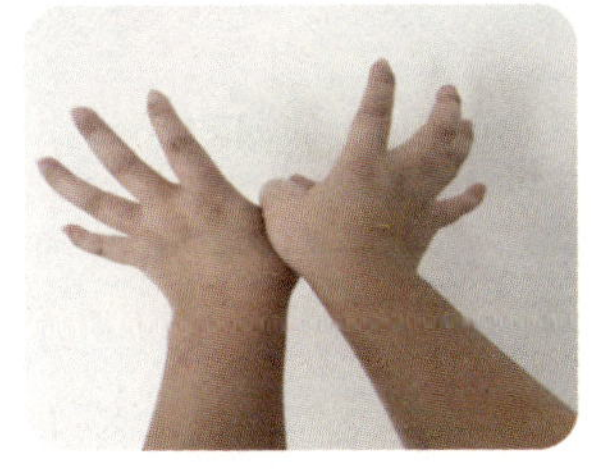

d 小螃蟹

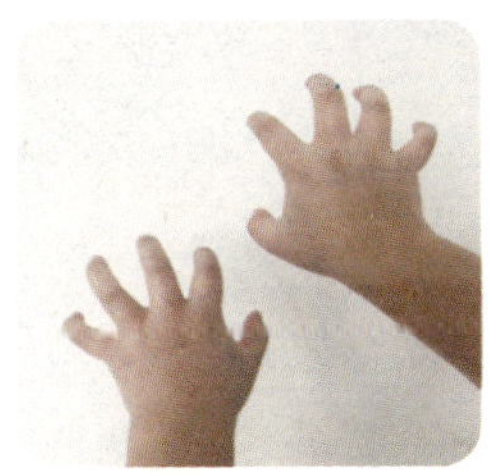

e 大老虎

图1-16-1 小手变、变、变活动的动作示意图

2. 请幼儿和家长把手伸出来，根据儿歌提示模仿教师的手部动作。

3. 请幼儿和家长边唱儿歌，边将动作连起来做一遍，练习2～3次。

三、康复训练：小动物乘坐交通工具

活动目标：

1. 巩固对交通工具拟声词的认知。

2. 进行拟声词的听辨及听觉记忆练习。

活动准备：

汽车、飞机、火车、摩托车模型，小鸭子手偶

图1-16-2　小动物乘坐交通工具活动教具示意图

活动过程：

1. 主班教师出示交通工具，引导幼儿一边模仿动作，一边模仿声音：

出示小汽车模型，引导幼儿模仿开小汽车的动作，并模仿小汽车发出“嘀嘀嘀”声；

出示飞机模型，引导幼儿模仿开小飞机的动作，并模仿小飞机发出的“嗡嗡嗡”声；

出示火车模型，引导幼儿模仿开小火车，并模仿小火车发出“呜呜呜”声；

出示摩托车模型，引导幼儿模仿开摩托车，并模仿摩托车发出“突突突”声。

2. 主班教师出示鸭子手偶，告诉幼儿小鸭子要乘坐交通工具回家。

3. 引导幼儿根据交通工具发出的声音判断小动物要乘坐哪辆车，并模仿小动物乘坐交通工具。语言提示，“小鸭子要乘坐汽车‘嘀嘀嘀’回家”“小鸭子要乘坐飞机‘嗡嗡嗡’回家”“小鸭子要乘坐小火车‘呜呜呜’回家”“小鸭子要乘坐摩托车‘突突突’回家”。

4. 对家长给予必要的指导，帮助幼儿借助交通工具拟声词练习听觉记忆。

四、主题活动：比大小

活动目标：

1. 通过视觉观察和触觉触摸来认知、理解物体“大”与“小”的概念。

2. 锻炼幼儿的观察能力及语言表达能力。

活动准备：

套碗（1大1小）、珠子（2大2小）、托盘、工作毯

图1-16-3 比大小活动教具示意图

活动过程：

1.教师取工作毯铺好，然后去玩具柜双手端托盘回到毯前坐好。

2.教师将套碗拿出摆在一起，分别指出大碗，语言提示“大的”，指出小碗，语言提示“小的”，反复2～3遍，使幼儿加深印象。

3.教师拿着大小不同的两个套碗来到每个幼儿面前，先让幼儿辨别大小，语言提示，“哪个是大（小）的”，然后再引导幼儿自己说出“大”（“小”）。

4.教师将2大2小共4个珠子拿出摆在一起，分别指出大珠子，语言提示“大的”；指出小珠子，语言提示“小的”。

5.教师进行大小配对，将大珠子放进大碗里，语言提示，“大珠子放进大碗里”；将小珠子放进小碗里，语言提示，“小珠子放进小碗里”。

6.教师讲解活动目的，并分发教具请幼儿进行操作。

五、音乐活动：小猪吃饱饱

活动目标：

1.模仿成人动作。

2.感受音乐节奏。

活动准备：

小猪手偶、音乐《小猪吃饱饱》

活动过程：

1. 教师手持小猪手偶，引出游戏主题。

图 1-16-4 小猪吃饱饱活动示意图

2. 教师示范儿歌动作，家长带幼儿进行动作模仿（见图 1-16-5）。

"小猪吃饱饱，闭上眼睛睡觉，
大耳朵在扇扇，小尾巴在摇摇，
呼噜噜噜噜，呼噜噜噜噜，
呼噜呼噜，呼噜呼噜，小尾巴在摇摇。"

3. 教师播放音乐，和幼儿一起进行音乐活动。

六、再见礼仪

活动目标：

1. 培养幼儿的礼貌修养。
2. 培养幼儿的耐心。
3. 学会和教师告别，养成良好的礼仪习惯。

活动过程：

同本篇第一课内容。

a 小猪吃饱饱

b 闭上眼睛睡觉

c 大耳朵在扇扇

d 小尾巴在摇摇

e 呼噜噜噜噜（快节奏）

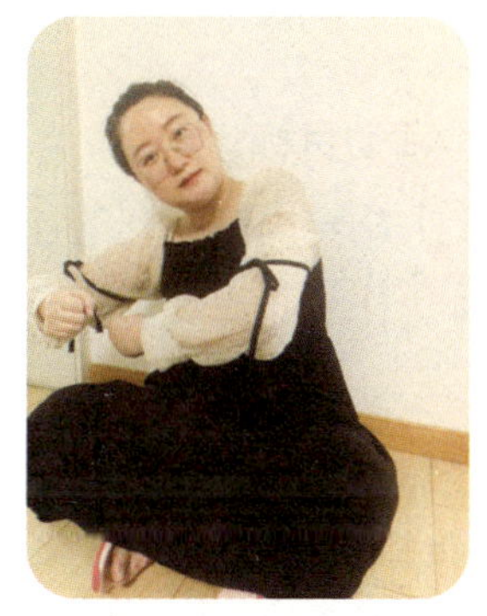
f 呼噜噜噜噜（快节奏）

g 呼噜呼噜（慢节奏）

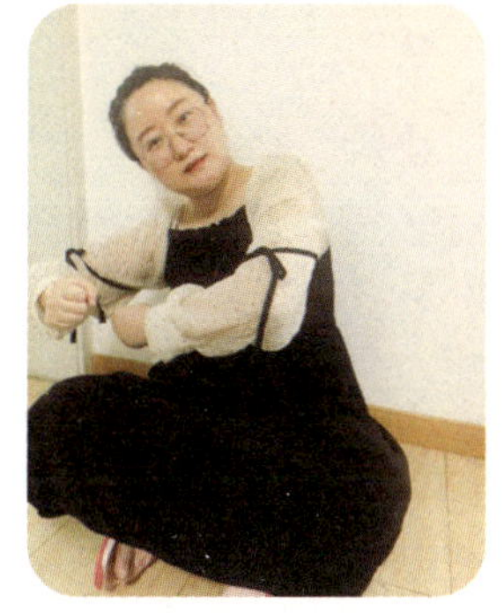
h 呼噜呼噜（慢节奏）

i 小尾巴在摇摇

图 1-16-5 小猪吃饱饱活动动作示意图

第十七课
摸苹果

一、问好

活动目标:

1.初步培养幼儿的社会交往能力。

2.让幼儿形成见面打招呼的习惯。

3.幼儿初步认识自己的名字(汉字符号认知)。

活动准备:

幼儿姓名卡片

活动过程:

同本篇第一课内容。

二、静寂活动:小手拍拍、小脚踏踏

活动目标:

1.通过游戏发展幼儿平衡能力及肢体协调能力。

2.通过游戏发展幼儿手臂力量及反应能力。

3.通过游戏激发幼儿的愉快情绪。

活动过程:

同本篇第一课内容。

三、康复训练：语音模仿

活动目标：

1.听辨声音的不同。

2.模仿发音练习。

活动准备：

小猫、小狗、青蛙的叫声录音，小猫、小狗、青蛙玩偶

图 1-17-1 语音模仿活动示意图

活动过程：

1.教师拿出动物玩偶，并播放小动物的叫声，请幼儿进行声音模仿。

2.教师播放动物叫声，请幼儿找出相应动物玩偶。

四、主题活动：摸苹果

活动目标：

1.通过多种感官认识苹果。

2.理解“圆圆的”“红红的”“香香的”“甜甜的”的含义。

活动准备：

苹果图片、苹果实物、水果刀、水果模型（西瓜、苹果、梨、草莓、橘子）

活动过程：

1.教师引导幼儿观看苹果图片，让幼儿首先在视觉上对苹果有一个初步的认识，并理解“红红的”含义。

2.教师拿起苹果实物，请幼儿用手摸一摸，引导幼儿感知苹果的形状，语言提示“圆圆的”，请幼儿闻一闻，引导幼儿感知苹果的香味，语言提示“香香的”。

3.教师从“神秘袋”中拿出两个苹果模型，教师通过“摸”“看”，让幼儿理解“圆圆的”“红红的”。

4.教师用刀将苹果切开，让幼儿来品尝，理解“甜甜的”。

5.教师引导幼儿从水果模具中找出“苹果”，并对正确的幼儿给予及时的鼓励。

五、游戏活动：排排坐、吃果果

活动目标：

1.初步尝试大小排列。

2.通过观察进行物品大小比较。

活动准备：

水果模型（西瓜、苹果、樱桃）

图 1-17-2　排排坐、吃果果活动教具示意图

活动过程：

1.听教师的描述，复习水果的名称和特征。教师出示水果模型，两两互相进行比较，语言提示，“西瓜大大的，樱桃小小的”，并引导幼儿表达“大大的”和“小小的”。

2.教师从小到大排列水果模型，并引导幼儿进行大小排序。

（1）“我们来给水果排队，最小的放在前面，稍大一点的放在中间，最大的放在后面。”

（2）教师强调樱桃最小，西瓜最大。

3.教师请幼儿进行排序活动，并说一说哪个最大，哪个最小。

六、再见礼仪

活动目标：

1.培养幼儿的礼貌修养。

2.培养幼儿的耐心。

3.学会和教师告别，养成良好的礼仪习惯。

活动过程：

同本篇第一课内容。

第十八课
吹泡泡

一、问好

活动目标：

1. 初步培养幼儿的社会交往能力。

2. 让幼儿形成见面打招呼的习惯。

3. 幼儿初步认识自己的名字（汉字符号认知）。

活动准备：

幼儿姓名卡片

活动过程：

同本篇第一课内容。

二、静寂活动：大泡泡和小泡泡

活动目标：

1. 在活动中感知大小。

2. 在游戏活动中体验愉快情绪。

活动过程：

1. 教师和家长带领幼儿手拉手围成一个圆圈进行游戏活动，请幼儿听指令做动作。

2. 教师请家长一起说儿歌，并请家长和幼儿一起做动作。

“吹泡泡，吹泡泡，吹了一个小泡泡”，请幼儿和家长手拉手向前走；

“吹泡泡，吹泡泡，吹了一个大泡泡”，请幼儿和家长手拉手向后退；

“啪，泡泡破了”，请幼儿和家长松开手，并自由跑开。

三、康复训练：谁在叫我

活动目标：

1.听辨两个人说话的声音。

2.进行双耳前方声源定位练习。

活动准备：

2个篮子、2个球

活动过程：

同本篇第八课内容。

四、主题活动：吹泡泡

活动目标：

1.在感知泡泡特征的基础上，尝试对泡泡留下的痕迹进行想象与添画。

2.体验玩泡泡的乐趣。

活动准备：

泡泡水3瓶（分别加入红色、蓝色和黄色颜料）、白纸、水彩笔

活动过程：

1.教师引出游戏主题，“今天老师带来了一个新朋友，请来看看我带来了谁啊？”

2.教师吹泡泡，让幼儿初步感知泡泡的特征，语言提示，“你们看看泡泡长什么样子呀？”吹完泡泡后，告诉大家，“泡泡长得圆圆的，亮亮的，五彩缤纷的，可真漂亮呀。泡泡不见了，太可惜了，你们想把泡泡留下来吗？”

3.教师介绍教具，并引出留下泡泡痕迹的新游戏。可以这样引导，“这是一张白纸，可以帮助我们把泡泡留下来。大家注意，一定要平平地拿着白纸才能让泡泡落在上面。请你们一起来接住这些可爱的泡泡吧！”

4.接泡泡结束后，可以这样引导，“泡泡落在纸上，有红色、蓝色和黄色的，形状也不一样，有点状的、圆形的，还有的泡泡是‘手拉手’在一起的。”

5.请家长引导幼儿根据泡泡的痕迹进行添画创作。

图 1-18-1　吹泡泡活动作品示意图

五、游戏活动：钻山洞

活动目标：

1. 培养幼儿爬的能力。

2. 体验亲子游戏的快乐。

活动准备：

音乐

活动过程：

1. 教师介绍游戏玩法，并请家长拱起背、双手向下扶在地上，用身体来作山洞。

2. 家长和教师一起排成队作长“山洞”，请幼儿爬过去。

3. 游戏可重复进行。

六、再见礼仪

活动目标：

1. 培养幼儿的礼貌修养。

2. 培养幼儿的耐心。

3. 学会和教师告别，养成良好的礼仪习惯。

活动过程：

同本篇第一课内容。

【教学具准备】

幼儿教具：

1.泡泡水两瓶（30 ml）。

2.白纸一张，A4纸大小。

3.红色、蓝色和绿色颜料。

第十九课
等分蛋糕

一、问好

活动目标：

1. 初步培养幼儿的社会交往能力。
2. 让幼儿形成见面打招呼的习惯。
3. 幼儿初步认识自己的名字（汉字符号认知）。

活动准备：

幼儿姓名卡片

活动过程：

同本篇第一课内容。

二、静寂活动：收南瓜

活动目标：

1. 增强幼儿的模仿能力，发展手指的灵活性。
2. 促进幼儿的语言发展。
3. 让幼儿从问好的兴奋状态尽快平静。

活动过程：

“南瓜圆”，双手空抱球动作；

“南瓜大”，双臂向前平伸展开；

“老奶奶”，双手相对竖起大拇指；

“收南瓜”，双手食指平伸，弯曲两次；

“来了一个小妞妞”，双手竖起小手指，左右摇晃；
“拉着小车收南瓜”，双手小手指勾在一起，左右拉动；
“老奶奶看见了”，双手相对竖起大拇指，左右摇晃；
“笑哈哈！笑哈哈！”，拍手三次。

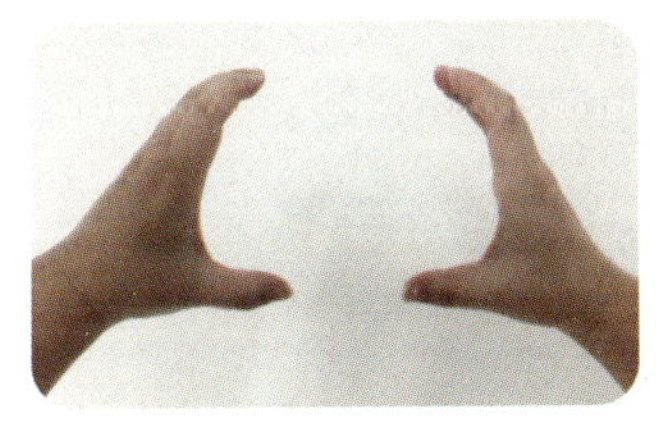
a　南瓜圆

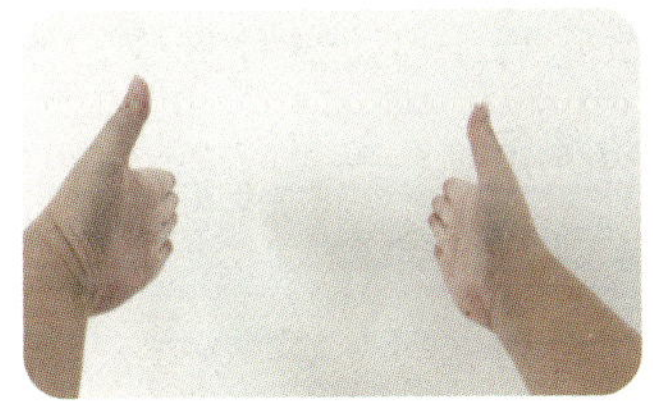
b　南瓜大

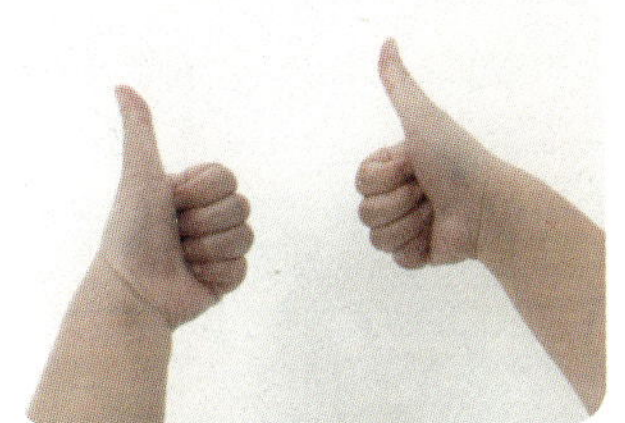
c　老奶奶

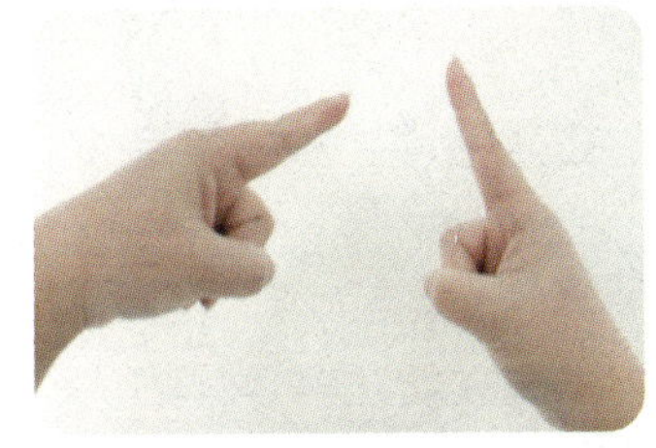
d　收南瓜1

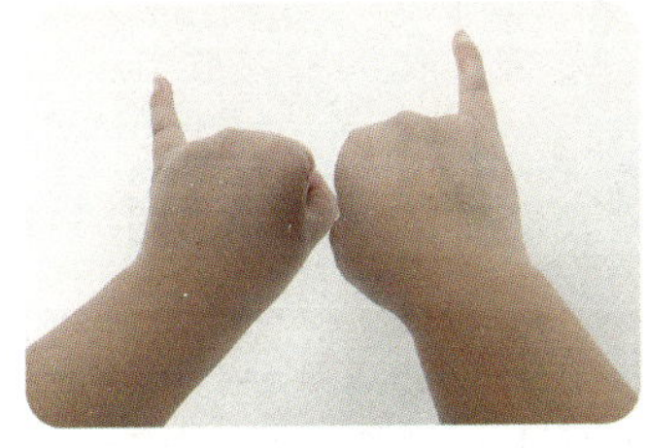
e　小妞妞

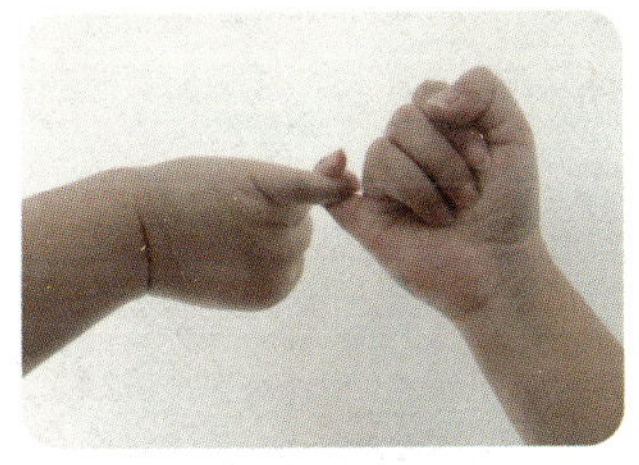
f　收南瓜2

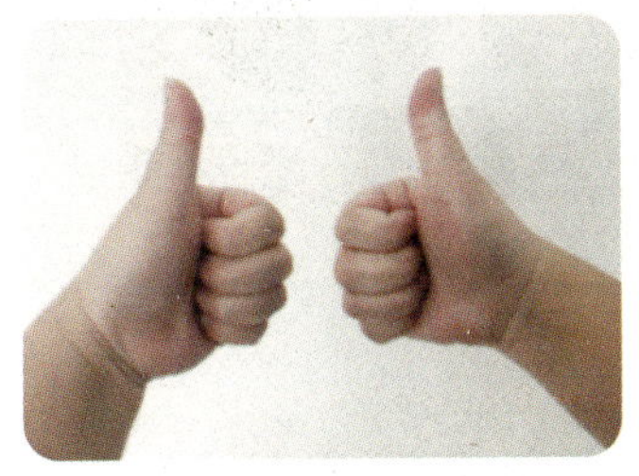
g　看见了

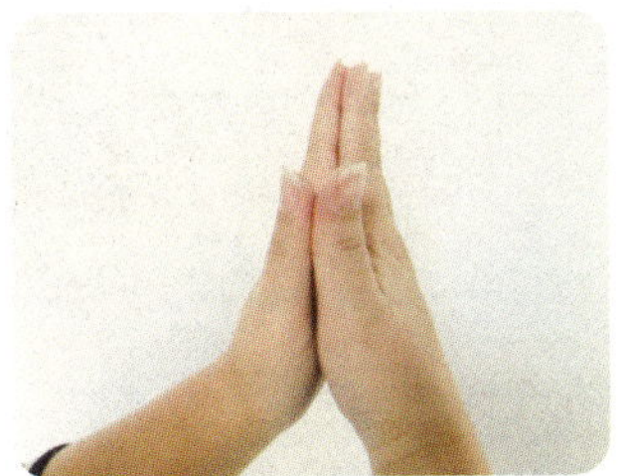
h　笑哈哈

图1-19-1　收南瓜活动动作示意图

三、康复训练：开火车

活动目标：

1. 单元音u的一声、二声、四声发音练习。
2. 单元音u的长音发音练习。

活动准备：

音乐《开车舞》

活动过程：

1. 教师示范开火车的动作，家长引导幼儿发u音。
2. 教师请家长带幼儿站成一个圆圈，跟着音乐节奏进行开火车的活动。

四、主题活动：等分蛋糕

活动目标：

1. 初步建立幼儿对等分的认识。
2. 培养幼儿一一对应的能力。
3. 为多级拼图做准备。

活动准备：

等分剪开两半的蛋糕卡片（3组）、2个盘子

图1-19-2　等分蛋糕活动教具示意图

活动过程：

1. 教师展示散放的蛋糕卡片，语言提示“等分蛋糕”。
2. 教师摆出半张蛋糕卡片，示范再找出对应的另一半。
3. 教师把拼好的蛋糕图片平行拉开，语言提示，“蛋糕被等分成两份”，重复

3次进行示范。

4.“我把蛋糕等分成两份，你一份，我一份。”边说边把蛋糕分别放入左右摆放的两个盘子里，重复3次进行示范。

5.请幼儿也来找一找，分一分。

五、游戏活动：响瓶操

活动目标：

1.培养幼儿肢体的协调性及模仿能力。

2.发展幼儿的节奏感和方向的辨识能力。

活动准备：

音乐、2个矿泉水瓶（倒掉水，装一些豆子）

图1-19-3　响瓶操活动教具示意图

活动过程：

1.教师示范转体动作：双脚打开、双臂伸平，分别向左右两个方向转身，碰撞2个瓶子。

2.教师示范动作，引导幼儿听口令：下、上，左、右，前、后，蹲、站，弯腰、晃动腕关节、扩胸、转体、转一圈、跳一跳，停止动作。

3.教师播放音乐，请幼儿拿好瓶子，跟着教师随音乐一起做动作。

六、再见礼仪

活动目标：

1. 培养幼儿的礼貌修养。

2. 培养幼儿的耐心。

3. 学会和教师告别，养成良好的礼仪习惯。

活动过程：

同本篇第一课内容。

【教学具准备】

幼儿学具：

16K卡纸上等分剪开两半的平面蛋糕卡片3张。

第二十课
感知重量

一、问好

活动目标：

1. 初步培养幼儿的社会交往能力。
2. 让幼儿形成见面打招呼的习惯。
3. 幼儿初步认识自己的名字（汉字符号认知）。

活动准备：

幼儿姓名卡片

活动过程：

同本篇第一课内容。

二、静寂活动：世界名画欣赏

活动目标：

1. 稳定幼儿情绪。
2. 培养幼儿的观察能力。
3. 引导幼儿尝试用语言表达自己的感受。

活动准备：

世界名画图片

图1-20-1　世界名画欣赏活动教具示意图

活动过程：

教师出示世界名画，请幼儿仔细观察，语言提示，“看到了什么？”“是什么颜色？”“你感到怎么样？”等。

三、康复训练：谁在唱歌

活动目标：

1.进行集体环境中的声源定位练习。

2.听辨两个人说话的声音。

活动准备：

地垫若干、木鱼2个

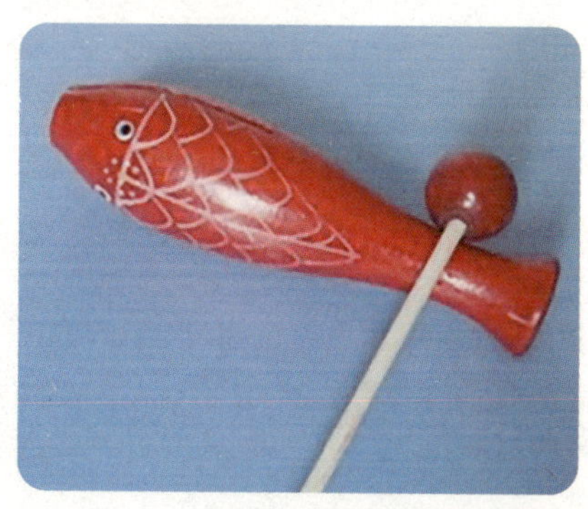

图1-20-2　谁在唱歌活动示意图

活动过程：

1.主、配班教师分别站在教室两侧。主班教师先和幼儿们打招呼，语言提示“嗨”，请家长引导幼儿找一找是哪个教师发出的声音。再由配班教师和幼儿打招呼，语言提示“嗨”，请幼儿自己找一找是谁发出的声音。

2. 声源定位练习。

（1）用地垫在教室不同的位置搭建两个小房子。

（2）请一名家长和配班教师分别躲在地垫围成的两个小房子里，主班教师坐在两个小房子中间。

（3）由配班教师敲木鱼，主班教师来听一听声音在哪儿，并指出声音发出的小房子；再由家长敲木鱼，主班教师带领幼儿听一听是哪个房子发出的声音，并指出发出声音的小房子。

（4）主、配班教师轮流与家长去小房子敲木鱼，并引导们小朋友一起听一听、找一找是哪个房子发出的声音。

四、主题活动：感知重量

活动目标：

1. 发展幼儿的触觉能力。

2. 初步理解“重的”“轻的”含义。

3. 初步通过手部的触觉进行轻重比较。

活动准备：

重量板

图 1-20-3　感知重量活动教具示意图

活动过程：

1. 教师出示重量板，左右手各拿一块，掂一掂，然后放在垫子上。

2. 请幼儿体验重量板，每次左右手各拿一块，左右手进行重量比较，并引导幼儿说出“重的”“轻的”。

五、游戏活动：宝贝向前冲

活动目标：

1. 练习根据简单的指令做动作。
2. 锻炼幼儿身体的平衡感、控制身体大肌肉的能力。

活动准备：

滑板、波波熊玩偶

图 1-20-4 滑板示意图

活动过程：

1. 教师出示滑板，请幼儿注意观察，滑板下面有轮子，两边还有扶手。

2. 教师示范滑板的玩法：把波波熊面朝下放在滑板上，语言提示，“手一定要抓牢扶手”；同时教师扶住波波熊身体两侧，推着波波熊向前滑，语言提示，“头抬起来向前看”。

3. 教师请家长带领幼儿进行游戏活动，并讲解游戏目的是锻炼幼儿身体的平衡感，控制身体大肌肉的能力。

4. 对于年龄较大有自我防护意识的幼儿，可以增加游戏难度。例如，家长可以抓着幼儿的双腿向前滑。

六、再见礼仪

活动目标：

1. 培养幼儿的礼貌修养。
2. 培养幼儿的耐心。
3. 学会和教师告别，养成良好的礼仪习惯。

活动过程：

同本篇第一课内容。

第二十一课
找影子

一、问好

活动目标：

1. 初步培养幼儿的社会交往能力。

2. 让幼儿形成见面打招呼的习惯。

3. 幼儿初步认识自己的名字（汉字符号认知）。

活动准备：

幼儿姓名卡片

活动过程：

同本篇第一课内容。

二、静寂活动：小手爬山

活动目标：

1. 能够模仿成人动作。

2. 在游戏活动中体验愉快情绪。

活动过程：

1. 教师示范动作：

“小小手学爬山，一爬爬到脚背上，脚背、脚背，摸摸”，站立姿势，双手大拇指和食指一开一合从胸前“爬”至脚背；

“小小手学爬山，一爬爬到膝盖上，膝盖、膝盖，碰碰”，双手大拇指和食指一开一合从脚背“爬”至膝盖；

“小小手学爬山，一爬爬到肚子上，肚子、肚子，揉揉”，双手大拇指和食指一开一合从膝盖“爬”至肚子，然后用双手掌心揉肚子。

2. 请家长模仿自编儿歌边念引导幼儿做动作，让幼儿通过游戏来认识自己的身体。

三、康复训练：划船

活动目标：

1. 通过游戏活动听辨鼓声的快慢。
2. 通过游戏巩固韵母u-a的发音轮换练习。
3. 初步进行声母h的发音练习。

活动准备：

鼓、鼓棒、波波熊玩偶

活动过程：

同本篇第五课内容。

四、主题活动：找影子

活动目标：

1. 初步认识影子，能够根据小动物的身体轮廓辨识小动物。
2. 引导幼儿进行配对练习。

活动准备：

大象、小狗、小兔子的图片以及它们的影子图片，托盘，工作毯

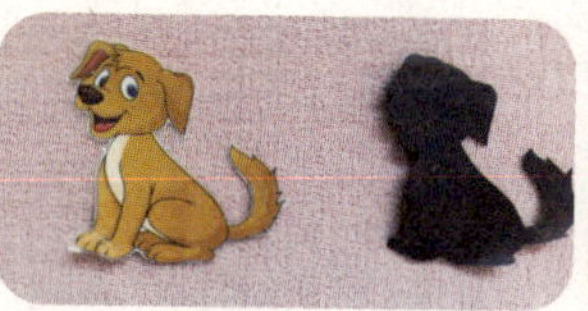

图 1-21-1　找影子活动教具示意图

活动过程：

1. 教师取工作毯铺好，然后去玩具柜双手端托盘回到毯前坐好。
2. 主班教师通过做游戏的形式欢迎小动物：

（1）主班教师出示大象、小狗、小兔子的图片，引导幼儿复习重复小动物的名字，语言提示，“大象，这是大象”。

（2）主班教师对小动物的特征部位进行描述，引导幼儿更好地观察这些动物图片，语言提示，“大大的耳朵，长长的鼻子”。

3. 主、配班教师以游戏的形式演示小动物变样了。

（1）主班教师出示小动物的影子图片，并给出语言提示，“咦，小动物怎么都变样了，小朋友们知道这是什么动物吗？”

（2）主班教师引导幼儿和家长观察影子图片中动物的特征部位，并请配班教师去拿相应的动物图片进行匹配。

4. 请幼儿独立进行配对练习，在此活动过程中，主、配班教师引导幼儿进行观察，培养幼儿的观察意识，最后鼓励每个幼儿的表现。

五、游戏活动：小动物回家

活动目标：

1. 通过游戏发展幼儿平衡能力及肢体协调能力。

2. 通过游戏激发幼儿的愉快情绪。

活动准备：

锥形桶4个，房子模型4个，小猫、大象、小狗、小兔子图片以及它们的影子图片

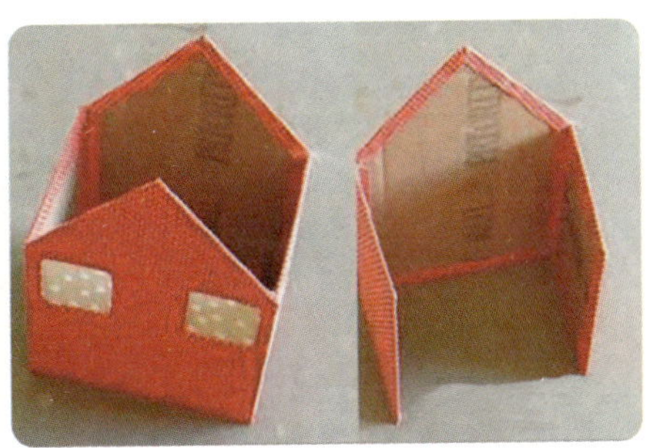

图1-21-2 小动物回家活动教具示意图

活动过程：

1. 教师布置场地：在教室一侧放置贴有动物影子的4个房子，并在教室中间

放置锥形桶当作大树。

2.教师讲述游戏规则："小动物们要回家了，它们的家在森林的另一边，我们要穿过森林将小动物送回家里，注意不要碰到'大树'。"

3.教师示范活动过程：拿着小猫的图片，绕过"大树"，保持平衡往前走，找到有小猫影子的房子后，将小猫图片放进房子里。

4.家长带领幼儿参与活动。

六、再见礼仪

活动目标：

1.培养幼儿的礼貌修养。

2.培养幼儿的耐心。

3.学会和教师告别，养成良好的礼仪习惯。

活动过程：

同本篇第一课内容。

【教学具准备】

教师教具：

小猫、大象、小狗、小兔子卡通图片以及它们的影子图片，20 cm×20 cm大小。动物图片为彩色卡通图片，影子为黑色，两种图片均过塑。

幼儿教具：

小猫、大象、小狗、小兔子卡通图片及它们的影子图片，10 cm×10 cm大小。动物图片为彩色卡通图片，影子为黑色。

第二十二课
长的和短的

一、问好

活动目标：

1.初步培养幼儿的社会交往能力。

2.让幼儿形成见面打招呼的习惯。

3.幼儿初步认识自己的名字（汉字符号认知）。

活动准备：

幼儿姓名卡片

活动过程：

同本篇第一课内容。

二、静寂活动：我的小手爬呀爬

活动目标：

1.稳定幼儿情绪。

2.锻炼幼儿手部的灵活性。

3.初步学习身体部位的名称。

活动过程：

同本篇十三课内容。

三、康复训练：指鼻子

活动目标：

1.锻炼幼儿听声音辨别的能力。

2.锻炼幼儿的反应能力。

3.能够模仿成人动作。

活动过程：

1.教师请幼儿伸出双手食指点在鼻子上，游戏开始，语言提示，“鼻子、鼻子、耳朵”，将手指从鼻子移至耳朵。接着进行鼻子到嘴巴、鼻子到眼睛的演示，语言提示，“鼻子、鼻子、嘴巴”“鼻子、鼻子、眼睛”。

2.请幼儿模仿教师的动作，反复练习。

3.请根据教师的指令进行活动。

a 指鼻子

b 指眼睛

图1-22-1 指鼻子活动示意图

四、主题活动：长的和短的

活动目标：

1.初步培养幼儿辨别能力。

2.初步理解“长的”“短的”含义。

活动准备：

2组木棒（每组两根，长短不同）

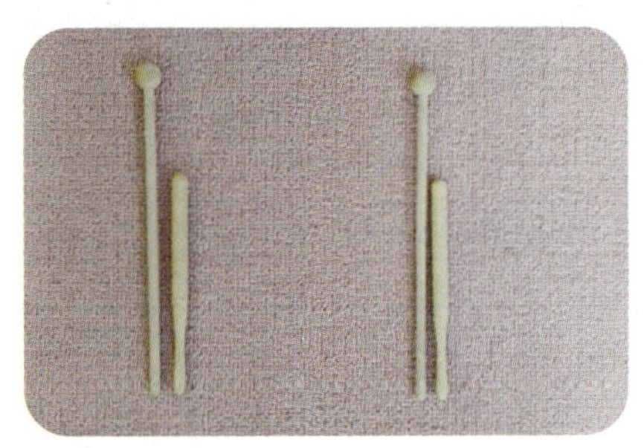

图 1-22-2 长的和短的活动教具示意图

活动过程：

1. 教师出示两组木棒，下端对齐，以便比较长短。

2. 教师指着长棒，语言提示，“长的，长的，这是长的”，指着短棒，语言提示，“短的，短的，这是短的”。

3. 请家长和幼儿开始分辨练习。

五、游戏活动：寻宝

活动目标：

1. 练习钻、爬、平衡走等大肌肉动作。

2. 在游戏活动中体验愉快情绪。

活动准备：

阳光隧道2段、泡沫地垫若干（当作沼泽地）、彩色小路2条、1筐皮球（见图1-22-3）

活动过程：

1. 教师布置场地，按顺序将阳光隧道、泡沫地垫、彩色小路、装皮球的大筐依次摆放在教室里。

2. 教师介绍主题，“今天我们要去寻宝。但要找到宝藏可不是件容易的事！我们要钻过隧道，爬过沼泽地（泡沫地垫），走过彩色小路，才能找到宝藏。谁愿意先来试一试？”

3. 请一位幼儿示范，可用语言提示，“看！先要钻过长长的隧道，爬过沼泽（泡沫地垫），走过彩色小路，最后找到了宝藏（筐里的皮球）。”

4. 组织幼儿排成一队玩游戏。引导幼儿有序地钻过阳光隧道、爬过沼泽（泡沫地垫)、走过彩色小路，从筐中拿到皮球跑回起点。

a 阳光隧道

b 地垫

c 皮球

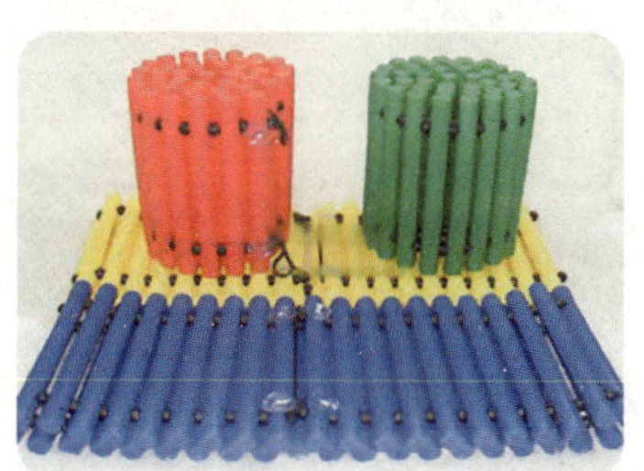

d 彩色步道

图1-22-3 寻宝活动教具示意图

六、再见礼仪

活动目标：

1.培养幼儿的礼貌修养。

2.培养幼儿的耐心。

3.学会和教师告别，养成良好的礼仪习惯。

活动过程：

同本篇第一课内容。

第二十三课
形状分类（图形卡片）

一、问好

活动目标：

1. 初步培养幼儿的社会交往能力。
2. 让幼儿形成见面打招呼的习惯。
3. 幼儿初步认识自己的名字（汉字符号认知）。

活动准备：

幼儿姓名卡片

活动过程：

同本篇第一课内容。

二、静寂活动：头顶沙包走线

活动目标：

1. 锻炼幼儿学习等待的能力。
2. 稳定幼儿情绪。
3. 练习幼儿身体的平衡感。

活动准备：

钢琴曲、沙包

活动过程：

1. 教师与幼儿同向站在地垫上准备走线，家长们站在线外。
2. 教师头顶沙包做各种有趣的动作引起幼儿的兴趣。

3. 请幼儿将沙包顶在头顶上，两只胳膊在身体两侧伸平，沿地垫接缝慢慢地走。

4. 鼓励幼儿勇敢地进行游戏，指导家长对幼儿进行积极肯定。

5. 音乐停止时，家长带幼儿坐下休息。

图 1-23-1　头顶沙包走活动示意图

三、康复训练：给气球打气

活动目标：

1. 发展幼儿的认知能力，学会拟声词chi的发音。
2. 模仿声音的大小。

活动过程：

同本篇第九课内容。

四、主题活动：形状分类（图形卡片）

活动目标：

1. 初步认识不同图形的区别。
2. 能认识并区分圆形。

活动准备：

三角形、圆形、正方形的纸片和硬卡片

图 1-23-2　形状分类活动教具示意图

活动过程：

1. 教师分别展示三种图形的纸片，并放在地垫上，语言提示，“圆形，圆形，这是圆形”。

2. 把相同形状的卡片放在相同形状纸片上方。

3. 除了圆形，其他的图形名称不进行语言提示，只在分类时用点头或者摇头表示分类对与错。

五、游戏活动：传送机

活动目标：

1. 发展幼儿手眼协调能力。

2. 学习与他人合作游戏。

活动准备：

1 个杯子、豆子若干

图 1-23-3　传送机活动教具示意图

活动过程：

1. 教师讲解游戏的玩法与要求。请家长和幼儿围成一个圈，每人手拿一个杯子，教师在一个幼儿的杯子里倒一些豆子，然后请幼儿把豆子倒在旁边家长的杯子里，家长再倒在旁边幼儿的杯子里，一个一个传下去，豆子不能倒在外面。注意，最后一个人把豆子倒在盆里。

2.集体游戏。游戏中，教师可根据具体情况增加豆子的数量，以提高游戏的难度，吸引幼儿积极参加游戏。

六、再见礼仪

活动目标：

1.培养幼儿的礼貌修养。

2.培养幼儿的耐心。

3.学会和教师告别，养成良好的礼仪习惯。

活动过程：

同本篇第一课内容。

【教学具准备】

教师教具：

1.三角形、圆形、正方形卡片。

2.用一张A4纸制作与卡片形状一致的纸片。

第二十四课
分豆子

一、问好

活动目标：

1. 初步培养幼儿的社会交往能力。
2. 让幼儿形成见面打招呼的习惯。
3. 幼儿初步认识自己的名字（汉字符号认知）。

活动准备：

幼儿姓名卡片

活动过程：

同本篇第一课内容。

二、静寂活动：走走停停

活动目标：

1. 培养幼儿动作的模仿能力。
2. 让幼儿通过身体的简单动作，感受音乐的节奏。
3. 增进亲子之间的合作关系及亲子感情。

活动准备：

音乐《走走停停》

活动过程：

1. 请幼儿和家长站在椭圆线上。
2. 音乐前奏时，请家长拉着幼儿的手。乐句响起时，请家长带幼儿跟着节奏在线上走；音乐停，家长带幼儿停下动作。

3.后半段音乐时，教师带幼儿随意做动作，音乐停止时停止动作。

三、康复训练：吃豆豆

活动目标：

1.锻炼幼儿口腔肌肉的灵活性。

2.锻炼幼儿唇部肌肉力量。

3.锻炼幼儿模仿动作的能力。

活动准备：

舌操音乐

活动过程：

同本篇第二课内容。

四、主题活动：分豆子

活动目标：

1.通过游戏活动练习分类。

2.训练幼儿三指灵活性、手腕灵活性，以及手的控制力。

3.培养幼儿的手眼协调能力、专注力。

活动准备：

黄豆、黑豆、勺子、碟子和两个碗

图1-24-1　分豆子活动教具示意图

活动过程：

1.教师取工作毯铺好，然后去玩具柜双手端玩具筐回到毯前坐好。

2.教师让幼儿观察碟子里的豆子，语言提示，“有黄豆和黑豆”。教师用右手大拇指、食指和中指捏勺子，舀起碟子中的黄豆放在一个碗内，再舀起黑豆放在另一个碗内。

3.分类时，教师用点头或摇头的方式对幼儿进行强调分类是否正确，直到将碟子中的豆子分完。

4.教师请幼儿参与活动。

5.教师一边收教具，一边讲解活动目的，然后将教具与工作毯放回原处。

五、游戏活动：小熊、小熊没有家

活动目标：

1.锻炼幼儿的反应能力。

2.初步学习遵守游戏规则。

活动准备：

4个乌龟壳旋转盘

图1-24-2　乌龟壳旋转盘示意图

活动过程：

1.教师先教幼儿学会念儿歌。

“一个娃娃一个家，小熊小熊没有家，小熊小熊是谁呀？小熊小熊就是他。”

2.教师将四个乌龟壳旋转盘背靠背摆成一个圈圈，请五个幼儿一组进行游戏。

3.游戏开始，家长带幼儿边念儿歌边绕旋转盘走，当说到“他”时，幼儿赶紧找旋转盘坐下，没有抢到“椅子”的幼儿就是“小熊”。

4.可以先让家长进行此游戏找出“大熊”；再由家长引导幼儿玩游戏，找出“小熊”；最后由家长跟幼儿一起玩这个游戏。

六、再见礼仪

活动目标：

1.培养幼儿的礼貌修养。

2.培养幼儿的耐心。

3.学会和教师告别，养成良好的礼仪习惯。

活动过程：

同本篇第一课内容。

【教学具准备】

幼儿教具：

黄豆、黑豆各20颗。

第二十五课
礼盒和礼物

一、问好

活动目标：

1. 初步培养幼儿的社会交往能力。
2. 让幼儿形成见面打招呼的习惯。
3. 幼儿初步认识自己的名字（汉字符号认知）。

活动准备：

幼儿姓名卡片

活动过程：

同本篇第一课内容。

二、静寂活动：观察蜡烛

活动目标：

1. 稳定幼儿情绪，能够安静下来观察。
2. 提高幼儿对细小事物的观察力。

活动准备：

蜡烛1根、打火机

图1-25-1 观察蜡烛活动示意图

活动过程：

教师在安全区域，点燃一根蜡烛，请幼儿观察蜡烛是什么样子的。语言提示，“有火苗，很热。”“火苗是有红有黄，越往中心区域越黄。”“火苗的外部温度最高，要注意安全。”

三、康复训练：大猫和小猫

活动目标：

1.复习动物拟声词，并进行大、小声拟声词的听辨练习。

2.模仿声音的大小。

活动准备：

大猫、小猫毛绒玩具，鼓

活动过程：

1.教师敲鼓，请幼儿听一听“大大的”鼓声和“小小的”鼓声，并引导幼儿发大声ɑ音和小声ɑ音。

2.边唱儿歌，边发大声“喵”和小声“喵”。

“我是一只大猫，我的声音很大，喵喵喵喵”，引导幼儿大声说“喵”；

“我是一只小猫，我的声音很小，喵喵喵喵”，引导幼儿小声说“喵”。

四、主题活动：礼盒和礼物

活动目标：

1. 锻炼幼儿的思维能力。

2. 锻炼幼儿的一一对应的能力。

3. 培养幼儿的专注力。

活动准备：

大礼盒、小礼盒、大礼物、小礼物（自制教具），纸张（画好大、小礼物盒与大、小礼物），笔

活动过程：

1. 教师介绍活动主题，语言提示，“小朋友们有收到过礼物吗？我们送礼物的时候都要把礼物装到盒子里，这样的话就有拆礼物的兴奋感。今天老师也要来送礼物，可是我的礼物还没有装到盒子里，我要请小朋友们帮忙把礼物装到相对应的盒子里。”

2. 教师拿出教具，开始演示。教师将大礼物放进大礼物盒，语言提示“大的”，将小礼物放进小礼物盒，语言提示“小的”。

3. 教师拿出纸，进行大、小礼物与大、小礼物盒的连线游戏。

4. 操作结束后，请幼儿自己开始大、小礼物与礼物盒的配对游戏。

五、游戏活动：礼物、礼物在哪里

活动目标：

1. 锻炼幼儿的一一对应的能力。

2. 锻炼幼儿的腿部肌肉。

3. 在游戏中让幼儿学到知识。

活动准备：

一个大盒子、一个小盒子、大大小小的毛绒玩具

活动过程：

1. 教师在教室两边放大小不同的礼物盒子，在中间放置大大小小的毛绒玩具。

2. 引导幼儿将毛绒玩具放进相对应的礼物盒子里，大玩具放进大盒里，小玩具放进小盒里。

六、再见礼仪

活动目标：

1.培养幼儿的礼貌修养。

2.培养幼儿的耐心。

3.学会和教师告别，养成良好的礼仪习惯。

活动过程：

同本篇第一课内容。

第二十六课
我需要什么

一、问好

活动目标：

1. 初步培养幼儿的社会交往能力。

2. 让幼儿形成见面打招呼的习惯。

3. 幼儿初步认识自己的名字（汉字符号认知）。

活动准备：

幼儿姓名卡片

活动过程：

同本篇第一课内容。

二、静寂活动：小闹钟

活动目标：

1. 稳定幼儿情绪。

2. 锻炼幼儿腰部肌肉力量。

3. 模仿成人动作，体验愉快情绪。

活动过程：

1. 教师示范：坐在地垫上，双腿盘起，先做左右摇摆（见图 1-26-1a、b），再做左右转身（见图 1-26-1c、d）。语言提示，“嘀嗒嘀嗒，嘀嗒嘀嗒，小闹钟在说话，嘀嘀嗒”。

2. 家长引导幼儿跟着教师一起做动作。

a　右摆

b　左摆

c　右转身

d　左转身

图1-26-1　小闹钟活动动作示意图

三、康复训练：神奇口袋

活动目标：

1. 丰富手部触觉刺激。

2. 训练幼儿对物品进行分类的能力。

3. 发展幼儿的语言和认知的能力。

活动准备：

小布袋、各类水果模型（橘子、苹果、草莓等）

图 1-26-2　神奇口袋活动教具示意图

活动过程：

1. 请家长带领幼儿面对教师围成半圆坐下。

2. 请家长拿着装满各类水果模型的口袋让幼儿来摸，语言提示，“神奇的口袋水果多，请你过来摸一摸”。然后，请幼儿伸手到袋子里摸水果，并说出水果的名称。提示幼儿不能看袋子里面。

3. 请幼儿把说出的水果模型一一摆放出来，再次说出水果名称，看看是否猜对了。

4. 教师整理教具，告知家长本次活动的目的。

四、主题活动：我需要什么

活动目标：

1. 锻炼幼儿的逻辑思维能力。

2. 让幼儿明白天热时该用什么东西降温。

3. 让幼儿积极动脑筋。

活动准备：

卡片娃娃2个、太阳伞、扇子、手绢、香蕉、笔、尺子等

活动过程：

1. 教师拿出两个卡片娃娃，说：“有一天，明明和小丽去草地上玩，他们玩得可开心了。太阳越晒越热，两位小朋友感到太热了。老师给这两位小朋友准备

了很多的东西，请大家为这两个小朋友选择天热时可以降温的东西。”

2. 教师逐一展示太阳伞、扇子、手绢等教具，边展示边向幼儿介绍物品名称。

3. 请幼儿挑选出适合天气热的时候可以降温的东西。

4. 教师整理教具，告知家长本次活动的目的。

五、游戏活动：小摇床

活动目标：

1. 发展幼儿大脑平衡觉，感受在空中摇摆的快乐。

2. 在游戏中体验愉快情绪，促进亲子关系。

活动准备：

床单、小熊玩偶

活动过程：

1. 教师出示床单，请一名家长上前协助示范。

2. 教师和家长分别站在床单两端，打开床单，让小熊玩偶平躺在里面。然后，抬起床单四角，跟着儿歌有节奏地摆动。儿歌结束，停止摆动并将床单放在地垫上。

3. 教师请幼儿上来尝试，边唱儿歌边做活动，活动结束后蹲下与幼儿说“再见”，鼓励幼儿下次再来，继续活动。

儿歌：《小摇床》

“小床单，真奇妙，幼儿躺着笑一笑。妈妈摆，爸爸摇，乐得幼儿哈哈笑。”

图 1-26-3 小摇床活动示意图

六、再见礼仪

活动目标：

1. 培养幼儿的礼貌修养。

2. 培养幼儿的耐心。

3. 学会和教师告别，养成良好的礼仪习惯。

活动过程：

同本篇第一课内容。

【教学具准备】

教师教具：

1. 故事画册（A3纸大小）。内容为：小男孩和小女孩在草地上玩。天气越来越热，两个娃娃热得流汗了。忽然，天空有乌云，两个娃娃站起来看天空。这时，天空下小雨，两个娃娃淋雨了。

2. 太阳伞、扇子、手绢、香蕉、笔、尺子等物品的卡片，10 cm×10 cm大小。

幼儿学具：

1. 同教师故事画册（16K纸大小）。

2. 太阳伞、扇子、手绢、香蕉、笔、尺子等物品的卡片，4 cm×4 cm大小。

第二十七课
图形找朋友

一、问好

活动目标：

1. 初步培养幼儿的社会交往能力。
2. 让幼儿形成见面打招呼的习惯。
3. 幼儿初步认识自己的名字（汉字符号认知）。

活动准备：

幼儿姓名卡片

活动过程：

同本篇第一课内容。

二、静寂活动：钢琴曲《小星星》

活动目标：

1. 锻炼幼儿学习等待的能力。
2. 稳定幼儿情绪。
3. 练习幼儿身体的平衡感。

活动准备：

钢琴曲《小星星》、装有水的水杯

活动过程：

1. 教师与幼儿同向站在椭圆线上准备走线，家长们站在线外。
2. 教师示范走线的动作，将水杯捧在双手手心，听着音乐慢慢地走。

3.家长要引导幼儿将脚踩在椭圆线上，在幼儿走的活动过程中，教师提醒家长要安静地跟随幼儿走。

4.音乐停止时，家长带幼儿面向教师呈半圆形站在线上，然后依次将水杯送回，最后坐下休息。

三、康复训练：小动物

活动目标：

1.复习拟声词，并进行差异较小的拟声词的听辨练习。

2.通过游戏活动促进亲子关系。

活动准备：

鸭子、青蛙、猴子、小鸡的手偶，音乐

活动过程：

同本篇第十三课内容。

四、主题活动：图形找朋友

活动目标：

1.通过游戏活动巩固对颜色和形状的认知。

2.练习简单的一一对应。

3.发展幼儿手的控制力，进行“拧”的动作练习。

活动准备：

瓶子若干、各种颜色和形状的几何图形即时贴若干、托盘

活动过程：

1.教师预先在同一瓶子的瓶身和瓶盖上贴上一模一样的两个几何图形，再把瓶身和瓶盖分别放在两个托盘里。

2.教师随意拿起一个瓶身，指着上面贴的几何图形告知幼儿：“这是黄色的圆形。”

3.教师示范在托盘里找出一个贴有一模一样的图形的瓶盖，语言提示，“这是黄色的圆形”，并把瓶盖拧上，让它们配对做好朋友。

4.教师请幼儿参与活动。

5.游戏结束后，教师一边收教具，一边讲解活动目的，然后将教具与工作毯放回原处。

五、游戏活动：小青蛙

活动目标：

1.培养幼儿反应能力和思维的敏捷性。

2.锻炼幼儿身体的灵活性。

活动准备：

大、小青蛙头饰，儿歌《小青蛙》

活动过程：

1.家长和幼儿戴好头饰坐在地上唱儿歌，唱到“小声叫”时，幼儿模仿青蛙小声叫；唱到“大声叫”时，模仿青蛙大声叫；唱到最后一句“小小青蛙跑回家时”，幼儿站起来学小青蛙跳，家长也跳着去追，追上幼儿后，再坐下来，重新开始游戏。儿歌：

“一只小青蛙，出门去玩耍，
妈妈小声叫：呱！呱！呱！
可是小青蛙没回家。
妈妈大声叫：呱！呱！呱！
小青蛙跑回家。”

2.可以变化儿歌的内容，把小青蛙换成小鸭、小鸡、小狗等，模仿它们的动作和叫声。

六、再见礼仪

活动目标：

1.培养幼儿的礼貌修养。

2.培养幼儿的耐心。

3.学会和教师告别，养成良好的礼仪习惯。

活动过程：

同本篇第一课内容。

【教学具准备】

教师教具：

1. 各种颜色的几何图形即时贴若干，如三角形、圆形、正方形。

2. 小青蛙头饰（成人佩戴）。

幼儿教具：

1. 各种颜色的几何图形即时贴若干，如三角形、圆形、正方形。

2. 小青蛙头饰（幼儿佩戴）。

3. 空矿泉水瓶。

第二十八课
分玩具

一、问好

活动目标：

1. 初步培养幼儿的社会交往能力。
2. 让幼儿形成见面打招呼的习惯。
3. 幼儿初步认识自己的名字（汉字符号认知）。

活动准备：

幼儿姓名卡片

活动过程：

同本篇第一课内容。

二、静寂活动：分类

活动目标：

1. 锻炼幼儿的思维能力。
2. 锻炼幼儿的一一对应的能力。
3. 培养幼儿的专注力。

活动准备：

各种水果的卡片、蛋糕卡片、水果盘、蛋糕盘

活动过程：

1. 教师提问："小朋友们爱吃水果吗？都喜欢吃什么水果啊？"待幼儿回答后，继续提问："那谁爱吃蛋糕啊？"待幼儿回答后，继续说："今天老师给大家准备了好多水果和蛋糕。现在我要给它们分类。"

2. 教师演示：在显眼的位置摆放好水果盘和蛋糕盘，语言提示，“水果盘装水果，蛋糕盘装蛋糕”。再拿出水果和蛋糕卡片进行分类，例如，拿出香蕉卡片摆放在水果盘里，语言提示，“香蕉是水果，放在水果盘里”。教师演示水果和蛋糕分类各2～3个。

3. 请幼儿选取卡片进行操作。

三、康复训练：吃豆豆

活动目标：

1. 锻炼幼儿口腔肌肉的灵活性。
2. 锻炼幼儿唇部肌肉力量。
3. 锻炼幼儿模仿动作的能力。

活动准备：

舌操音乐

活动过程：

同本篇第二课内容。

四、主题活动：分玩具

活动目标：

1. 锻炼幼儿的逻辑思维能力。
2. 让幼儿明白大动物要玩大玩具，小动物要玩小玩具。
3. 引导幼儿积极动脑筋。

活动准备：

大、小毛绒玩偶，大、小汽车

图 1-28-1　分玩具活动教具示意图

活动过程：

1. 教师介绍活动主题，可以这样说，“大象和小老鼠要玩玩具，大象个子高，要玩大玩具，小老鼠个子小，要玩小玩具。”

2. 教师演示：先拿起大象，语言提示“大”，再拿起大玩具，继续语言提示“大”，然后把大象和大玩具摆放在一起，并点头表示满意。

3. 幼儿独立进行活动，教师给予适当的指导。

五、游戏活动：击鼓传花

活动目标：

1. 锻炼幼儿对规则的理解能力。

2. 锻炼幼儿的胆量。

3. 给幼儿一个表现自我的机会。

活动准备：

鼓、花

活动过程：

请幼儿和家长围坐成一个圆圈，并请一位幼儿打鼓，大家传花，鼓声停止，花在哪位幼儿手里，就请那位幼儿和家长给大家表演一种小动物的动作和叫声。

六、再见礼仪

活动目标：

1. 培养幼儿的礼貌修养。

2. 培养幼儿的耐心。

3. 学会和教师告别，养成良好的礼仪习惯。

活动过程：

同本篇第一课内容。

第二十九课
热闹的动物园

一、问好

活动目标：

1. 初步培养幼儿的社会交往能力。
2. 让幼儿形成见面打招呼的习惯。
3. 幼儿初步认识自己的名字（汉字符号认知）。

活动准备：

幼儿姓名卡片

活动过程：

同本篇第一课内容。

二、静寂活动：欣赏古诗

活动目标：

1. 稳定幼儿情绪。
2. 培养幼儿的语言能力。

活动准备：

古诗情景卡片

活动过程：

1. 教师大声读出古诗《咏鹅》。
2. 教师请幼儿观察古诗卡片，引导幼儿感受故事表达的意境。

三、康复训练：谁在唱歌

活动目标：

1. 感知鼓声和三角铁不同的声音。
2. 尝试在集体环境中听辨两种乐器声。

活动准备：

鼓、三角铁

活动过程：

同本篇第七课内容。

四、主题活动：热闹的动物园

活动目标：

1. 让幼儿认识大与小。
2. 锻炼幼儿的逻辑思维能力。
3. 培养幼儿的观察能力。

活动准备：

大象、斑马、兔子玩偶，大、中、小三个同色气球

活动过程：

1. 教师拿出三只小动物玩偶，先让幼儿进行观察，并请幼儿说出小动物的名称。

2. 教师将玩偶摆成一排进行大小排序，排好序后，先用手从大滑动到小，语言提示“从大到小”，再用手从小滑动到大，语言提示“从小到大”。

3. 教师将大象向前摆放，语言提示，“大的，大的，这是大的”，说完后将大象退回与其他小动物排成一排；再将兔子向前摆放，语言提示，“小的，小的，这是小的”，说完后将兔子退回与其他小动物排成一排。

4. 教师再出示大小不同的气球，“我要给小动物分气球，分别给不同大小的动物分配不同大小的气球”，然后将气球与玩偶摆成一排，并进行大小排序，排好序后，先用手从大滑动到小，语言提示“从大到小”，再用手从小滑动到大，语言提示“从小到大”。

5. 教师将大象和大气球向前摆放，语言提示，“大的，大的，这些都是大的”，说完后将大象和大气球退回摆放；再将兔子和小气球向前摆放，语言提示，“小的，小的，这些都是小的”，说完后将兔子和小气球退回摆放。

五、游戏活动：大象和小兔子

活动目标：

1. 通过模仿动物让幼儿来感受大的动物和小的动物。
2. 锻炼幼儿的模仿能力。
3. 让幼儿感受游戏的乐趣。

活动准备：

音乐

活动过程：

教师播放音乐，并引导幼儿做大象的动作和小兔子的动作：大象站起来走一走，小兔子蹲下跳一跳。

六、再见礼仪

活动目标：

1. 培养幼儿的礼貌修养。
2. 培养幼儿的耐心。
3. 学会和教师告别，养成良好的礼仪习惯。

活动过程：

同本篇第一课内容。

【教学具准备】

教师教具：

1. 大象、斑马、兔子玩偶。
2. 不同大小的同色气球三个。

幼儿教具：

不同大小的同色气球三个。

第三十课
小鱼游啊游（感受磁力）

一、问好

活动目标：

1. 初步培养幼儿的社会交往能力。
2. 让幼儿形成见面打招呼的习惯。
3. 幼儿初步认识自己的名字（汉字符号认知）。

活动准备：

幼儿姓名卡片

活动过程：

同本篇第一课内容。

二、静寂活动：欣赏古诗

活动目标：

1. 稳定幼儿情绪。
2. 培养幼儿的语言能力。

活动准备：

古诗情景卡片

活动过程：

同本篇第二十九课内容。

三、康复训练：吃豆豆

活动目标：

1. 锻炼幼儿口腔肌肉的灵活性。

2. 锻炼幼儿唇部肌肉力量。

3. 锻炼幼儿模仿动作的能力。

活动准备：

舌操音乐

活动过程：

同本篇第二课内容。

四、主题活动：小鱼游啊游（感受磁力）

活动目标：

1. 初步感受磁力现象。

2. 增强幼儿的动手能力。

活动准备：

小鱼剪纸（可粘贴）、曲别针、磁铁、纸板、纸、画笔

图 1-30-2　小鱼游啊游活动教具示意图

活动过程：

1.请家长带幼儿坐好，教师先取工作毯和托盘，并将工作毯铺好。

2.教师出示用即时贴剪好的小鱼，并在小鱼身上别好曲别针后，把它放在纸板上，然后手拿磁铁放在纸板下面，移动磁铁使小鱼在纸板上“游动”，边操作边说儿歌。教师说儿歌时，请家长引导幼儿观察小鱼的位置变化，并模仿说儿歌。

“小小鱼儿水中游，摇摇尾巴、点点头，

一会上、一会下，好像快乐的小朋友。”

3.教师示范绘画活动：在画纸上用蓝色的笔画几条波浪线代表水，再撕开贴纸把小鱼贴在画好的水上。

4.教师分发材料请幼儿进行活动。

（1）请家长引导幼儿让小鱼朝不同的方向游动，语言提示，“有的小鱼向上游，有的小鱼向下游”。

（2）粘贴完成后，请家长引导幼儿在纸上画波浪线，贴好小鱼，并边指小鱼边说儿歌。

5.请家长帮幼儿写上名字，并将撕下来的碎纸扔进垃圾桶。

五、游戏活动：盖房子

活动目标：

1.练习下蹲、踮脚等动作，锻炼幼儿大肌肉群的发展。

2.在游戏活动中感受合作的快乐。

3.在游戏活动中促进亲子感情。

活动准备：

泡沫积木、贴纸

活动过程：

1.教师将积木放在地垫中间，将幼儿分为两组进行盖房子的活动。

2.游戏开始后，幼儿从教室一端出发，蹲下捡一块积木，前往教室的另一端搭积木，放好积木后返回和第二名幼儿互相击掌，然后第二名幼儿出发，依次进行直到房子被盖好。房子先盖好并没有倒下的那组幼儿获胜，教师给予奖励。

3. 提示家长尽量让幼儿自己进行活动。

六、再见礼仪

活动目标：

1. 培养幼儿的礼貌修养。
2. 培养幼儿的耐心。
3. 学会和教师告别，养成良好的礼仪习惯。

活动过程：

同本篇第一课内容。

【教学具准备】

教师教具：

1. 小鱼图片（长10 cm，可贴粘），在小鱼上别上回形针。
2. 纸板，绘有海水、水草、珊瑚等，30 cm×20 cm大小。
3. 磁铁。

幼儿教具：

彩色小鱼贴图（长5 cm）、纸和画笔。

第三十一课
切开的水果

一、问好

活动目标：

1.初步培养幼儿的社会交往能力。

2.让幼儿形成见面打招呼的习惯。

3.幼儿初步认识自己的名字（汉字符号认知）。

活动准备：

幼儿姓名卡片

活动过程：

同本篇第一课内容。

二、静寂活动：小手变、变、变

活动目标：

1.发展幼儿手的灵活性。

2.模仿成人动作。

3.会唱简单的儿歌。

活动过程：

同本篇第十六课内容。

三、康复训练：大狗和小狗

活动目标：

1.复习动物叫声拟声词。

2. 大小声听辨练习。

3. 模仿声音的大小。

活动准备：

大狗和小狗毛绒玩具、鼓

活动过程：

1. 教师敲鼓，请幼儿听一听大大的鼓声和小小的鼓声，并引导幼儿发大声a音和小声a音。

2. 边说儿歌边模仿小狗叫声。

“我是一只大狗，我的声音很大，汪汪汪”，拿出大狗毛绒玩具，并大声模仿狗叫声；

“我是一只小狗，我的声音很小，汪汪汪”，拿出小狗毛绒玩具，并小声模仿狗叫声。

四、主题活动：切开的水果

活动目标：

1. 锻炼幼儿的思维能力。

2. 让幼儿了解水果切开后是什么样子。

3. 培养幼儿的专注力。

活动准备：

苹果、橙子、桃子等水果实物，相应水果的横切面图片，小刀

活动过程：

1. 教师拿出水果，说：“老师带来了很多的水果，我请大家先用你的眼睛看，看完后我会请小朋友进行操作。”

2. 教师依次拿出不一样的完整水果，并请幼儿告诉教师这些水果的名称，然后用刀切开水果，并把横切面展示给幼儿。

3. 教师引导幼儿边看水果横切面的样子，边找出水果的横切面图片。

a 苹果

b 橙子

c 桃子

图 1-31-1 切开的水果活动示意图

五、游戏活动：向上抛气球

活动目标：

1. 锻炼幼儿眼睛随着气球转移的能力。
2. 练习双手向上抛的动作。
3. 锻炼小臂的肌肉力量。

活动准备：

气球

活动过程：

1. 教师示范向上抛气球的动作。
2. 请幼儿进行抛气球的活动，动作熟练后，可进行气球抛高比赛。

六、再见礼仪

活动目标：

1. 培养幼儿的礼貌修养。
2. 培养幼儿的耐心。
3. 学会和教师告别，养成良好的礼仪习惯。

活动过程：

同本篇第一课内容。

【教学具准备】

教师教具：

1. 苹果、橘子和桃子。
2. 苹果、橘子和桃子横切面卡片，15 cm×15 cm 大小。

幼儿学具：

苹果、橘子和桃子的横切面卡片，8 cm×8 cm 大小。

第三十二课
软软的和硬硬的

一、问好

活动目标：

1. 初步培养幼儿的社会交往能力。
2. 让幼儿形成见面打招呼的习惯。
3. 幼儿初步认识自己的名字（汉字符号认知）。

活动准备：

幼儿姓名卡片

活动过程：

同本篇第一课内容。

二、静寂活动：两根手指

活动目标：

1. 模仿成人动作。
2. 在游戏活动中体验愉快情绪。

活动过程：

同本篇第二课内容。

三、康复训练：小动物乘坐交通工具

活动目标：

1. 巩固对交通工具拟声词的认知。

2. 进行拟声词的听辨及听觉记忆练习。

活动准备：

汽车、飞机、火车、摩托车模型，小鸭子手偶

活动过程：

同本篇第十六课内容。

四、主题活动：软软的和硬硬的

活动目标：

1. 感知软和硬的东西，能根据软、硬不同的触感进行物品分类。

2. 学习触摸不同材质的物体，理解“软软的”和“硬硬的”含义。

活动准备：

毛绒玩具、海绵、棉花等软材质的东西，塑料玩具等硬材质的东西，神秘袋两个

a　软的物品

b　硬的物品

图 1–32–1　软软的和硬硬的活动教具示意图

活动过程：

1. 教师预先将软质东西和硬质东西分别放置在两个神秘袋中。出示神秘袋，

引导幼儿先听一听有没有声音。

2. 教师请一位幼儿来用手摸一摸，说说摸着有什么感觉，教师引导幼儿描述触摸的感觉，语言提示，“软软的”或“硬硬的”。

3. 教师从神秘袋中拿出软的和硬的物体，并分发给幼儿，请幼儿来摸一摸、捏一捏，并请家长引导幼儿描述触感。

4. 家长引导幼儿将“硬硬的”和“软软的”物体分开放置。

5. 教师请幼儿按要求归置物品，结束活动时讲解本次活动目的。

五、游戏活动：小鸡出壳

活动目标：

1. 培养幼儿动作的灵活性。
2. 通过游戏发展幼儿平衡能力及肢体协调能力。
3. 通过游戏激发幼儿的愉快情绪。

活动准备：

大张的废报纸若干，画笔

活动过程：

1. 教师预先在报纸上画好大鸡蛋，分散放在教室的地上。

2. 教师发起指令：“预备——起！”家长和幼儿赶快拿起报纸，小心地从蛋中间撕破一个洞，然后将幼儿的头、肩、躯干和脚从洞中钻过，再跨出报纸，然后发出“叽叽”声，一只小鸡就孵好了。

3. 家长带着幼儿接着再撕再钻，要是将报纸撕破了，游戏结束。最后“孵出小鸡”最多的家长和幼儿获胜。

六、再见礼仪

活动目标：

1. 培养幼儿的礼貌修养。
2. 培养幼儿的耐心。
3. 学会和教师告别，养成良好的礼仪习惯。

活动过程：

同本篇第一课内容。

第三十三课
三只熊的早餐

一、问好

活动目标：

1.初步培养幼儿的社会交往能力。

2.让幼儿形成见面打招呼的习惯。

3.幼儿初步认识自己的名字（汉字符号认知）。

活动准备：

幼儿姓名卡片

活动过程：

同本篇第一课内容。

二、静寂活动：草原骑兵

活动目标：

1.感受歌曲节奏。

2.增进亲子感情。

活动准备：

音乐《草原骑兵》

活动过程：

1.幼儿两腿分开坐在家长的膝盖上。

2.家长跟着音乐节奏抖动双腿，让幼儿感知节奏的同时感受快乐。

a 坐下

b 坐下屈膝

图 1-33-1 草原骑兵活动动作示意图

三、康复训练：我来听一听（动物和交通工具）

活动目标：

1. 巩固对拟声词的认知。

2. 尝试进行听音识物练习。

活动准备：

汽车、火车、小鸭子、小猫、小狗玩具，交通工具和小动物声音录音

图 1-33-2 我来听一听活动教具示意图

活动过程：

1. 教师出示交通工具及动物玩具，边出示边发出它们的声音，引导幼儿复习拟声词。

2. 教师将模型摆放好后，播放声音录音，请幼儿听录音模仿说出拟声词。

3.教师请幼儿指出声音是谁发出的。

四、主题活动：三只熊的早餐

活动目标：

1.通过视觉观察，巩固理解物体“大”“中”“小”的概念。

2.锻炼幼儿的观察能力及语言表达能力。

活动准备：

《三只熊的早餐》故事ppt、三只熊的卡片、三个大小不同的碗的图片

图1-33-3 三只熊的早餐活动教具示意图

活动过程：

1.教师取工作毯铺好，然后去玩具柜双手端托盘回到毯前坐好。

2.教师出示三只熊卡片，引导幼儿观察三只熊，语言提示，“大小不一样”，“大大的熊是熊爸爸，小小的熊是熊幼儿，不大不小的熊是熊妈妈”。

3.教师播放故事ppt，通过故事讲解，引导幼儿理解大、中、小的概念。

4.教师进行大小配对，语言提示，“大碗给熊爸爸，小碗给熊幼儿，不大不小的碗给熊妈妈”。

5.教师讲解活动目的后分发教具请幼儿进行操作。

五、游戏活动：采蘑菇

活动目标：

1.模仿成人动作。

2. 增加身体运动的协调能力。

3. 增进亲子关系。

活动过程：

1. 教师边说儿歌边示范动作，请家长带幼儿进行动作模仿。

“早上空气真正好”，在头顶上挥臂，左右方向各一次；

“小兔、小兔起得早”，双臂胸前打开两次；

“揉揉眼睛，揉揉眼睛”，模仿揉眼睛的动作；

“捋捋毛，捋捋毛”，双手从胸前摸至膝部；

“摸摸尾巴，摸摸尾巴”，手背后，身体左右摇；

“没有掉，没有掉”，胸前摆手两次；

“小兔上山采蘑菇”，原地踏步四次；

“碰到一块大石头”，左手叉腰，右手食指指向前方；

“不要害怕向前跳”，半蹲向前跳；

“采到一个大蘑菇，真是勇敢好宝宝”，竖大拇指摇摆。

2. 幼儿和家长跟着教师边念儿歌边做动作。

六、再见礼仪

活动目标：

1. 培养幼儿的礼貌修养。

2. 培养幼儿的耐心。

3. 学会和教师告别，养成良好的礼仪习惯。

活动过程：

同本篇第一课内容。

【教学具准备】

教师教具：

1. 三只熊图片，10 cm×10 cm 大小。

2. 三个大小不同的碗的图片，3 cm×3 cm 大小。

幼儿教具：

同教师教具。

第三十四课
小动物的食物

一、问好

活动目标：

1.初步培养幼儿的社会交往能力。

2.让幼儿形成见面打招呼的习惯。

3.幼儿初步认识自己的名字（汉字符号认知）。

活动准备：

幼儿姓名卡片

活动过程：

同本篇第一课内容。

二、静寂活动：好吃的水果

活动目标：

1.了解水果的名称。

2.感知和分辨声音。

活动准备：

神秘袋、仿真水果若干

活动过程：

1.教师请幼儿依次上前伸手在神秘袋里来摸出一种水果，并拿在手里，回到座位。

2.教师请拿到苹果的幼儿把苹果送回来，并引导幼儿大声说“苹果”；请拿到香蕉的幼儿把香蕉送回来，并引导幼儿大声说“香蕉”；请拿到草莓的幼儿把草莓送回来，并引导幼儿大声说“草莓”。

三、康复训练：我来听一听（动物和交通工具）

活动目标：

1.巩固对拟声调的认知。

2.尝试进行听音识物练习。

活动过程：

同本篇第三十三课内容。

四、主题活动：小动物的食物

活动目标：

1.提高幼儿的认知能力。

2.给幼儿创造良好的语言环境，提高幼儿语言能力。

3.鼓励幼儿自己走过来拿卡片，提升幼儿的自信心。

活动准备：

小猫、兔子、小狗等小动物玩偶，小鱼、萝卜、肉骨头等小动物食物的模具

图 1-34-1　小动物的食物活动教具示意图

活动过程:

1. 主班教师提示幼儿坐好，并请配班教师给每个幼儿发一个小动物的玩偶。

2. 等到所有幼儿都拿到玩偶之后，主班教师从身后拿出小动物食物的模具。请幼儿观察，并语言提示，“这是一条小鱼，我们想想哪只小动物爱吃鱼呢？它走起路来静悄悄，叫起来喵喵喵”，引导幼儿和家长说出答案。

3. 然后请拿到小猫玩偶的幼儿上来拿小鱼模具。

4. 可以这样提问，“小猫拿对食物了吗?”引导幼儿点头并回答，“小猫咪爱吃小鱼”。

5. 再继续下一组配对活动。

五、游戏活动：倒蹬自行车

活动目标:

1. 练习腰部和腿部力量。

2. 培养幼儿动作的协调性。

活动过程:

1. 家长和幼儿躺在地垫上，抬起腿让脚弓相贴。

2. 家长和幼儿开始一前一后地蹬腿，像骑自行车一样。一边蹬一边念儿歌:

“丁零零，丁零零，骑着车儿上北京。
北京有个天安门，天安门上挂红灯。
红灯亮，照四方，大家心里暖洋洋。”

六、再见礼仪

活动目标:

1. 培养幼儿的礼貌修养。

2. 培养幼儿的耐心。

3. 学会和教师告别，养成良好的礼仪习惯。

活动过程：

同本篇第一课内容。

【教学具准备】

教师教具：

1. 卡通小动物玩偶：小猫，兔子，小狗。

2. 食物模具：鱼，萝卜，肉骨头。

第三十五课
汽车钻山洞

一、问好

活动目标：

1. 初步培养幼儿的社会交往能力。
2. 让幼儿形成见面打招呼的习惯。
3. 幼儿初步认识自己的名字（汉字符号认知）。

活动准备：

幼儿姓名卡片

活动过程：

同本篇第一课内容。

二、静寂活动：大泡泡和小泡泡

活动目标：

1. 在活动中感知大小。
2. 游戏活动中体验愉快情绪。

活动过程：

同本篇第十八课内容。

三、康复训练：吹喇叭

活动目标：

1. 复习拟声词，并进行大、小声拟声词的听辨练习。

2. 模仿声音的大小。

活动准备：

大喇叭和小喇叭玩具

图 1–35–1 吹喇叭活动教具示意图

活动过程：

1. 教师分别吹一吹大喇叭和小喇叭，请幼儿听一听“大大的”喇叭声和“小小的”喇叭声

2. 教师唱儿歌：

“我是一只大喇叭，滴滴答，滴滴答，我的声音最大！

我是一只小喇叭，滴滴答，滴滴答，我的声音最小！”

3. 教师引导幼儿分别模仿大声的“滴滴答”和小声的“滴滴答”。

四、主题活动：汽车钻山洞

活动目标：

1. 认识颜色及顺序。

2. 学习点数一、二、三。

活动准备：

三辆不同颜色、不同造型的玩具车，一个硬空心纸筒，线绳少许

图1-35-2 汽车钻山洞教具示意图

活动过程：

1. 教师用线将三辆汽车连起来，请幼儿观察。

2. 教师缓慢地把三辆汽车拉进纸筒，提醒幼儿注意观察，语言提示，“看什么颜色的汽车先开进山洞的，第二辆是什么颜色的车？最后进去的是什么颜色的？”当全部汽车拉进纸筒后教师停止动作。

3. 教师再次操作将小汽车从纸筒里拉出来，家长引导幼儿观察，语言提示，“猜猜第一辆出来的是什么颜色的车？”然后将汽车拉出来，让幼儿看自己说得对不对。

五、游戏活动：运皮球

活动目标：

1. 促进幼儿身体协调性。
2. 建立合作意识。
3. 在游戏活动中体验愉快情绪，促进亲子感情。

活动准备：

皮球若干、方巾3条、筐3个

活动过程：

1. 教师布置场地：将方巾放在教室的一端，在教室的另一端摆好玩具筐。
2. 请家长和幼儿分别拉住方巾的两个角，把皮球放在方巾上面。

3.教师将家长和幼儿分成两组，排好队站在放置方巾的一侧。

4.游戏开始，请家长和幼儿按照指定路线把皮球运到指定筐内，运完皮球的家长背起幼儿回到点，把方巾传给下一个家庭，继续游戏。最先运完皮球的组获胜。

a　皮球

b　方巾

图1-35-3　运皮球活动教具示意图

六、再见礼仪

活动目标：

1.培养幼儿的礼貌修养。

2.培养幼儿的耐心。

3.学会和教师告别，养成良好的礼仪习惯。

活动过程：

同本篇第一课内容。

第三十六课
食物品尝会

一、问好

活动目标：

1. 初步培养幼儿的社会交往能力。
2. 让幼儿形成见面打招呼的习惯。
3. 激发幼儿参与活动的兴趣。

活动过程：

1. 教师和幼儿打招呼，幼儿在家长的引导下与教师打招呼。
2. 教师和家长带领幼儿唱《你好歌》。

《你好歌》：

5 5　3 | 5 5　3 | 5 5　6 6 | 5　3 |

× ×　× × ×　× 我们 欢迎 你，

5 5　3 | 5 5　3 | 5 4　3 2 | 1　1 ‖

× ×　× × ×　× 快快 站起 来!

二、静寂活动：持物走线

活动目标：

1. 锻炼幼儿学习等待的能力。
2. 稳定幼儿情绪。
3. 练习幼儿身体的平衡感。

活动准备：

钢琴曲《寂静的森林》、碗（内置黄豆）

图 1-36-1　持物走线教具示意图

活动过程：

1. 教师双手端碗做各种有趣的动作引起幼儿的兴趣。
2. 请幼儿两只手臂伸平端碗，沿椭圆线慢慢地走。
3. 鼓励幼儿勇敢地进行游戏，指导家长对幼儿积极的肯定。
4. 音乐停止时，家长带幼儿站在线上面向教师呈半圆形后坐下休息。

三、康复训练：小船快快游

活动目标：

1. 发展幼儿的认知能力。
2. 呼吸训练，进行吹气的练习。

活动准备：

纸船、水盆、水

图 1-36-2　小船快快游活动示意图

活动过程：

1. 教师出示纸船，语言提示，“我的小船要在水里比赛了”。

2. 教师发放纸船，请幼儿将纸船放在水盆中，进行吹气练习，并将纸船吹得游动起来。

四、主题活动：食物品尝会

活动目标：

1. 了解食物有酸、甜、苦、辣等不同的味道。

2. 通过观察、探索、品尝，会说形容词“酸酸的”“甜甜的”“苦苦的”“辣辣的”，并了解它们的含义。

活动准备：

苹果、草莓、西瓜、糖果、奶油、蜂蜜等甜味的食物，山楂、柠檬、醋等酸味的食物，洋葱，咖啡，盘子，透明水杯

活动过程：

1. 教师事先将食物分割后装盘、装杯，并向幼儿展示这些食物，介绍食物名称。

2. 教师可以这样说：“今天老师准备了吃的东西，请小朋友们来闻一闻、舔一舔、尝一尝。”

3. 请幼儿品尝食物，并尝试表达食物的味道，家长可引导幼儿进行语言表达“酸酸的”“甜甜的”“苦苦的”“辣辣的”。

4. 请幼儿们找一找哪些东西尝起来是甜甜的。

五、游戏活动：甜甜树

活动目标：

1. 在游戏活动中尝试进行踮脚练习，锻炼幼儿身体的平衡性。

2. 巩固认知甜甜的东西。

活动准备：

苹果、草莓、西瓜、糖果、奶油、蜂蜜、柠檬、山楂、咖啡、洋葱等食物的图片，大树纸板，跨栏

活动过程：

1. 教师布置场地：在起点处放好图片，将跨栏设置为障碍物，在终点摆放大树（大树上贴双面胶，双面胶贴的位置高于幼儿身高20 cm左右）。

2. 教师示范：在起点处找到甜甜的食物的图片，跨过障碍物，踮脚将图片贴在大树上。

3. 请幼儿进行游戏活动。

六、再见礼仪

活动目标：

1. 培养幼儿的礼貌修养。

2. 培养幼儿的耐心。

3. 学会和教师告别，养成良好的礼仪习惯。

活动过程：

1. 教师边唱儿歌边做动作：

"我有一双小小手，要拉许多好朋友"，伸出双手；

"你好，你好"，招招手；

"欢迎，欢迎"，拍拍手；

"谢谢，谢谢"，握握手；

"再见，再见"，摆摆手。

2. 请家长引导幼儿边唱儿歌边做动作。

第三十七课
小刺猬

一、问好

活动目标：

1. 初步培养幼儿的社会交往能力。

2. 让幼儿形成见面打招呼的习惯。

3. 激发幼儿参与活动的兴趣。

活动过程：

同本篇第三十六课内容。

二、静寂活动：小闹钟

活动目标：

1. 稳定幼儿情绪。

2. 锻炼幼儿腰部肌肉力量。

3. 模仿成人的动作，体验愉快情绪。

活动过程：

同本篇第二十六课内容。

三、康复训练：大猫和小猫

活动目标：

1. 复习动物拟声词，并进行大、小声拟声词的听辨练习。

2. 模仿声音的大小。

活动准备：

大猫、小猫毛绒玩具，鼓

活动过程：

同本篇第二十五课内容。

四、主题活动：小刺猬

活动目标：

1. 学习小刺猬的特征。

2 学习团、捏泥的方法，发展手指的灵活性。

3. 体验泥工活动的乐趣。

活动准备：

彩泥、棉签、彩笔、成品刺猬模型

活动过程：

1. 教师出示成品刺猬模型，引导幼儿观察刺猬，语言提示，“小朋友们看看小刺猬长什么样的呢?”引导幼儿发现刺猬有细细的嘴、尖尖的刺。

2. 教师出示制作刺猬的材料，语言提示，“我们需要用到彩泥和棉签，用彩泥来做刺猬的身体，棉签用来做刺猬身上的刺”。

3. 教师示范制作刺猬方法，操作时放慢动作，突出团和捏的动作。制作过程：先把一团泥放在手掌中团成鸭蛋形，再用食指和大拇指将一头捏成尖尖的嘴巴，然后取棉签从刺猬身后向头部顺一个方向斜插在刺猬的背上，最后在棉签的一头涂上颜色。

4. 教师分发材料，请幼儿操作。

5. 制作完成后，请幼儿展示作品。

图 1-37-1　小刺猬活动作品示意图

五、游戏活动：小刺猬背果果

活动目标：

1. 锻炼幼儿身体的平衡能力。

2. 锻炼幼儿钻、滚、爬等动作的综合协调能力。

活动准备：

粘贴衣、粘靶球、平衡木、阳光隧道、筐子

a 粘贴衣

b 平衡木

c 阳光隧道

图 1-37-2 小刺猬背果果活动教具示意图

活动过程：

1. 教师布置场地：在教室的一边放置筐子、平衡木，另一端放好粘靶球，中间位置放置阳光隧道。

2. 游戏活动：

（1）教师讲解游戏玩法，并示范活动流程：穿好粘贴衣后，走过“独木桥”，钻过“山洞”，看见“果子”，就侧身翻滚将“果子”粘在背上，返回起点将身上的“果子”取下来，放在筐子里。

（2）幼儿分组游戏，提醒幼儿返回到起点时，请其他幼儿帮忙取下身上的“果子”。

（3）游戏结束后，教师和幼儿一起数一数筐子里的“果子”，比比哪一组的最多。

六、再见礼仪

活动目标：

1. 培养幼儿的礼貌修养。

2. 培养幼儿的耐心。

3. 学会和教师告别，养成良好的礼仪习惯。

活动过程：

同本篇第三十六课内容。

【教学具准备】

教师教具：

棕色彩泥，棉签10根。

幼儿学具：

同教师教具。

第三十八课
沉与浮

一、问好

活动目标：

1. 初步培养幼儿的社会交往能力。
2. 让幼儿形成见面打招呼的习惯。
3. 激发幼儿参与活动的兴趣。

活动过程：

同本篇第三十六课内容。

二、静寂活动：拉大锯

活动目标：

1. 稳定幼儿情绪。
2. 培养幼儿的模仿能力。
3. 通过游戏活动促进亲子关系。

活动准备：

波波熊玩偶

活动过程：

同本篇第一课内容。

三、康复训练：开火车

活动目标：

1.单元音u的一声、二声、四声发音练习。

2.单元音u的长音的发音练习。

活动准备：

音乐《开车舞》

活动过程：

同本篇第十九课内容。

四、主题活动：沉与浮

活动目标：

1.引导幼儿观察，比较物体在水中的沉浮现象。

2.鼓励幼儿乐于参与科学小实验，培养幼儿的探索精神。

活动准备：

透明鱼缸、水、积木、石头、泡沫、乒乓球

活动过程：

1.教师出示材料，介绍材料的名称。

2.教师操作积木、石头在水中的沉浮实验，并请家长引导幼儿观察，语言提示，“沉下去了”。

3.教师再次操作泡沫、乒乓球在水中的沉浮实验，并请家长引导幼儿观察，语言提示，“浮起来了”。

4.教师总结：请幼儿回家找一找、玩一玩，看看还有哪些东西会沉下去？哪些东西会浮上来？

五、情景游戏：点豆豆

活动目标：

1.发展幼儿身体协调性。

2.能够模仿成人动作，进行简单的儿歌练习。

活动过程：

教师示范手指动作，请家长带领幼儿模仿教师的手部动作。

准备动作：一只手做碗状，另一只手伸向“碗”内“点豆豆”。

“点、点、点豆豆，吃到一个甜豆豆”，先做“点”的动作，再做“捏”的动作，然后把“豆子”放进嘴里，并做出吃甜豆豆的愉快表情；

“点、点、点豆豆，吃到一个酸豆豆”，先做“点”的动作，再做“捏”的动作，然后把“豆子”放进嘴里，并做出吃酸豆豆的表情；

“点、点、点豆豆，吃到一个辣豆豆”，先做“点”的动作，再做“捏”的动作，然后把“豆子”放进嘴里，并做出吃辣豆豆的痛苦表情。

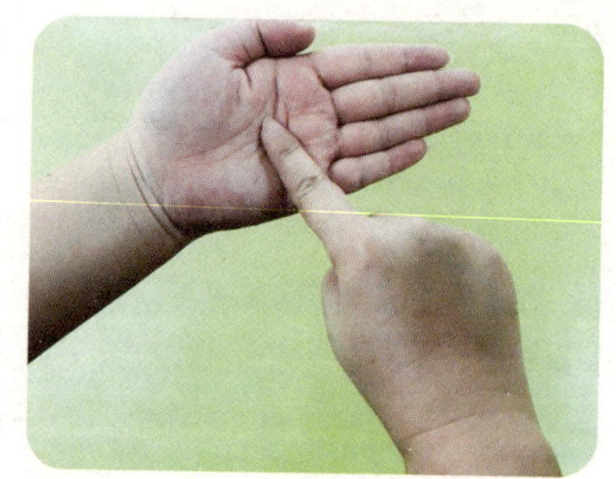

a 点的动作

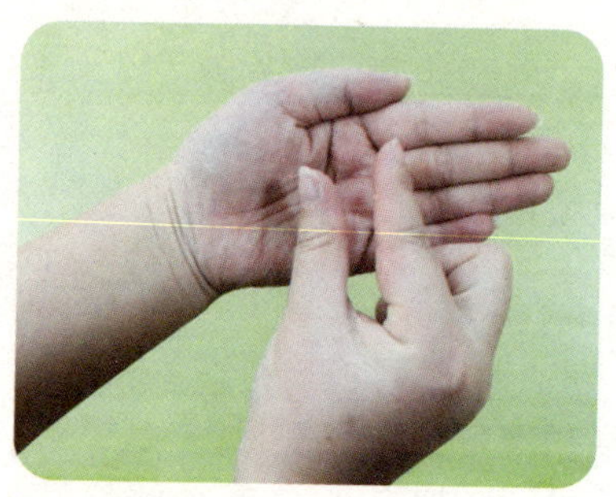

b 捏的动作

图1-38-1 点豆豆活动动作示意图

六、再见礼仪

活动目标：

1.培养幼儿的礼貌修养。

2.培养幼儿的耐心。

3.学会和教师告别，养成良好的礼仪习惯。

活动过程：

同本篇第三十六课内容。

第三十九课
鸡蛋浮起来了

一、问好

活动目标：

1. 初步培养幼儿的社会交往能力。
2. 让幼儿形成见面打招呼的习惯。
3. 激发幼儿参与活动的兴趣。

活动过程：

同本篇第三十六课内容。

二、静寂活动：我的小手爬呀爬

活动目标：

1. 稳定幼儿情绪。
2. 锻炼幼儿手部的灵活性。
3. 初步学习五官的名称。

活动过程：

同本篇第十三课内容。

三、康复训练：吃豆豆

活动目标：

1. 锻炼幼儿口腔肌肉的灵活性。
2. 锻炼幼儿唇部肌肉力量。

3.锻炼幼儿模仿动作的能力。

活动准备：

舌操音乐

活动过程：

同本篇第二课内容。

四、主题活动：鸡蛋浮起来了

活动目标：

1.引导幼儿通过实验操作发现溶解现象。

2.引导幼儿通过实验操作观察物品沉浮的现象。

3.培养幼儿积极思考、主动探究科学奥秘的兴趣。

活动准备：

透明杯子、鸡蛋、盐、勺子

活动过程：

1.教师出示鸡蛋，并提问："鸡蛋放到水中，会不会沉下去?"家长引导幼儿回答问题。

2.教师将鸡蛋放入一个装满清水的杯子中，引导幼儿观察杯子里的鸡蛋，语言提示，"沉下去了"。

3.教师再拿出盐和小汤匙。用手指捻起一点盐展示给幼儿，语言提示"盐"；然后，用汤匙取出一些盐慢慢放入有水的杯子中，并搅拌使盐溶化，语言提示"盐溶化了"；再次重复加盐、搅拌，直至鸡蛋浮起来，语言提示"浮起来了"。

4.教师讲解鸡蛋浮起来的原因，并请家长和幼儿回家后开展相同的实验操作。

图1-39-1 鸡蛋浮起来了活动示意图

五、游戏活动：小动物模仿操

活动目标：

1. 发展幼儿身体协调性。
2. 能够模仿成人动作，进行简单的儿歌练习。

活动过程：

教师一边唱儿歌一边做动作，请家长带领幼儿模仿教师动作。

“小鸡、小鸡，叽叽叽，爱吃小虫和小米”，双手合十、小拇指、无名指、中指交叉握紧；

“小鸭、小鸭，嘎嘎嘎，扁扁嘴巴、大脚丫”，两只手伸开、掌心向下，一只手掌根放在另一只手腕背上；

“小青蛙，呱呱叫，专吃害虫护庄稼”，双手打开、指尖向上，放在身体两侧；

“小肥猪，胖嘟嘟，吃饱饭，睡呼呼”，右手伸开、掌心向左，举至鼻子前面，并将大拇指放在鼻尖处。

a　小鸡

b　小鸭

c　小青蛙

d　小肥猪

图 1-39-2　小动物模仿操动作示意图

六、再见礼仪

活动目标：

1.培养幼儿的礼貌修养。

2.培养幼儿的耐心。

3.学会和教师告别，养成良好的礼仪习惯。

活动过程：

同本篇第三十六课内容。

第四十课
大和小

一、问好

活动目标：

1. 初步培养幼儿的社会交往能力。
2. 让幼儿形成见面打招呼的习惯。
3. 激发幼儿参与活动的兴趣。

活动过程：

同本篇第三十六课内容。

二、走线活动：持物走线

活动目标：

1. 锻炼幼儿学习等待的能力。
2. 稳定幼儿情绪。
3. 练习幼儿身体的平衡感。

活动准备：

钢琴曲《寂静的森林》、碗（内置黄豆）

活动过程：

同本篇第三十六课内容。

三、静寂活动：我爱我的小动物

活动目标：

1.稳定幼儿情绪。

2.动物拟声词的听辨练习。

3.通过游戏活动促进亲子关系。

活动准备：

小羊、小猫、小鸡、小鸭玩偶，玩具筐

活动过程：

同本篇第八课内容。

四、康复训练：吃豆豆

活动目标：

1.锻炼幼儿口腔肌肉的灵活性。

2.锻炼幼儿唇部肌肉力量。

3.锻炼幼儿模仿动作的能力。

活动准备：

舌操音乐

活动过程：

同本篇第二课内容。

五、主题活动：大和小

活动目标：

1.初步学习从大小不一样的物体中辨别大和小。

2.在辨别大、小的基础上，初步学会按大、小分类。

3.学说“大的”“小的”，让幼儿愿意用语言表达。

活动准备：

大盒子、小盒子各一个，各种大小的水果模型若干

图 1-40-1 大和小活动教具示意图

活动过程：

1. 教师可以这样说："我要去买水果，准备了两个盒子，一个是大大的盒子，一个是小小的盒子"，向幼儿展示大盒子和小盒子，"待会儿去买水果的时候，要把大大的水果装进大大的盒子里、小小的水果装进小小的盒子里。"

2. 教师出示大苹果，语言提示"大的"；出示草莓，语言提示"小的"。

3. 教师示范把大大的苹果装进大大的盒子里，语言提示，"大大的苹果装进大大的盒子里"；再示范把小小的草莓装进小小的盒子里，语言提示，"小小的草莓装进小小的盒子里"。

4. 教师依次出示各种大小的水果，引导幼儿辨别大小，并把水果装进相应的盒子里。

5. 请幼儿找一找并说一说，教室中哪些是大的物品，哪些是小的物品。

6. 请家长在家中也找一些大小不一的物品让幼儿感知大小，加深幼儿对"大""小"的理解。

六、游戏活动：五根手指

活动目标：

1. 发展幼儿手的灵活性。

2. 能够模仿成人动作，进行简单的儿歌练习。

3. 培养幼儿语言理解能力，并且刺激幼儿听觉，训练幼儿的开口音发展。

活动过程：

1.教师示范手指动作。

“一根手指点、点、点”，伸出一根手指点幼儿的身体；

“两根手指敲、敲、敲”，伸出两根手指在幼儿身上轻敲；

“三根手指捏、捏、捏”，伸出三根手指在幼儿身上轻捏；

“四根手指挠、挠、挠”，伸出四根手指在幼儿身上轻挠；

“五根手指拍、拍、拍”，两只手对拍；

“五根兄弟爬上山”，从幼儿的脚向上爬；

“叽里咕噜滚下来”，在幼儿肩膀从上往下快速地挠痒痒。

2.在示范活动过程中仔细讲解动作要领，然后请家长一边说儿歌一边引导幼儿进行手指游戏。

七、再见礼仪

活动目标：

1.培养幼儿的礼貌修养。

2.培养幼儿的耐心。

3.学会和教师告别，养成良好的礼仪习惯。

活动过程：

同本篇第三十六课内容。

第四十一课
做纸裙

一、问好

活动目标：

1. 初步培养幼儿的社会交往能力。
2. 让幼儿形成见面打招呼的习惯。
3. 激发幼儿参与活动的兴趣。

活动过程：

同本篇第二十六课内容。

二、静寂活动：两根手指

活动目标：

1. 能够模仿成人动作。
2. 在游戏活动中体验愉快情绪。

活动过程：

同本篇第二课内容。

三、康复训练：看谁反应快

活动目标：

1. 通过游戏活动听辨鼓声的有无、快慢。
2. 通过游戏巩固动物拟声词。
3. 培养幼儿在集体环境中的聆听意识。

活动准备：

鼓、鼓棒、动物玩偶

活动过程：

同本篇第十一课内容。

四、主题活动：做纸裙

活动目标：

1. 训练幼儿手部精细动作。
2. 促进幼儿手指小肌肉的发展。
3. 在手工活动中体验成功的快乐。

活动准备：

即时贴、报纸、音乐伴奏

活动过程：

1. 教师取工作毯铺好，然后去玩具柜双手端玩具筐回到毯前坐好。

2. 教师示范撕纸，强调二指捏的动作，并将撕好的纸条整齐摆好；然后将撕好的纸条排列好并粘贴在即时贴上；最后围在幼儿的腰间，成为一条小纸裙。

3. 请幼儿进行手工活动。

4. 请幼儿跟着音乐律动，展示自己的作品。

图 1-41-1　做纸裙活动作品示意图

五、游戏活动：小青蛙，跳、跳、跳

活动目标：

1.感受儿歌的节奏、练习跳的动作。

2.增进亲子感情。

活动准备：

青蛙头饰、音乐《小跳蛙》、青蛙玩偶

活动过程：

1.教师边读儿歌，边做动作，并请家长带着幼儿拍手跟读，并仔细看动作。

“小青蛙，呱呱呱”，拍手；

“肚子饿了，呱呱呱”，双手拍肚子；

“一跳跳，二跳跳，三跳跳，四跳跳”，根据儿歌提示，拉着青蛙玩偶的手臂原地跳；

“抓到害虫吃饱了”，抱起青蛙玩偶转一圈；

“嘘——滑下来”，快速将青蛙玩偶放在地垫上。

2.请家长给幼儿戴好青蛙玩头饰，家长跟着教师边念儿歌边做游戏动作。

六、再见礼仪

活动目标：

1.培养幼儿的礼貌修养。

2.培养幼儿的耐心。

3.学会和教师告别，养成良好的礼仪习惯。

活动过程：

同本篇第三十六课内容。

【教学具准备】

幼儿教具：

青蛙头饰（幼儿可佩戴）。

第四十二课
1和许多（捞小鱼）

一、问好

活动目标：

1.初步培养幼儿的社会交往能力。

2.让幼儿形成见面打招呼的习惯。

3.激发幼儿参与活动的兴趣。

活动过程：

同本篇第三十六课内容。

二、静寂活动：虫虫飞飞

活动目标：

1.发展幼儿的空间知觉与想象力。

2.幼儿能跟着教师学做“飞”和“顶”的动作。

活动过程：

1.教师一边诵童谣一边做示范动作。

“虫虫，飞、飞”，双手伸出食指上下晃动；

“一根手指头变、变、变，变成一个毛毛虫”，双手伸出食指弯曲一伸直一弯曲，模仿毛毛虫爬行的样子；

“虫虫、虫虫，顶、顶”，双手食指尖相互挤压；

“虫虫、虫虫，飞、飞”，双手食指上下晃动；

“飞呀飞，飞呀飞”，双手食指上下晃动；

"飞到我的小脸上"，双手食指指着脸颊。

2. 家长握着幼儿的手跟着教师边念边表演。

3. 请幼儿独立跟着儿歌做动作。

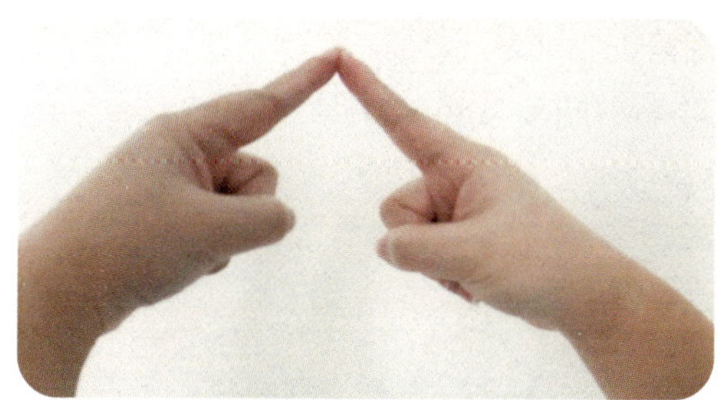

图1-42-1 虫虫飞飞活动动作示意图

三、康复训练：给气球打气

活动目标：

1. 发展幼儿的认知能力，学会拟声词chi的发音。
2. 模仿声音的大小。

活动过程：

同本篇第九课内容。

四、主题活动：1和许多（捞小鱼）

活动目标：

1. 引导幼儿再次认识1和许多，并了解它们的关系。
2. 培养幼儿初步的分析、综合比较的能力。
3. 感受游戏中带来的乐趣。

活动准备：

一个装了水的鱼缸、小鱼玩具、捞网

活动过程：

1. 教师可以这样说："天气真好，我们去郊游好不好？"引导幼儿回答："好"，语言提示，"我们开着汽车出发吧。公园到了我们一起来捉小鱼吧。"

2. 教师展示装了水和小鱼玩具的浴缸，并提问："这个鱼缸里有多少条小鱼？"引导幼儿回答"许多"，请幼儿多说几次。

3.给幼儿捞网，请幼儿在鱼缸里捞一条小鱼，语言提示，“只能捞一条”。

4.直到所有的“小鱼”被捞完，教师提问：“刚才鱼缸里有许多条小鱼，现在还有小鱼吗?”引导幼儿回答：“没有”。教师再次提问：“每个小朋友手里有几条小鱼?”引导幼儿回答：“一条”。

5.教师总结：“每个小朋友从鱼缸里拿了一条小鱼，鱼缸里就没有小鱼了。现在，许多小鱼已经分成一条一条了。”

五、游戏活动：钓小鱼

活动目标：

1.发展幼儿手眼协调能力。

2.锻炼幼儿身体协调性。

活动准备：

钓小鱼玩具、鱼缸、弹跳床、软体积木、平衡轨道

活动过程：

1.教师布置场地：在教室的一边放置软体积木，另一边放置平衡轨道、鱼缸，中间放置弹跳床（上面放好小鱼）。

2.教师拿着钓鱼竿，跨过障碍物（软体积木），在“河”里（弹跳床）钓一条“小鱼”，走过小桥（平衡轨道），将小鱼放到鱼缸里。语言提示，“只能钓一条小鱼”。

3.将幼儿分成两组，开始游戏活动。

4.所有小鱼钓完，游戏结束。

六、再见礼仪

活动目标：

1.培养幼儿的礼貌修养。

2.培养幼儿的耐心

3.学会和教师告别，养成良好的礼仪习惯。

活动过程：

同本篇第三十六课内容。

第四十三课
我的小鼻子

一、问好

活动目标：

1. 初步培养幼儿的社会交往能力。
2. 让幼儿形成见面打招呼的习惯。
3. 幼儿初步认识自己的名字（汉字符号认知）。

活动准备：

幼儿姓名卡片

活动过程：

同本篇第一课内容。

二、静寂活动：滑滑梯

活动目标：

1. 训练幼儿的胆量。
2. 增进亲子关系。
3. 训练幼儿的空间概念。

活动准备：

波波熊玩偶

活动过程：

1. 家长屈膝坐在地垫上。
2. 请幼儿面对面坐在家长膝盖上。

3.家长扶在幼儿的腋下，请幼儿从家长的膝盖沿着大腿滑下，家长可以边滑边说“滑滑梯喽”。

4.家长再次将幼儿抱上膝盖，反复上面的动作。

5.如果幼儿不害怕，可以请幼儿同向坐在家长的膝盖上，沿着家长的小腿滑行。

a 向下滑

b 滑下来

图1-43-1 滑滑梯活动动作示意图

三、康复训练：吃豆豆

活动目标：

1.锻炼幼儿口腔肌肉的灵活性。

2.锻炼幼儿唇部肌肉力量。

3.锻炼幼儿模仿动作的能力。

活动准备：

舌操音乐

活动过程：

同本篇第二课内容。

四、主题活动：我的小鼻子

活动目标：

1.初步知道鼻子的用处，了解一些简单的保护方法。

2.学习用鼻子闻气味的方法。

活动准备：

密封但有气孔的小瓶，分别装醋、臭豆腐、风油精、香水、空气芳香剂

活动过程：

1. 教师在教室里喷空气芳香剂，请小朋友们闻一闻是什么气味。

2. 教师出示瓶子，提问："你们知道这个瓶子里有什么吗？"引导幼儿尝试用鼻子闻"气味瓶"，提醒幼儿鼻子不紧贴瓶子，可用手在瓶口扇动着闻味儿。

3. 请幼儿闻气味，并与教师和同伴交流闻到的气味。语言提示，"这个瓶子里是什么味道？你是怎么知道的？""香不香？""酸不酸？""臭不臭？"

五、游戏活动：贴鼻子

活动目标：

1. 发展幼儿身体协调性。

2. 在游戏活动中巩固对鼻子作用及鼻子的位置的认知。

活动准备：

娃娃图片（鼻子部分空白）、鼻子贴贴若干、眼罩

活动过程：

1. 教师事先将娃娃图片贴在墙上，给每个幼儿发一张鼻子图片。

2. 教师示范游戏玩法：戴好眼罩后拿着鼻子图片出发，慢慢走到图片处，用手摸一摸眼睛、嘴巴，然后将鼻子图片粘贴在娃娃图片上。

3. 请幼儿进行游戏活动，家长可适当帮助幼儿，游戏可反复进行。

图 1-43-2　贴鼻子示意图

六、再见礼仪

活动目标：

1. 培养幼儿的礼貌修养。

2. 培养幼儿的耐心。

3. 学会和教师告别，养成良好的礼仪习惯。

活动过程：

同本篇第三十六课内容。

【教学具准备】

教师教具：

1. 直径10 cm、高15 cm的透明杯子两个。

2. 娃娃卡通大图片（五官可以自由粘贴），40 cm×50 cm大小。

3. 鼻子贴贴15个，长约10 cm。

第四十四课
色板

一、问好

活动目标：

1. 初步培养幼儿的社会交往能力。
2. 让幼儿形成见面打招呼的习惯。
3. 幼儿初步认识自己的名字（汉字符号认知）。

活动准备：

幼儿姓名卡片

活动过程：

同本篇第一课内容。

二、静寂活动：旱地划船操

活动目标：

1. 稳定幼儿情绪。
2. 锻炼幼儿肩关节灵活性，并锻炼幼儿手臂力量。
3. 通过游戏活动促进亲子关系。

活动过程：

1. 幼儿仰卧在地垫上。
2. 家长大拇指在上、四指在下，握住幼儿的手腕，让幼儿抓住大拇指。
3. 将幼儿的胳膊以肩关节为中心画一个大圈后还原。
4. 换胳膊进行练习。

5.家长做动作时，教师喊出口令，如：一二三四五六七八、二二三四五六七八。

三、康复训练：声音的配对

活动目标：

1.锻炼幼儿的听力。

2.让幼儿安静下来，培养幼儿的秩序感与自制力。

3.让幼儿对声音进行配对。

活动准备：

摇铃、沙锤、响板各2个，筐子

图1-44-1　声音的配对活动教具示意图

活动过程：

1.请幼儿坐在自己的位置上，保持安静。

2.教师逐一展示并介绍乐器名称，再演奏乐器请幼儿听乐器的声音，然后将三种乐器整齐地摆在面前。

3.教师拿起一种乐器放在身后操作，让幼儿指出是哪一种教具发出来的声音。

4.如果幼儿出现错误，教师再次操作幼儿指出的乐器和身后乐器，引导幼儿对比声音。

四、主题活动：红色在哪儿

活动目标：

1. 色板主要是训练幼儿的观察能力和对颜色的辨别能力。

2. 让幼儿寻找生活中的三原色和色板进行配对。

活动准备：

三原色色板、水果模型（香蕉、火龙果）、蓝色海洋球

活动过程：

1. 教师展示三原色色板，并介绍活动主题（通过手势和眼神引导幼儿看色板）。

2. 教师把色板装进箱子里，先摇一摇，再打开盒盖让幼儿看一看，然后把色板全部倒出来平铺在地垫上。

3. 教师取出红色色板，语言提示，“红色，这是红色”，并请幼儿从水果模型、海洋球里给红色找好朋友，找出同样颜色的物体，引导幼儿说出颜色。教师再取出黄色色板，让幼儿给黄色找好朋友（不需要说颜色名称）。然后，教师找蓝色，让幼儿给蓝色找好朋友（不需要说颜色名称）。

4. 引导幼儿再次确认红色名称，语言提示，“这是什么颜色？这是红色。”

5. 请家长引导幼儿想想日常生活什么东西是红色的。

图 1-44-2　色板示意图

五、游戏活动：小青蛙，跳、跳、跳

活动目标：

1.感受儿歌的节奏，练习跳的动作。

2.增进亲子感情。

活动准备：

青蛙头饰、音乐《小跳蛙》、青蛙玩偶

活动过程：

同本篇第四十一课内容。

六、再见礼仪

活动目标：

1.培养幼儿的礼貌修养。

2.培养幼儿的耐心。

3.学会和教师告别，养成良好的礼仪习惯。

活动过程：

同本篇第三十六课内容。

【教学具准备】

教师教具：

青蛙头饰（成人可佩戴）。

幼儿教具：

青蛙头饰（幼儿可佩戴）。

第四十五课
静电效应

一、问好

活动目标：

1. 初步培养幼儿的社会交往能力。
2. 让幼儿形成见面打招呼的习惯。
3. 幼儿初步认识自己的名字（汉字符号认知）。

活动准备：

幼儿姓名卡片

活动过程：

同本篇第一课内容。

二、静寂活动：好朋友

活动目标：

1. 训练幼儿小手抓握的动作，锻炼手腕的灵活及双手的配合能力。
2. 通过给幼儿念歌谣提供语言环境，提升幼儿的想象力。

活动过程：

教师一边念儿歌一边做动作，请家长引导幼儿仔细听、仔细看。

“鸟儿飞”，双手掌心向外、大拇指相扣，模仿小鸟扇动翅膀；

“鱼儿游”，双手合掌、指尖向前，模仿鱼儿游动；

“小朋友，拍拍手”，有节奏地拍手；

“唱着歌儿向前走”，左手摊开，掌心向上，右手食指和中指模仿走路；

"抱一抱，搂一搂"，两臂胸前交叉，掌心搭在肩膀上左右摇晃；

"我们都是好朋友"，双手向前伸并伸出大拇指，拳心相碰。

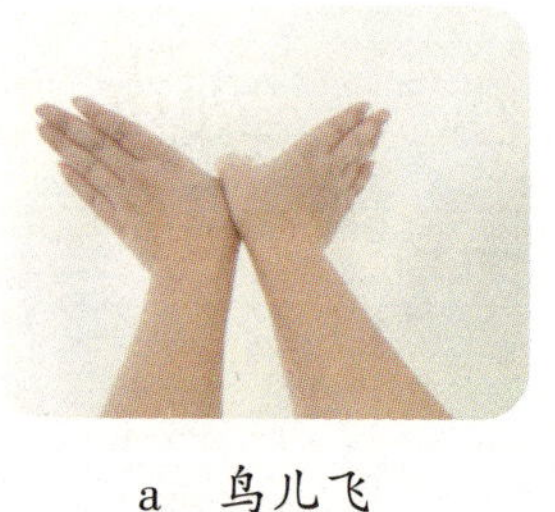

a 鸟儿飞

b 鱼儿游

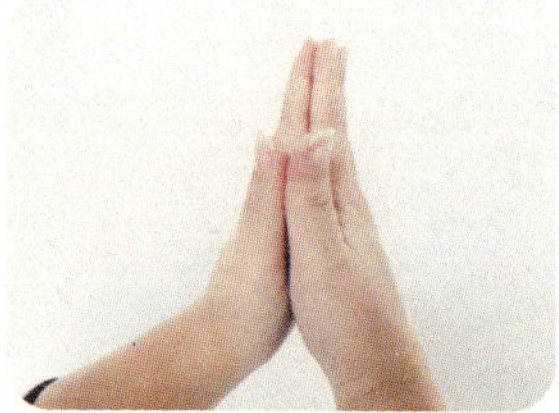

c 拍手

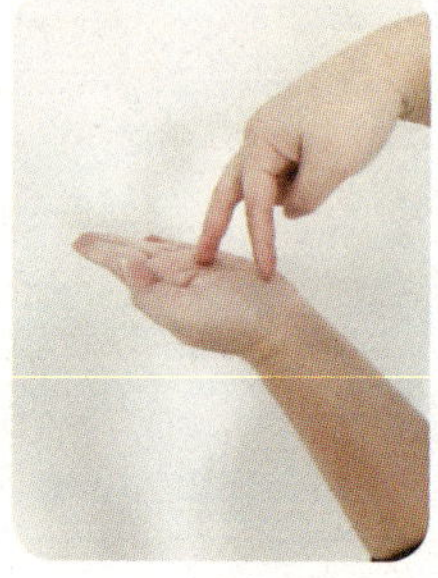

d 向前走

e 抱一抱

f 好朋友

图 1-45-1 好朋友活动动作示意图

三、康复训练：飞飞机

活动目标：

1. 发音练习，分别练习发单元音ɑ的一声、二声、四声。

2. 通过身体的高低变化感知声音的高低。

活动过程：

同本篇第四课内容。

四、主题活动：静电效应

活动目标：

1. 让幼儿观察实验现象，初步了解静电实验的原理。

2. 增加幼儿的动手能力。

3. 发展幼儿的想象力和创造力。

活动准备：

气球、纸屑

活动过程：

1. 教师告知幼儿今天的活动主题，语言提示，“静电效应”。

2. 教师演示实验活动过程——先将气球吹起来，并放在头发上摩擦，再放在纸屑上，会看到纸屑被吸附到气球上，语言提示，“静电”。

3. 请幼儿和家长一起尝试。

图 1-45-2 静电效应活动示意图

五、游戏活动：降落伞

活动目标：

1. 用鲜艳的彩虹伞颜色刺激促进幼儿的视觉发展。

2. 彩虹伞盖住幼儿时，可以训练幼儿的胆量。

3. 家长引导幼儿从伞里出来，可以训练幼儿的听觉精准度。

活动准备：

彩虹伞、音频《甩葱歌》

活动过程：

1. 家长抓着彩虹伞的边缘举起彩虹伞，请幼儿们站在彩虹伞的下方。

2. 幼儿可以伸手去摸彩虹伞。

3. 家长随着音乐和教师的口令，将彩虹伞举高或拉低。

4. 家长随着教师的口令松手，让彩虹伞落在幼儿们的身上。

5. 幼儿被彩虹伞盖起来后，教师让幼儿跑出来找到自己的家长，家长可以语音引导幼儿。

图 1-45-3　彩虹伞示意图

六、再见礼仪

活动目标：

1. 培养幼儿的礼貌修养。
2. 培养幼儿的耐心。
3. 学会和教师告别，养成良好的礼仪习惯。

活动过程：

同本篇第三十六课内容。

第四十六课
分辨上与下

一、问好

活动目标：

1. 初步培养幼儿的社会交往能力。
2. 让幼儿形成见面打招呼的习惯。
3. 幼儿初步认识自己的名字（汉字符号认知）。

活动准备：

幼儿姓名卡片

活动过程：

同本篇第一课内容。

二、静寂活动：小雨伞

活动目标：

1. 训练幼儿用手抓、握的动作，锻炼手腕灵活性及双手的配合能力。
2. 通过给幼儿念歌谣，提供语言环境，提升幼儿的想象能力。

活动过程：

1. 教师示范动作，请家长引导幼儿模仿动作、说儿歌。

“小雨伞，真顽皮”，左手张开，掌心向下，右手指尖顶住左手的手心；

“爱和雨滴做游戏”，右手手指保持不动，左手手指跟着儿歌节奏捏紧、放开；

“转一转，真有趣”，伸出两个食指（其他手指握紧），相互绕圈；

“淅淅沥沥小雨滴”，张开两只手举至头两侧，随后五指捏一捏，跟着儿歌节奏向下移。

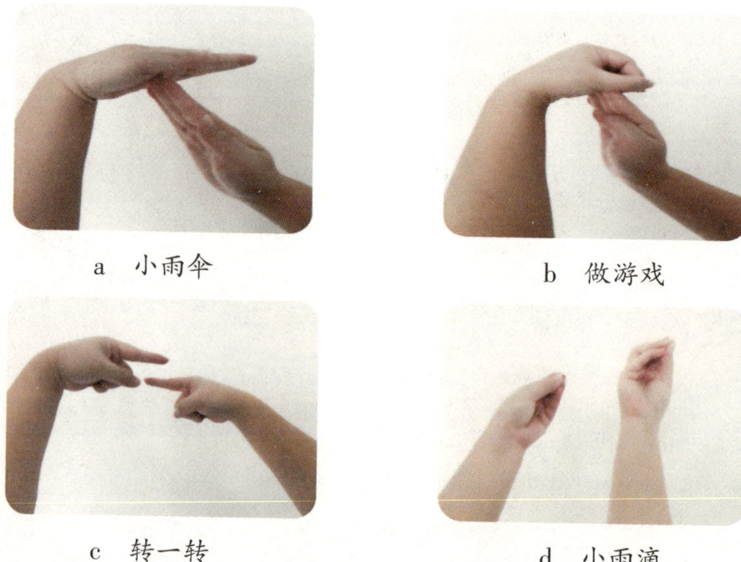

a 小雨伞　b 做游戏

c 转一转　d 小雨滴

图1-46-1 小雨伞活动动作示意图

三、康复训练：纸飞机2

活动目标：

1. 发展幼儿的认知能力，学会拟声词 sou 的发音。
2. 训练幼儿手眼协调能力及手的控制力和准确性。

活动准备：

纸飞机

图1-46-2 纸飞机示意图

活动过程：

1.教师出示纸飞机，语言提示，“我的飞机起飞啦！sou——飞走啦！”，一边飞出飞机，一边说出拟声词sou。

2.教师给幼儿发放纸飞机，请幼儿和家长一起飞一飞，并大声说出拟声词sou。

四、主题活动：分辨上与下

活动目标：

1.培养幼儿听指令的能力。

2.锻炼幼儿的秩序感。

3.增强幼儿的空间感。

活动准备：

桌子、毛绒玩具、皮球

活动过程：

1.教师把桌子作为参考物，把毛绒玩具放在桌子上面，把皮球放在桌子的下面，请幼儿指一指，说一说，桌子上面放着什么，下面放着什么。

2.调换两种物品的位置，再来说一说。

3.请幼儿帮忙把皮球或毛绒玩具放在桌子下面或上面。

五、游戏活动：运海洋球

活动目标：

1.训练幼儿的手眼协调能力。

2.训练幼儿的秩序感。

3.增强幼儿的竞争意识。

活动准备：

勺子、篮子、海洋球

a 勺子

b 海洋球

图 1-46-3 运海洋球活动教具示意图

活动过程：

1. 幼儿取一个自己喜欢的勺子，家长站在和幼儿对面 3 米（或更远）远处，并在旁边放一个篮子。

2. 幼儿用勺子舀上海洋球，送到家长旁边的篮子里。

3. 在规定的时间内运送海洋球最多的家庭获胜（奖励贴纸一张）。

六、再见礼仪

活动目标：

1. 培养幼儿的礼貌修养。

2. 培养幼儿的耐心。

3. 学会和教师告别，养成良好的礼仪习惯。

活动过程：

同本篇第三十六课内容。

第四十七课
蔬菜实物配对

一、问好

活动目标：

1. 初步培养幼儿的社会交往能力。
2. 让幼儿形成见面打招呼的习惯。
3. 幼儿初步认识自己的名字（汉字符号认知）。

活动准备：

幼儿姓名卡片

活动过程：

同本篇第一课内容。

二、静寂活动：飞机操

活动目标：

1. 训练幼儿的平衡能力，发展幼儿的前庭觉。
2. 训练幼儿颈、背、肩部力量。
3. 训练幼儿自我保护的能力。

活动准备：

波波熊玩偶

活动过程：

1.家长双脚分开站立，一只手托住幼儿的胸部，一只手托住幼儿的双脚，将幼儿面朝下横向抱在怀中。

2. 将幼儿移至一侧手臂腋下。

3. 将幼儿轻轻地前后摇晃。

4. 当幼儿能够接受后，增大摇晃的幅度、加快速度。

图 1–47–1　飞机操动作示意图

三、康复训练：听音辨方向（手摇铃）

活动目标：

1. 发展幼儿听声音的准确性。

2. 培养辨别声音方向的能力。

活动准备：

手摇铃

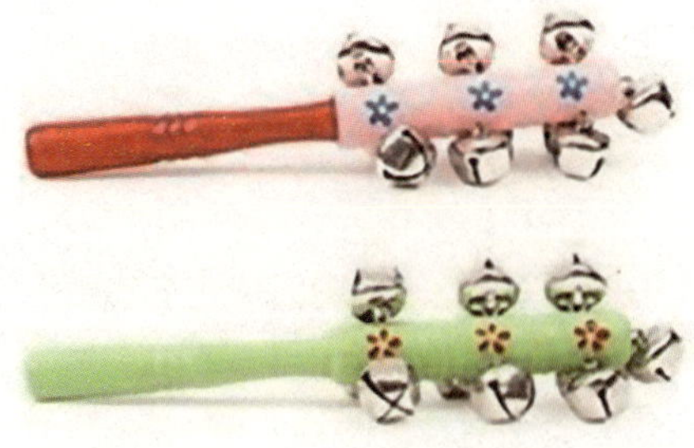

图 1–47–2　手摇铃示意图

活动过程：

主、配班教师在教室的不同方向摇动乐器，请幼儿闭上眼睛辨别声音发出的方向，并用手指出声音的方向，可以反复进行练习。

四、主题活动：蔬菜实物配对

活动目标：

1. 训练幼儿的辨别能力。
2. 训练幼儿的嗅觉，让幼儿对着三种蔬菜有更全面的认识。
3. 训练幼儿的观察能力和归类能力。

活动准备：

南瓜、苦瓜、辣椒的实物与图片

a　南瓜　　b　苦瓜　　c　辣椒

图 1-47-3　蔬菜实物配对

活动过程：

1. 教师出示教具，并介绍活动主题。
2. 教师先请幼儿摸一摸三种蔬菜，通过触觉让幼儿对每一种蔬菜都有初步的认识，语言提示，“南瓜，圆圆的、橘色的南瓜”，“苦瓜，长长的、绿色的苦瓜”，“辣椒，弯弯的、红色的辣椒”。
3. 请幼儿给蔬菜找到相应的卡片好朋友——与蔬菜实物一样的卡片。
4. 家庭延伸：家长在家可以尝试让幼儿摸一摸、闻一闻、尝一尝常见的蔬菜，引导让幼儿认识不同的蔬菜，说出蔬菜名称。

五、游戏活动：钓小鱼

活动目标：

1. 发展幼儿手眼协调能力。

2. 锻炼幼儿身体协调性。

活动准备：

钓小鱼玩具、鱼缸、弹跳床、软体积木、平衡轨道

活动过程：

同本篇第四十二课内容。

六、再见礼仪

活动目标：

1. 培养幼儿的礼貌修养。

2. 培养幼儿的耐心。

3. 学会和教师告别，养成良好的礼仪习惯。

活动过程：

同本篇第三十六课内容。

【教学具准备】

教师教具：

南瓜、苦瓜、辣椒图片，10 cm×10 cm 大小。

幼儿教具：

南瓜、苦瓜、辣椒图片，5 cm×5 cm 大小。

第四十八课
形状形式排列（大珠子）

一、问好

活动目标：

1. 初步培养幼儿的社会交往能力。
2. 让幼儿形成见面打招呼的习惯。
3. 幼儿初步认识自己的名字（汉字符号认知）。

活动准备：

幼儿姓名卡片

活动过程：

同本篇第一课内容。

二、静寂活动：爱干净的幼儿

活动目标：

1. 训练幼儿小手的动作，手腕的灵活及双手的配合能力。
2. 通过念歌谣给幼儿提供语言环境，提升幼儿的想象力。

活动过程：

教师一边念儿歌，一边做动作，请家长引导幼儿注意听、注意看，并模仿动作。

“大公鸡喔喔喔”，一只手伸开放在头顶，另一只手伸开放在身后，模仿大公鸡（见图1-48-1a）；

“叫我洗手搓搓搓”，手掌相对前后搓（见图1-48-1b）；

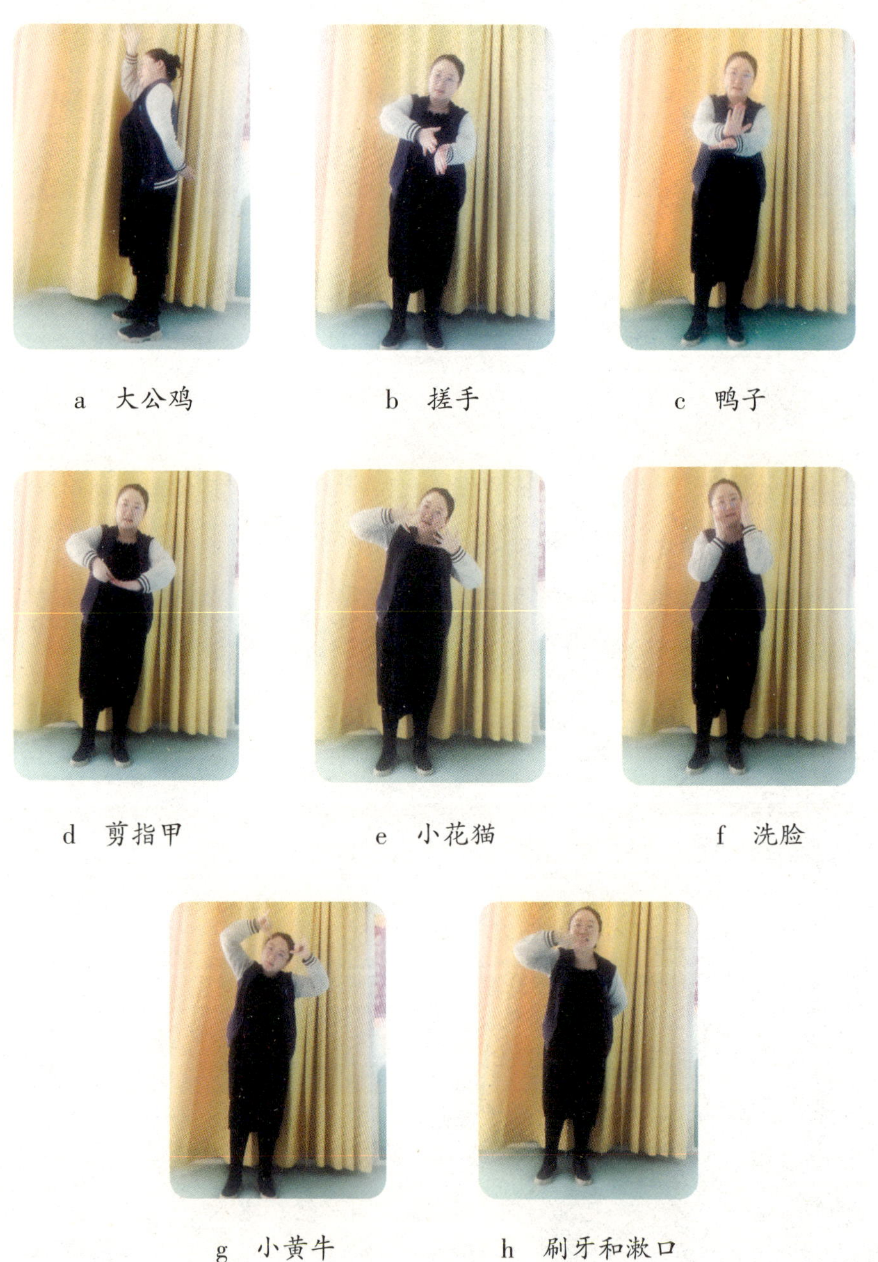

a 大公鸡　b 搓手　c 鸭子

d 剪指甲　e 小花猫　f 洗脸

g 小黄牛　h 刷牙和漱口

图1-48-1 爱干净的幼儿活动动作示意图

“小鸭子嘎嘎嘎”，两只手伸开、掌心向下，一只手掌根放在另一只手腕背上（见图1-48-1c）；

“叫我剪剪手指甲”，左手伸开、掌心向下，放在胸前，右手大拇指和食指去捏左手指尖，模仿剪指甲（见图1–48–1d）；

“小花猫喵喵喵”，双手伸开、掌心向内，放在脸颊边，模仿小花猫叫的动作（见图1–48–1d）；

“叫我快快去洗脸”，双手打开做洗脸的动作（见图1–48–1f）；

“小黄牛哞哞哞”，双手食指、中指和无名指屈向掌心，大小拇指伸开，模仿牛角放在头两侧（见图1–48–1g）；

“叫我刷牙和漱口”，伸出右手食指，在嘴边上下摆动（见图1–48–1h）。

三、康复训练：划船

活动目标：

1. 通过游戏活动听辨鼓声的快慢。
2. 通过游戏巩固韵母u–ɑ的发音轮换练习。
3. 初步进行声母h的发音练习。

活动准备：

鼓、鼓棒、波波熊玩偶

活动过程：

同本篇第五课内容。

四、主题活动：形状形式排列（大珠子）

活动目标：

1. 通过珠子和形式卡的配对训练幼儿的观察能力和逻辑思维能力。
2. 培养一一对应的能力。

活动准备：

不同形状和颜色的珠子六个、形式卡六张

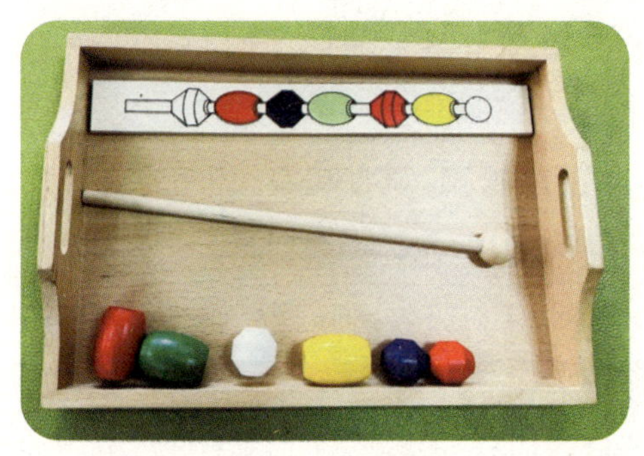

图 1-48-2　形状形式排列（大珠子）活动教具示意图

活动过程：

1. 教师取出教具，介绍教具名称。

2. 教师取出形式卡开始串珠子，串好一个与形式长相比较，对了就点头表示满意。教师可以适当串错1～2个珠子，请幼儿判断是否正确。

3. 请幼儿操作。

五、游戏活动：一刀剪

活动目标：

1. 训练幼儿剪的动作。

2. 锻炼幼儿的手眼协调能力及手腕的控制力。

活动准备：

剪刀、纸条

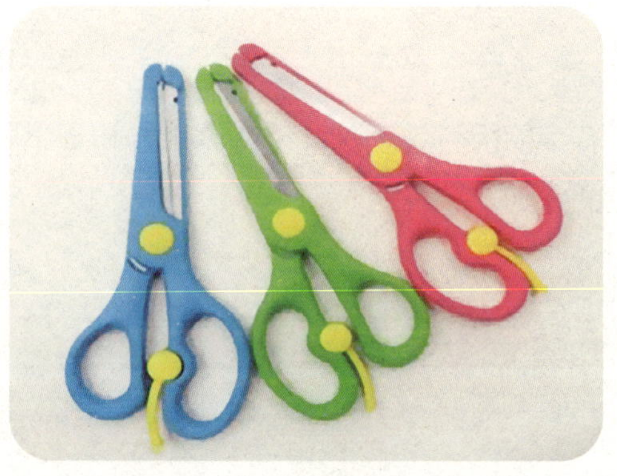

图 1-48-3　安全剪刀示意图

活动过程：

1.教师取教具，并介绍教具名称，语言提示“剪刀”。

2.教师演示活动过程：用右手三指捏的动作，慢慢地握住剪刀，左手拿着纸条，开始剪。

3.请家长引导幼儿练习剪的动作。

家庭延伸：家长可以给幼儿准备安全剪刀，让幼儿练习剪的动作（给幼儿准备的纸条不宜太宽）。在操作的活动过程中家长要告诉幼儿剪刀刃特别锋利，不能用手触摸。

六、再见礼仪

活动目标：

1.培养幼儿的礼貌修养。

2.培养幼儿的耐心。

3.学会和教师告别，养成良好的礼仪习惯。

活动过程：

同本篇第三十六课内容。

【教学具准备】

教师教具：

1.不同颜色和形状的珠子6个，直径3 cm。

2.形式卡六张。

幼儿学具：

同教师教具。

第四十九课

简单拼图（动物）

一、问好

活动目标：

1.初步培养幼儿的社会交往能力。

2.让幼儿形成见面打招呼的习惯。

3.幼儿初步认识自己的名字（汉字符号认知）。

活动准备：

幼儿姓名卡片

活动过程：

同本篇第一课内容。

二、静寂活动：钢琴曲欣赏（寂静的森林）

活动目标：

1.锻炼幼儿学习等待的能力。

2.稳定幼儿情绪。

3.练习幼儿身体的平衡感

活动准备：

钢琴曲《寂静的森林》、海绵球（每人1个）

活动过程：

同本篇第五课内容。

三、康复训练：听音辨方向（手铃）

活动目标：

1. 发展幼儿听声音的准确性。

2. 培养辨别声音方向的能力。

活动准备：

手摇铃

活动过程：

同本篇第四十七课内容。

四、主题活动：简单拼图（动物）

活动目标：

1. 锻炼幼儿的观察能力，手眼协调能力。

2. 锻炼幼儿的归类能力。

3. 锻炼幼儿的动手能力。

活动准备：

简单拼图

图 1-49-1　简单拼图动物活动教具示意图

活动过程：

1. 取工作毯，介绍工作名称，语言提示“简单拼图”。

2. 教师演示拼图过程，可以这样说：

“这是小鳄鱼的头，找找小鳄鱼的身体在哪？”

“这是小老虎的头，找找小老虎的身体在哪？”

“这是大象的头，找找大象的身体在哪？”

3.请幼儿拼拼图。

4.整理教具，卷起工作毯，送回工作毯箱。

五、游戏活动：拍泡泡

活动目标：

1.尝试泡泡的多种玩法，练习跑和躲闪。

2.提高幼儿的辨别能力及迅速反应的能力。

3.在游戏活动中体验愉快情绪，促进亲子感情。

活动准备：

泡泡枪

图 1-49-2　泡泡枪示意图

活动过程：

1.教师出示泡泡枪，告知本次活动的目的及要求。

2.教师用泡泡枪吹出泡泡，家长带领幼儿抓飞舞的泡泡，引导幼儿可以踮脚抓、弯腰抓等。活动过程中注意保护幼儿的安全。

3.家长引导幼儿用双手拍泡泡，观察泡泡去哪儿了。

六、再见礼仪

活动目标：

1.培养幼儿的礼貌修养。

2.培养幼儿的耐心。

3.学会和教师告别，养成良好的礼仪习惯。

活动过程：

同本篇第三十六课内容。

【教学具准备】

教师教具：

1.卡通大象、小老虎、小鳄鱼卡片（动物头部和身体分开），8 cm×15 cm大小。

2.大卡片上画大象、小老虎、小鳄鱼卡片相对应的轮廓图，A3纸大小。

幼儿学具：

1.卡通大象、小老虎、小鳄鱼卡片（动物头部和身体分开），8 cm×15 cm大小。

2.大卡片上画大象、小老虎、小鳄鱼卡片相对应的轮廓图，A4纸大小。

第五十课
形状扣子分类（几何图形）

一、问好

活动目标：

1. 初步培养幼儿的社会交往能力。
2. 让幼儿形成见面打招呼的习惯。
3. 幼儿初步认识自己的名字（汉字符号认知）。

活动准备：

幼儿姓名卡片

活动过程：

同本篇第一课内容。

二、静寂活动：手指谣

活动目标：

1. 引导幼儿学说儿歌，理解儿歌内容。
2. 引导幼儿模仿成人动作做手指游戏，根据儿歌内容大胆表现手指动作。

活动过程：

教师一边唱儿歌一边做动作，请家长引导幼儿学做动作。

“一根棍子，轻轻打”，伸出双手的食指，上下敲打；

“两双筷子，里外扒”，伸出双手的食指和中指，屈肘关节，手指前后画；

“三人小组，爱说话”，伸出双手的三指，指腹相对，指尖相互点一点；

“四个小兵，不害怕”，伸出双手的四指，指腹向上，指尖上下敲打脸颊；

"五个朋友，力气大"，伸出双手拍手2下，然后举至头顶。

三、康复训练：吃豆豆

活动目标：

1. 锻炼幼儿口腔肌肉的灵活性。
2. 锻炼幼儿唇部肌肉力量。
3. 锻炼幼儿模仿动作的能力。

活动准备：

舌操音乐

活动过程：

同本篇第二课内容。

四、主题活动：形状扣子分类（几何图形）

活动目标：

1. 练习形式扣子和形式卡的配对，锻炼幼儿的动手能力。
2. 训练幼儿的观察能力、逻辑思维能力。

活动准备：

扣子（正方形、圆形和五边形）、对应卡

图1-50-1　形状扣子分类教具示意图

活动过程：

1. 教师取工作毯和教具，介绍工作名称，语言提示"形状扣子分类"（说两遍）。

2. 教师示范操作，先取出形状对应卡，一一摆放在工作毯上；再取出扣子，摸一摸扣子的边缘，然后把扣子放在工作毯上。

3. 教师取出圆形的扣子，与各种形状的对应卡一一比较，当与同样形状的对应卡相比较时，点头示意找对了，语言提示，“一样的，是好朋友”；当与不同形状的对应卡相比较时，摇头表示错了，语言提示，“不一样，不是好朋友”。教师示范所有的形状配对2～3次。

4. 请家长引导幼儿配对，并使用提示语言表达配对结果。

5. 教师整理教具，卷起工作毯放好。

五、游戏活动：采蘑菇的小姑娘

活动目标：

1. 通过让幼儿看、摸、闻蘑菇，提高幼儿的认知能力。

2. 在幼儿寻找蘑菇卡片的时候，锻炼幼儿的观察能力。

3. 在幼儿捡蘑菇的时候，锻炼幼儿下蹲的动作及手部的抓握动作。

活动准备：

音乐《采蘑菇的小姑娘》、篮子、蘑菇实物、蘑菇卡片

活动过程：

1. 教师拿出蘑菇，请幼儿们观察，语言提示，“看看这是什么”，引导幼儿说出“蘑菇”

2. 教师将蘑菇发给每个幼儿，请家长引导幼儿看、摸、闻蘑菇。

3. 教师将蘑菇卡片撒在地上，开始介绍活动背景，“在哪里有蘑菇呢？雨过天晴后，大树旁、草丛里，就会长出许多小蘑菇。这时，采蘑菇的小姑娘就挎着小篮子，将蘑菇一个一个采下放进篮子里。”

4. 请幼儿们都拿上自己的小篮子站好，当音乐响起来的时候，就将蘑菇卡片捡起来放到自己的小篮子里。

5. 捡完所有的卡片后，游戏结束。

六、再见礼仪

活动目标：

1. 培养幼儿的礼貌修养。

2. 培养幼儿的耐心

3. 学会和教师告别，养成良好的礼仪习惯。

活动过程：

同本篇第三十六课内容。

【教学具准备】

教师教具：

1. 黄色的扣子（正方形、圆形和五边形）。

2. 对应卡（正方形、圆形和五边形）。

幼儿学具：

1. 黄色的扣子（正方形、圆形和五边形）。

2. 对应卡（正方形、圆形和五边形）。

3. 蘑菇卡片（过塑），5 cm×5 cm 大小。

第五十一课
寻找宝物

一、问好

活动目标：

1.初步培养幼儿的社会交往能力。

2.让幼儿形成见面打招呼的习惯。

3.幼儿初步认识自己的名字（汉字符号认知）。

活动准备：

幼儿姓名卡片

活动过程：

同本篇第一课内容。

二、静寂活动：持物走线

活动目标：

1.训练幼儿的走路姿势，让幼儿形成良好的仪态。

2.让幼儿熟悉教室环境，并安静下来，进入正课的学习。

3.训练幼儿拖物行走的能力，增加行走的乐趣。

活动准备：

儿歌《小手在哪里》、仿真水果

活动过程：

1.在走线之前先进行“小手在哪里”的小游戏。

“小手、小手在哪里？小手、小手在身后”，双手藏在身后；

“小手、小手在哪里？小手、小手在头上”，双手举过头顶；

“小手、小手在哪里？小手、小手摸红线”，双手触摸地板上的红线。

2. 教师语言提示，“小朋友们，你们找到红线了吗？”

3. 当幼儿找到红线，请幼儿踩在红线上。

4. 当幼儿脚踩在红线的时候，给每位幼儿一个仿真水果，并播放音乐，引导幼儿开始走线。

三、康复训练：吃豆豆

活动目标：

1. 锻炼幼儿口腔肌肉的灵活性。

2. 锻炼幼儿唇部肌肉力量。

3. 锻炼幼儿模仿动作的能力。

活动准备：

舌操音乐

活动过程：

同本篇第二课内容。

四、主题活动：简单拼图（动物）

活动目标：

1. 锻炼幼儿的观察能力，手眼协调能力。

2. 锻炼幼儿的归类能力。

3. 锻炼幼儿的动手能力。

活动准备：

简单拼图教具

活动过程：

同本篇第四十九课内容。

五、游戏活动：寻找宝物

活动目标：

1. 锻炼幼儿的大运动——跑、钻、跨的能力。

2. 锻炼幼儿的胆量。

3. 让幼儿学会排队等待。

活动准备：

一个爬行隧道、一条触觉步道、仿真水果若干、一个筐子

a 彩色隧道

b 触觉步道

图 1-51-1 寻找宝物活动教具示意图

活动过程：

1. 请幼儿和家长们在教室的一侧排好队。

2. 将一筐仿真水果放置在教室另一侧的桌子上，语言提示，“在那边有好多的宝物”。

3. 教师示范：跨过一座“小桥”（触觉步道），钻过一条“隧道”（彩虹隧道），拿到“水果”（宝物），再原路返回后将“水果”放入筐子里。

4. 请幼儿开始游戏。

5. 所有“水果”被捡完，游戏结束。

六、再见礼仪

活动目标：

1. 培养幼儿的礼貌修养，培养幼儿的耐心。

2. 学会和教师告别，养成良好的礼仪习惯。

活动过程：

同本篇第三十六课内容。

第二篇　绘本美术

第一课
你好

一、问好

活动目标：

1. 初步培养幼儿的社会交往能力。
2. 让幼儿形成见面打招呼的习惯。
3. 激发幼儿参与活动的兴趣。

活动过程：

1. 教师和幼儿打招呼，幼儿在家长的引导下与教师打招呼。
2. 教师和家长带领幼儿唱《你好歌》。

歌词：

5 5 3 | 5 5 3 | 5 5 6 6 | 5 3 | 5 5 3 | 5 5 3 | 5 4 3 2 | 1 1 ‖

× × × × × × 我们欢迎 你， × × × × × × 快快站起 来!

二、静寂活动：天黑请闭眼

活动目标：

1. 让幼儿感受静寂，锻炼表达自己想法的能力。
2. 锻炼幼儿听指令做动作，明白“闭上眼睛”和“睁开眼睛”的意思。

活动准备：

小熊、小刺猬、小鼹鼠、小猴子、大象等小动物的卡通图片

活动过程：

1. 教师请幼儿围坐在线上，看着教师，一动也不动。
2. 教师进行语言提示，“天黑请闭眼”，请家长引导幼儿闭上眼睛。

3.教师出示小熊图片，语言提示，“天亮请睁眼”，请家长引导幼儿睁开眼睛，并说一说看到的小动物是什么。

4.教师请幼儿再次闭眼，并出示其他小动物的图片，重复上述活动。

三、主题活动：你好

活动目标：

1.能够安静地进行阅读活动。

2.能够安静地听成人讲故事。

活动准备：

小熊绘本系列之《你好》

图2-1-1 《你好》绘本示意图

活动过程：

1.教师示范逐页翻书，并讲故事，请家长引导幼儿安静地听教师讲故事。

2.教师请幼儿观察绘本中出现了哪些小动物，请家长带领幼儿一起和动物们打招呼，语言提示“你好”。

3.教师请幼儿领取绘本，家长轻声为幼儿讲一讲《你好》的故事。

四、美工活动：爆米花

活动目标：

1.学习团纸和粘贴的活动，锻炼幼儿双手配合能力。

2.培养幼儿对美工活动的兴趣，体验成功带来的愉悦。

活动准备：

卫生纸、A4黑色和A5红色卡纸、橙色和黄色颜料、画笔、双面胶、花边剪刀、爆米花作品

活动过程：

1. 教师出示爆米花作品，引导幼儿观察，语言提示，“爆米花是一粒一粒的”。

2. 教师示范爆米花的制作过程：先用花边剪刀将红色卡纸剪成花边线条的梯形，并粘贴在黑色卡纸上，当作爆米花的盒子；再将卫生纸团成小团，粘在红色卡纸上侧，当作爆米花；然后用画笔在小纸团涂上黄色和橙色颜料装饰爆米花；最后在红色卡纸上画线条做装饰。

3. 家长带领幼儿进行手工活动，可以进行再创作。

4. 请幼儿将做好的爆米花作品进行展示。

图2-1-2 爆米花活动作品示意图

五、游戏活动：小刺猬运果果

活动目标：

1. 培养幼儿参加体育活动的兴趣。

2. 练习手膝着地爬、翻身打滚。

活动准备：

小刺猬胸饰若干、贴有双面胶的苹果卡片若干、小草卡片、筐子

活动过程：

1.教师布置场地：将苹果卡片（贴有双面胶一面朝上）散落在地垫上，放置好小草卡片，在教室的一端摆放筐子。

2.教师介绍背景：大风把成熟了的苹果吹落下来，许多小刺猬正忙着把苹果运回家，储存好慢慢吃，但是它们没有地方装苹果，就在地上打个滚，用背上的刺戳起苹果运回家。

3.教师将刺猬胸饰戴好，示范手和膝盖着地向前爬，在有“苹果”的草地上打滚翻身，将苹果卡片粘在身上，再继续往前爬到筐子旁，将粘在身上的苹果卡片取下放进筐子。

4.教师请幼儿进行游戏活动。（游戏反复进行）

六、点评与展示

活动目标：

1.通过活动体验成功的快乐。

2.初步培养幼儿自信心，乐于向他人展示自己。

3.培养幼儿初步的规则意识。

活动准备：

标签

活动过程：

1.教师根据幼儿作品情况进行点评，为每幅作品贴上标签。

2.教师请家长带领幼儿排队一起参观幼儿的作品，并请家长鼓励幼儿勇于展示自己。

3.请家长带领幼儿按照参观画展的礼仪来进行参观：排着队走，不要着急，请小声说话。

4.活动结束后，可以请幼儿将自己的作品带回家。

七、再见

活动目标：

1.培养幼儿的礼貌修养。

2. 培养幼儿的耐心。

3. 学会和教师告别，养成良好的礼仪习惯。

活动过程：

1. 家长引导幼儿放松身体，将与教师一起唱儿歌。

2. 教师示范手指动作，请家长跟随教师一起学习儿歌。

“小拇指勾勾”，伸出双手小拇指相互勾住（见图2-1-3a）；

“大拇指顶顶”，伸出双手大拇指相互顶（见图2-1-3b）；

“转个圈儿”，双手食指、中指和无名指屈向掌心，大拇指伸开相顶，小拇指相勾（见图2-1-3c）；

“转个圈儿”，双手食指、中指和无名指屈向掌心，大拇指伸开相顶，小拇指相勾；

“握手亲亲”，两手旋转，顺势相握（见图2-1-3d）；

“握手亲亲”，再继续转动。

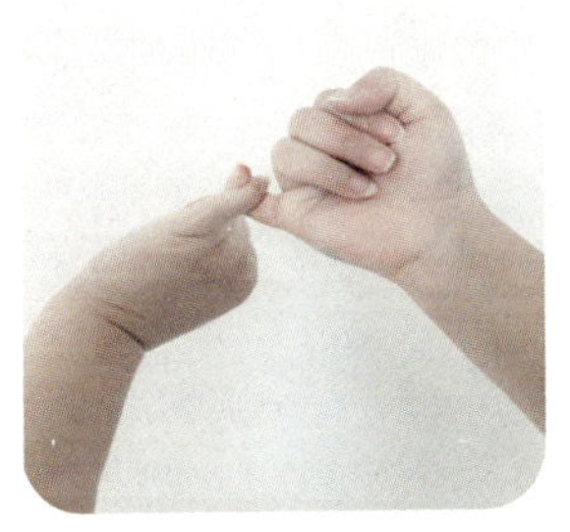

a　小拇指勾勾

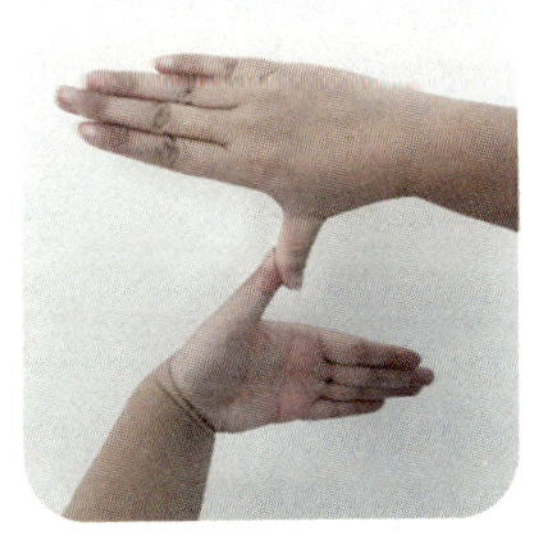

b　大拇指顶顶

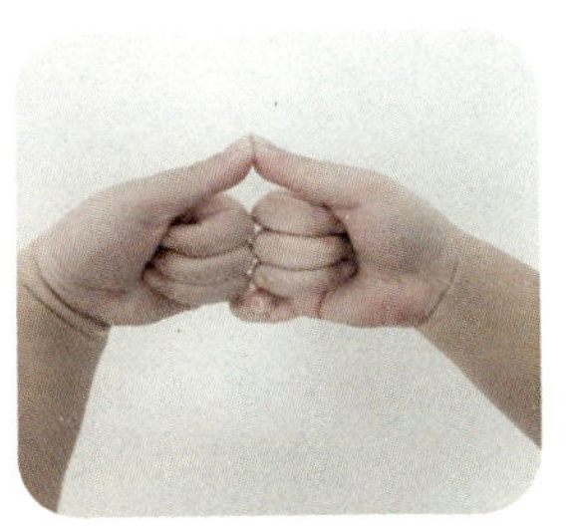

c　转个圈儿

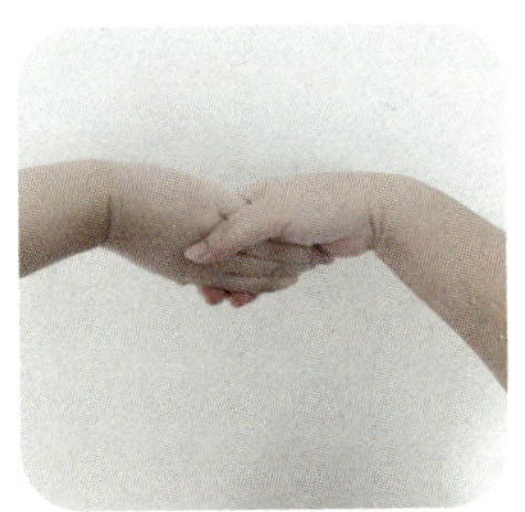

d　握手亲亲

图2-1-3　再见活动动作示意图

3. 家长带领幼儿模仿教师动作进行活动。

【教学具准备】

教师教具:

1. 棕色彩泥若干。

2. 棉签若干。

幼儿学具:

1. 棕色彩泥若干。

2. 棉签若干。

3. 刺猬卡片胸饰（10 cm×10 cm）、苹果卡片（5 cm×5 cm）。

第二课
刷牙

一、问好

活动目标：

1. 初步培养幼儿的社会交往能力。

2. 让幼儿形成见面打招呼的习惯。

3. 激发幼儿参与活动的兴趣。

活动过程：

同本篇第一课内容。

二、静寂活动：小鳄鱼

活动目标：

1. 稳定幼儿情绪。

2. 培养幼儿的观察力及反应能力。

活动准备：

鳄鱼牙齿玩具

图 2-2-1　小鳄鱼活动教具示意图

活动过程：

1.教师出示鳄鱼牙齿玩具，引导幼儿观察鳄鱼牙齿。

2.教师和幼儿围成圆圈玩鳄鱼牙齿玩具：请幼儿轮流压鳄鱼牙齿，看看谁压到的牙齿会让鳄鱼合上嘴巴。

注意：提醒幼儿压下鳄鱼的牙齿后要快速将手收回来，否则鳄鱼会“咬”手。

三、主题活动：刷牙

活动目标：

1.能够安静地进行阅读活动。

2.能够安静地听成人讲故事。

活动准备：

小熊绘本系列之《刷牙》

图 2–2–2　《刷牙》绘本示意图

活动过程：

1.教师示范逐页翻书，并讲故事，请家长引导幼儿安静地听教师讲故事。

2.教师边讲故事，边提问，“小动物们忘记干什么了？”“他们用什么东西刷牙的？”“小朋友们是怎么刷牙的？”

3.教师请幼儿领取一本书，家长轻声为幼儿讲一讲《刷牙》的故事。

四、美工活动：牙刷喷画

活动目标：

1. 幼儿初步学习握笔姿势，尝试画横线和竖线。

2. 锻炼幼儿手部肌肉力量。

活动准备：

牙刷、白纸、颜料、筷子、树叶、花朵形状纸板、石头、罩衣

活动过程：

1. 教师请幼儿穿好罩衣准备进行美术活动。

2. 教师示范牙刷喷画的方法：将树叶摆放在白纸中间，用石头压着树叶，以防树叶移位。

3. 牙刷蘸少许颜料。在小棍子上面刮一刮，让色料喷出。尽量将颜色喷均匀，喷满整张白纸后，将石头和树叶或形状纸板收起来，喷画作品完成。

4. 教师分发材料，请幼儿进行活动。注意：提醒幼儿喷的时候小心些，尽量不要喷在纸张外面。

图 2–2–3　牙刷喷画示意图

五、手指谣：刷牙舞

活动目标：

1. 学说儿歌，理解儿歌内容。

2. 能模仿成人动作做手指游戏。

3. 会随儿歌内容大胆表现手指动作。

活动过程：

1.教师一边唱儿歌，一边做“刷牙舞”的手指动作。

“敲小锣，打小鼓”，双手握拳、伸出两根食指上下晃动模仿打鼓的动作；

“妈妈来教刷牙舞”，拍手；

“上下刷，嗤嗤嗤”，露出牙齿，伸出一根食指上下晃动模仿刷牙的动作；

“左右刷，咕咕咕”，伸出另一根食指，两根食指左右交替模仿刷牙的动作；

“叮当猫牙齿刷干净”，两手竖起大拇指；

“吃饭就像大老虎”，嘴巴张大模仿大老虎吃东西。

2.请家长引导幼儿学唱儿歌、学做动作。

六、点评与展示

活动目标：

1.通过活动体验成功的快乐。

2.初步培养幼儿自信心，乐于向他人展示自己。

3.培养幼儿初步的规则意识。

活动准备：

木头长夹子、绳子、标签

活动过程：

1.教师将绳子预先拉平挂在教室的一角，请幼儿每人拿一个夹子，将自己的画夹在绳子上。

2.教师根据幼儿作品情况进行点评，为每幅作品贴上标签。

3.教师请家长带领幼儿排队一起参观幼儿的作品，并请家长鼓励幼儿勇于展示自己。

4.请家长带领幼儿按照参观画展的礼仪来进行参观：排着队走，不要着急，请小声说话。

5.活动结束后，可以请幼儿将自己的作品带回家。

七、再见

活动目标：

1.培养幼儿的礼貌修养。

2.培养幼儿的耐心。

3.学会和教师告别，养成良好的礼仪习惯。

活动过程：

同本篇第一课内容。

第三课
拉尼尼

一、问好

活动目标：

1.初步培养幼儿的社会交往能力。

2.让幼儿形成见面打招呼的习惯。

3.激发幼儿参与活动的兴趣。

活动过程：

同本篇第一课内容。

二、静寂活动：变魔术

活动目标：

1.稳定幼儿情绪。

2.培养幼儿的观察能力。

活动准备：

瓶子2个、瓶盖2个、红色颜料、水

活动过程：

1.教师事先在一个瓶盖中放入红色颜料，在两个瓶子中各装半瓶水。

2.教师拧好瓶盖，上下摇一摇瓶盖没有颜料的瓶子，让幼儿们看看瓶子里的水没有变化。

3.教师拧好瓶盖，上下摇一摇瓶盖有红色颜料的瓶子，让幼儿们看看瓶子里的水变成了红色。

a　瓶盖和瓶子

b　混合颜料水

图 2-3-1　变魔术活动示意图

三、主题活动：拉㞎㞎

活动目标：

1.能够安静地进行阅读活动。

2.能够安静地听成人讲故事。

活动准备：

小熊绘本系列之《拉㞎㞎》

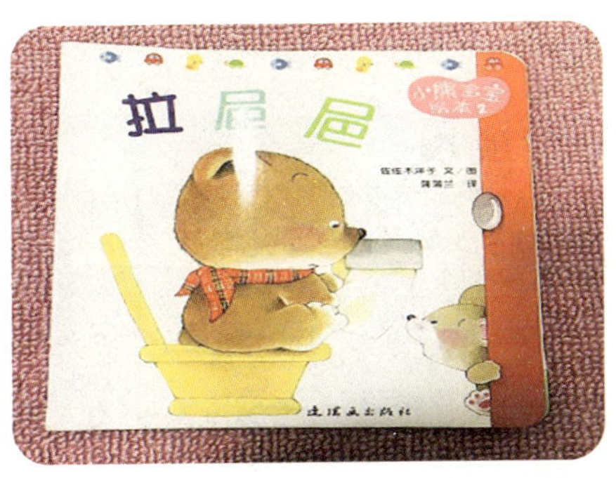

图 2-3-2　《拉㞎㞎》绘本示意图

活动过程：

1.教师示范逐页翻书，并讲故事，请家长引导幼儿安静听教师讲故事。

2.教师边讲故事，边提问，“小动物们干什么了？”“他们是用什么擦屁股的？”

3.教师请幼儿领一本书，家长轻声为幼儿讲一讲《拉㞎㞎》的故事。

四、美工活动：美丽的纸巾

活动目标：

1. 锻炼幼儿手部肌肉力量。

2. 欣赏色彩美。

活动准备：

正方形纸巾，红、绿、蓝、黄色颜料分别放入盘子中，花边剪刀，罩衣

活动过程：

1. 教师请幼儿穿好罩衣准备进行美术活动。

2. 教师介绍活动名称及材料名称。

3. 教师将一张纸巾用花边剪剪出花边后，对折两次：上下折叠变成长方形。双手把纸压平后，再把长方形对折变成小正方形，再用手把纸压平。

4. 请家长用花边剪刀帮幼儿把纸巾边缘剪成花边状，引导幼儿对折纸巾，并将折好的小正方形纸巾的每个角放在有颜料的小盘子中蘸上不同的颜色（幼儿可根据自己的喜好挑选颜色和蘸颜料的方法）。

5. 家长帮幼儿将纸巾慢慢打开，平铺在桌面上，晾干后再拿起来与幼儿共同欣赏。

a 颜料

b 纸巾

c 作品

图 2-3-3 美丽的纸巾

五、游戏活动：奔跑中的纸巾

活动目标：

1. 培养幼儿参与体育活动的兴趣。

2. 练习幼儿定向跑的能力。

3. 培养幼儿唱数“一二三”的能力。

活动准备：

纸巾

活动过程：

1. 教师示范：教师站至起点，将一张纸巾放在肚子上，数“一二三”向前跑，松开手，纸巾不会掉落。

2. 幼儿排队，依次进行游戏。

3. 游戏结束，将纸巾收回。

六、点评与展示

活动目标：

1. 通过活动体验成功的快乐。

2. 初步培养幼儿自信心，乐于向他人展示自己。

3. 培养幼儿初步的规则意识。

活动准备：

木头长夹子、绳子、标签

活动过程：

同本篇第二课内容。

七、再见

活动目标：

1. 培养幼儿的礼貌修养。

2. 培养幼儿的耐心。

3. 学会和教师告别，养成良好的礼仪习惯。

活动过程：

同本篇第一课内容。

第四课
睡觉

一、问好

活动目标：

1.初步培养幼儿的社会交往能力。

2.让幼儿形成见面打招呼的习惯。

3.激发幼儿参与活动的兴趣。

活动过程：

同本篇第一课内容。

二、静寂活动：颜色变、变、变

活动目标：

1.稳定幼儿情绪。

2.培养幼儿的观察能力。

活动准备：

红色、黄色、蓝色颜料，瓶子3个，瓶盖6个，水

活动过程：

1.教师分别将红、黄、蓝色颜料放在瓶盖中，每种颜色放在2个瓶盖中，共6个有颜料的瓶盖。

2.教师将装有红色颜料的瓶盖拧在瓶子上，摇晃瓶子里的水，让幼儿观察水变成了红色。

3.依次将装有黄色、蓝色颜料的瓶盖拧好并摇晃瓶子里的水，让幼儿观察水

的颜色变成黄色、蓝色。

4. 教师拧开并更换瓶盖，将装有黄色颜料的瓶盖拧在红色水的瓶子上后摇晃瓶子，引导幼儿观察瓶子里水的颜色的变化。

5. 依次更换其他两个瓶子的瓶盖——将装有红色颜料的瓶盖拧在蓝色水的瓶子上、将装有蓝色颜料的瓶盖拧在黄色瓶子上，然后摇晃瓶子，引导幼儿观察瓶子里的水变成了什么颜色。

a　三原色

b　混合色

图 2-4-1　颜色变、变、变活动示意图

三、主题活动：睡觉

活动目标：

1. 能够安静地进行阅读活动。

2. 能够安静地听成人讲故事。

活动准备：

小熊绘本系列之《睡觉》

图 2-4-2　《睡觉》绘本示意图

活动过程:

1.教师通过讲故事的形式，引导幼儿安静地听故事。

2.教师讲故事，引导幼儿仔细观察小动物们是怎样睡觉的。

3.教师请幼儿领一本书，家长轻声为幼儿讲一讲《睡觉》的故事。

4.家长可尝试让幼儿简单表述绘本故事里的部分内容。

5.听完绘本的小朋友可以将绘本送回书架，并正确摆放绘本。

四、美工活动：小花被

活动目标:

1.培养幼儿的动手能力，锻炼手指力量。

2.学会用手拿物进行按压的动作。

3.在活动中体验成功的喜悦。

活动准备:

长方形麻布，红色、蓝色、黄色、绿色颜料水分别放入盘子中，手揉纸，成品作品

a 颜料

b 麻布

图2-4-3 小花被活动教具示意图

活动过程:

1.教师让幼儿观察成品作品，告诉幼儿今天活动的名称及材料名称。

2.教师示范印花布的活动过程：把一张手揉纸揉成小团，蘸上红色的颜料随意按压在麻木布上，然后再揉一个纸团，蘸蓝色的颜料按压在麻布上，……一块小花被就做好了。

3.请幼儿进行活动，教师提醒幼儿用纸团轻轻地蘸颜料，再按压在麻布上，

小心不要把颜料洒在衣服上。

图 2-4-4 小花被活动成果示意图

五、手指谣：睡觉了

活动目标：

1. 引导幼儿学说儿歌，理解儿歌内容。
2. 模仿成人动作做手指游戏，会随儿歌内容大胆表现手指动作。

活动过程：

教师边念儿歌边做动作，请家长引导幼儿模仿动作。

“老大睡了”，两手心向上，弯曲大拇指；

“老二睡了”，继续弯曲食指；

“大个子睡了”，继续弯曲中指；

“你睡了”，继续弯曲无名指；

“我睡了，大家都睡了”，继续弯曲小拇指，同时两手心转向下方；

“小不点醒了”，伸直小拇指；

“老四醒了”，继续伸直无名指；

“大个子醒了”，继续伸直中指；

“你醒了，我醒了”，继续先后伸直食指、大拇指；

“大家都醒了”，两手相互拍。

六、点评与展示：晒被子

活动目标：

1. 通过活动体验成功的快乐。

2. 初步培养幼儿自信心，乐于向他人展示自己。

3. 培养幼儿初步的规则意识。

活动准备：

木头长夹子、绳子、标签

活动过程：

同本篇第二课内容。

七、再见

活动目标：

1. 培养幼儿的礼貌修养。

2. 培养幼儿的耐心。

3. 学会和教师告别，养成良好的礼仪习惯。

活动过程：

同本篇第一课内容。

【教学具准备】

教师教具：

长方形麻布，70 cm×50 cm大小。

幼儿学具：

长方形麻布，50 cm×30 cm大小。

第五课
午饭

一、问好

活动目标：

1. 初步培养幼儿的社会交往能力。
2. 让幼儿形成见面打招呼的习惯。
3. 激发幼儿参与活动的兴趣。

活动过程：

同本篇第一课内容。

二、静寂活动：找图形

活动目标：

1. 稳定幼儿情绪。
2. 培养幼儿的观察能力。

活动准备：

圆形、正方形、三角形卡片若干

图 2-5-1 找图形活动教具示意图

活动过程：

1. 教师出示形状卡片，请幼儿用手抚摸形状卡片边缘，引导幼儿观察形状。

2. 教师一边出示形状卡片，一边说出形状名称，语言提示“圆形，这是圆形”。

3. 请幼儿进行图片的分类活动。

三、主题活动：午饭

活动目标：

1. 能够安静地进行阅读活动。

2. 能够安静地听成人讲故事。

活动准备：

小熊绘本系列之《午饭》

图2-5-2　《午饭》绘本示意图

活动过程：

1. 教师通过讲故事的形式，引导幼儿安静地听故事。

2. 教师可以提问，“小动物们都带了什么午饭呢?”

3. 教师请幼儿领一本书，家长轻声读给幼儿听，可以尝试请幼儿逐页翻书。

4. 讲完绘本的小朋友可以将绘本送回书架处，正确摆放绘本。

四、美工活动：做午饭

活动目标：

1.体验运用不同方式与同伴合作手工的乐趣。

2.锻炼幼儿手部肌肉力量。

活动准备：

彩泥、不同形状的盒子、泥工板、彩泥工具

活动过程：

1.教师出示各种盒子，语言提示："今天我们也要为小动物们准备午饭，请大家动手来帮妈妈做午饭。"

2.教师出示材料，并告知幼儿材料的名称及颜色。

3.请家长带幼儿进行"午饭"的制作活动。教师适当做指导，比如，可以用白色彩泥捏小粒做成"米饭"；白色彩泥擀成小圆片，黄色彩泥捏成小圆叠在白色彩泥上，做成"煎蛋"；……。

4.将做好的午饭整理摆放在盒子（或者盘子）中。

5.请幼儿将装饰好的午饭摆放在展示区。

图 2–5–3　做午饭活动作品示意图

五、游戏活动：鸡蛋卷

活动目标：

1. 在游戏活动中进行翻滚动作练习。

2. 通过游戏活动促进亲子感情。

活动准备：

大浴巾、玩偶

活动过程：

1. 请家长在教室一侧铺好大浴巾后，带幼儿在教室的另一侧排队准备。

2. 请幼儿躺在地垫上，慢慢向前翻滚（在翻滚时请家长保护好幼儿的助听设备）。

3. 幼儿翻滚至大浴巾处，家长将大浴巾卷在幼儿身上，幼儿继续向前翻滚，直至浴巾完全包裹住幼儿，家长可以帮幼儿调整浴巾。

4. “鸡蛋卷”做好了，请各位家长品尝，提示家长可以轻轻地用鼻子嗅嗅幼儿，也可以轻轻地挠挠幼儿痒痒。

图 2-5-4　鸡蛋卷活动示意图

六、点评与展示

活动目标：

1. 通过活动体验成功的快乐。

2. 初步培养幼儿自信心，乐于向他人展示自己。

3.培养幼儿初步的规则意识。

活动准备：

标签

活动过程：

同本篇第一课内容。

七、再见

活动目标：

1.培养幼儿的礼貌修养。

2.培养幼儿的耐心。

3.学会和教师告别，养成良好的礼仪习惯。

活动过程：

同本篇第一课内容。

【教学具准备】

教师教具：

彩色黏土。

幼儿学具：

同教师教具。

第六课
尿床了

一、问好

活动目标:

1. 初步培养幼儿的社会交往能力。
2. 让幼儿形成见面打招呼的习惯。
3. 激发幼儿参与活动的兴趣。

活动过程:

同本篇第一课内容。

二、静寂活动:红苹果

活动目标:

1. 稳定幼儿情绪。
2. 培养幼儿的观察能力。

活动准备:

红苹果2个、刀、板子

图2-6-1 红苹果示意图

活动过程：

1. 教师出示苹果，引导幼儿观察苹果的外观，语言提示，“红红的、圆圆的”。

2. 教师将苹果切开，请幼儿观察苹果横着切和竖着切后的样子。

三、主题活动：尿床了

活动目标：

1. 能够安静地进行阅读活动。

2. 能够安静地听成人讲故事。

活动准备：

小熊绘本系列之《尿床了》

图 2-6-2　《尿床了》绘本示意图

活动过程：

1. 教师通过讲故事的形式，引导幼儿安静地听故事。

2. 教师示范逐页翻书，边讲故事，边提问，“谁尿床了？”“谁的床单是苹果形状的？”“小朋友们尿过床吗？”

3. 教师请幼儿领一本书，家长轻声为幼儿讲一讲《尿床了》的故事。

4. 绘本故事阅读完成后，请幼儿将绘本送回书架。

四、美工活动：苹果拓印

活动目标：

1. 引导幼儿学习均匀地涂色并拓印画的技能。

2. 通过拓印感知色彩，体验美术活动的乐趣。

3. 在活动中体验成功的喜悦。

活动准备：

淡色小毛巾，苹果（竖切厚片），盘子，红色、黄色、褐色颜料，毛笔

活动过程：

1. 教师请幼儿穿好罩衣准备进行美术活动。

2. 教师介绍活动的名称及材料的名称。

3. 请家长引导幼儿用苹果片蘸红色颜料，印在小毛巾上；再换一片苹果片蘸绿色的颜料印在毛巾上。幼儿可随意在毛巾上拓印，注意让苹果拓印在毛巾上。

4. 家长协助幼儿在拓印好的苹果画上用毛笔蘸褐色颜料，为苹果树添上树干、树枝。

图 2-6-3　苹果拓印活动作品示意图

五、游戏活动：苹果长在大树上

活动目标：

1. 通过游戏发展幼儿的踮脚能力及肢体协调能力。

2. 通过游戏激发幼儿的愉快情绪，并增进亲子感情。

活动准备：

苹果卡片、绳子（穿在苹果卡片上）

活动过程：

1. 教师出示苹果卡片，语言提示，“这是苹果”。

2. 教师示范活动方法：将苹果卡片用绳子提起来，使劲踮脚够苹果。

3. 家长跟随教师一起说儿歌，边说儿歌边引导幼儿进行够苹果活动。

“苹果长在大树上，摇一摇，掉下来；
苹果长在大树上，转一圈，掉下来；
苹果长在大树上，大风吹，掉下来。”

六、点评与展示

活动目标：

1. 通过活动体验成功的快乐。
2. 初步培养幼儿自信心，乐于向他人展示自己。
3. 培养幼儿初步的规则意识。

活动准备：

木头长夹子、绳子、标签

活动过程：

同本篇第二课内容。

七、再见

活动目标：

1. 培养幼儿的礼貌修养。
2. 培养幼儿的耐心。
3. 学会和教师告别，养成良好的礼仪习惯。

活动过程：

同本篇第一课内容。

【教学具准备】

教师教具：

棉麻小方巾，20 cm×20 cm 大小。

幼儿学具：

棉麻小方巾，10 cm×10 cm 大小。

第七课
洗澡

一、问好

活动目标：

1. 初步培养幼儿的社会交往能力。

2. 让幼儿形成见面打招呼的习惯。

3. 激发幼儿参与活动的兴趣。

活动过程：

同本篇第一课内容。

二、静寂活动：泡泡破了

活动目标：

1. 稳定幼儿情绪。

2. 培养幼儿的观察能力。

活动准备：

泡泡水、吸管、白纸、颜料

活动过程：

1. 教师出示并介绍吹泡泡所需材料，用吸管蘸彩色泡泡水，在纸上方吹泡泡。

2. 家长引导幼儿观察泡泡和泡泡破了后的样子。

图 2-7-1　观察泡泡活动作品示意图

三、主题活动：洗澡

活动目标：

1. 能够安静地进行阅读活动。
2. 能够安静地听成人讲故事。

活动准备：

小熊绘本系列之《洗澡》

图 2-7-2　《洗澡》绘本示意图

活动过程：

1. 教师通过讲故事的形式，引导幼儿安静地听故事。
2. 教师示范逐页翻书，讲故事，引导幼儿观察小动物们洗澡时出现了很多泡泡。
3. 教师请幼儿领一本书，能够独立进行翻书，简单进行阅读活动。
4. 请家长观察幼儿的阅读方式，引导幼儿说一说图片上的信息。
5. 绘本故事阅读完成后，请幼儿将绘本送回书架。

四、美工活动：画泡泡

活动目标：

1. 认识圆形，发现生活中的圆形物体，借助工具做画圆形。

2. 在活动中体验成功的喜悦。

活动准备：

画纸、手指画颜料、画笔、调色盘、各种圆形工具（瓶盖、瓶子、小杯子、卫生纸的卷纸筒）

活动过程：

1. 教师事先将颜料调入调色盘中，分发给幼儿。

2. 请幼儿选择自己喜欢的圆形工具，并蘸上颜料，轻轻印在画纸上。

3. 教师提醒幼儿用瓶盖等物品轻轻地蘸颜料，再印在纸上，不要把颜料洒在衣服上。

4. 针对幼儿的画作，请家长适当进行修饰（画上树叶、花、太阳、小猫头等）。

图 2-7-3　画泡泡活动作品示意图

五、游戏活动：拍泡泡

活动目标：

1. 积极参与体育游戏，体验吹泡泡游戏的乐趣。

2. 积极模仿泡泡，发展走、跑、跳等基本技能。

3. 能在一定范围内四散追逐跑，游戏活动中体验愉快情绪。

活动准备：

泡泡机

图2-7-4 泡泡机示意图

活动过程：

1.教师用泡泡机吹出泡泡，家长引导幼儿用踮脚、跑、跳的动作去抓泡泡。游戏活动中告知幼儿不要互相碰撞。

2.家长引导幼儿双手去拍泡泡。

六、点评与展示

活动目标：

1.通过活动体验成功的快乐。

2.初步培养幼儿自信心，乐于向他人展示自己。

3.培养幼儿初步的规则意识。

活动准备：

木头长夹子、绳子、标签

活动过程：

同本篇第二课内容。

七、再见

活动目标：

1.培养幼儿的礼貌修养。

2.培养幼儿的耐心。

3.学会和教师告别，养成良好的礼仪习惯。

活动过程：

同本篇第一课内容。

第八课
过生日

一、问好

活动目标：

1. 初步培养幼儿的社会交往能力。
2. 让幼儿形成见面打招呼的习惯。
3. 激发幼儿参与活动的兴趣。

活动过程：

同本篇第一课内容。

二、静寂活动：吹蜡烛

活动目标：

1. 稳定幼儿情绪。
2. 培养幼儿的观察能力。

活动准备：

蜡烛、打火机

图 2-8-1 吹蜡烛活动教具示意图

活动过程：

1. 教师将蜡烛点燃，请幼儿观察蜡烛。
2. 教师请幼儿进行吹蜡烛的活动。

三、主题活动：过生日

活动目标：

1. 能够安静地进行阅读活动。
2. 能够安静地听成人讲故事。

活动准备：

小熊绘本系列之《过生日》

图 2-8-2 《过生日》绘本示意图

活动过程：

1. 教师通过讲故事的形式，引导幼儿安静地听故事。
2. 教师示范逐页翻书讲故事，家长引导幼儿安静地听故事。
3. 请幼儿领一本书，独立进行翻书，简单进行阅读活动。
4. 请家长观察幼儿的阅读方式，引导幼儿说一说图片上的信息。
5. 绘本故事阅读完成后，请幼儿将绘本送回书架。

四、美工活动：滴管画

活动目标：

1. 体验运用不同方式与小伙伴合作作画的乐趣。
2. 锻炼幼儿手部肌肉力量。

活动准备：

圆形泡沫板（直径15 cm），圆形水粉纸，滴管，红色、蓝色、黄色颜料水，小杯子

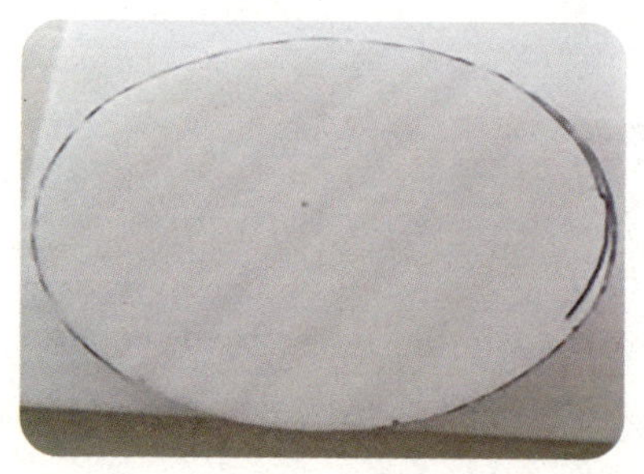

a 蛋糕模型

b 滴管

图2-8-3 滴管画活动教具示意图

活动过程：

1.教师事先将圆形水粉纸贴在泡沫板上，作为生日蛋糕的模型。教师出示材料，告知幼儿材料的名称及颜色，引出活动主题，“小熊今天过生日，我们为小熊准备蛋糕吧。我们一起来装饰蛋糕！”

2.教师示范用滴瓶作画：把颜料加水放在小杯子里，用滴管嘴朝下，轻轻捏，吸颜料水，然后快快松开，将滴管中的水滴在“蛋糕”上。

3.请幼儿选择自己喜欢的颜色进行装饰“蛋糕”的活动。

4.请幼儿将装饰好的“蛋糕”摆放在展示区。

五、手指谣：蛋糕

活动目标：

1.稳定幼儿情绪。

2.模仿成人动作。

活动过程：

教师一边唱儿歌，一边做动作，请家长带领幼儿模仿教师动作。

“蛋糕大，蛋糕圆”，将上一个活动做好的“蛋糕”摆在幼儿面前；

“吹灭上面小蜡烛，别忘许个小心愿”，撅起嘴巴模仿吹蜡烛的动作，并将双

手抱拳放在胸前模仿许愿的动作。

六、点评与展示

活动目标：

1. 通过活动体验成功的快乐。
2. 初步培养幼儿自信心，乐于向他人展示自己。
3. 培养幼儿初步的规则意识。

活动准备：

标签

活动过程：

同本篇第一课内容。

七、再见

活动目标：

1. 培养幼儿的礼貌修养。
2. 培养幼儿的耐心。
3. 学会和教师告别，养成良好的礼仪习惯。

活动过程：

同本篇第一课内容。

第九课

我会穿短裤啦

一、问好

活动目标：

1. 初步培养幼儿的社会交往能力。
2. 让幼儿形成见面打招呼的习惯。
3. 激发幼儿参与活动的兴趣。

活动过程：

同本篇第一课内容。

二、静寂活动：拉拉链

活动目标：

1. 稳定幼儿情绪。
2. 培养幼儿的观察能力。

活动准备：

蒙氏拉链

图 2-9-1　拉拉链活动教具示意图

活动过程：

1.教师出示并介绍蒙氏拉链教具。

2.教师示范拉拉链的方法，家长引导幼儿仔细观察。

3.请幼儿进行拉拉链活动。

三、主题活动：我会穿短裤啦

活动目标：

1.能够安静地进行阅读活动。

2.能够安静地听成人讲故事。

活动准备：

小熊绘本系列之《我会穿短裤啦》

图 2-9-2　《我会穿短裤啦》绘本示意图

活动过程：

1.教师通过讲故事的形式，引导幼儿安静地听故事。

2.教师示范逐页翻书，一边讲故事，一边提问，“都有哪些小动物会穿短裤？”“小朋友们会不会穿短裤？”

3.教师请幼儿领一本书，能够独立进行翻书，简单进行阅读活动。

4.请家长观察幼儿的阅读方式，引导幼儿说一说图片上的信息。

5.绘本故事阅读完成后，请幼儿将绘本送回书架。

四、美工活动：我的小短裤

活动目标：

1.学习剪刀的使用方法，锻炼幼儿手部肌肉力量。

2.大胆进行美术创作。

活动准备：

花边剪刀、白纸（画好短裤轮廓）、彩笔、印章

活动过程：

1.教师介绍活动及材料的名称，可以这样说，“做一条自己的短裤”。

2.教师出示花边剪刀，示范剪刀的使用方法，将白纸上的短裤轮廓剪下来。

3.教师示范选择不同颜色的彩笔、印章在剪好的短裤轮廓上进行装饰。

4.请家长引导幼儿进行美术活动，对于能力较弱的幼儿，家长可以帮幼儿剪，再请幼儿进行短裤的装饰活动。

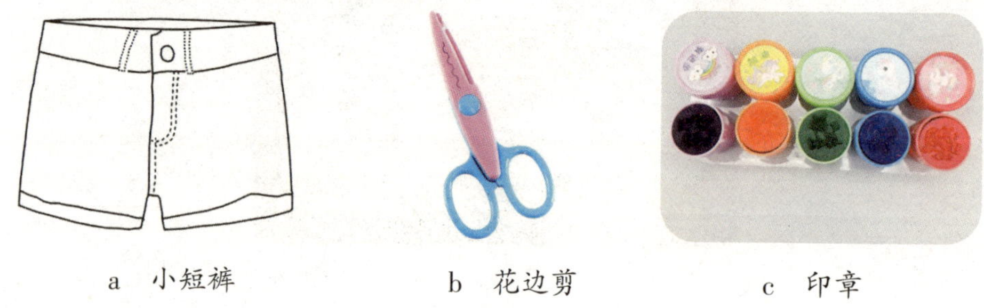

a 小短裤　　b 花边剪　　c 印章

图2-9-3 我的小短裤活动教具示意图

五、游戏活动：衣服变口袋

活动目标：

1.通过游戏活动促进亲子感情。

2.锻炼幼儿双手协调性和手指精细动作。

3.练习二指捏向上、向下拉拉链的能力。

活动准备：

水果模具、2个篮子、3个跨栏、带拉链的衣服

活动过程：

1. 教师布置场地：将装满水果模具的篮子放置在起点，在终点放一个空的篮子，将三个跨栏等距离放在起点和终点之间。

2. 教师示范活动过程：首先，拉开衣服拉链，将一个水果放在肚子的位置；再向上拉好拉链，要确保水果不掉下来；然后，从起点出发跨过跨栏；最后到达终点后拉下拉链将水果取出放在篮子中。

3. 教师请幼儿进行游戏活动。

4. 游戏结束，收回教具和跨栏。

六、点评与展示

活动目标：

1. 通过活动体验成功的快乐。

2. 初步培养幼儿自信心，乐于向他人展示自己。

3. 培养幼儿初步的规则意识。

活动准备：

木头长夹子、绳子、标签

活动过程：

同本篇第二课内容。

七、再见

活动目标：

1. 培养幼儿的礼貌修养。

2. 培养幼儿的耐心。

3. 学会和教师告别，养成良好的礼仪习惯。

活动过程：

同本篇第一课内容。

【教学具准备】

教师教具：

1. 白纸画短裤轮廓，30 cm×20 cm 大小。

2. 彩笔、印章、花边剪。

幼儿教具：

1. 白纸画短裤轮廓，30 cm×20 cm 大小。

2. 彩笔、印章、花边剪。

第十课
不哭了

一、问好

活动目标：

1.初步培养幼儿的社会交往能力。

2.让幼儿形成见面打招呼的习惯。

3.激发幼儿参与活动的兴趣。

活动过程：

同本篇第一课内容。

二、静寂活动：天黑请闭眼

活动目标：

1.稳定幼儿情绪。

2.培养幼儿的观察能力。

活动准备：

小熊、小刺猬、小鼹鼠、小猴子、大象等小动物的卡通图片

活动过程：

同本篇第一课内容。

三、主题活动：不哭了

活动目标：

1.能够安静地进行阅读活动。

2.能够安静地听成人讲故事。

活动准备：

小熊绘本系列之《不哭了》

图 2-10-1 《不哭了》绘本示意图

活动过程：

1.教师通过讲故事的形式，引导幼儿安静地听故事。

2.教师示范逐页翻书，一边讲故事，一边引导幼儿回答：小动物为什么哭了？小熊怎么帮助小动物的？

3.教师请幼儿领一本书，家长轻声为幼儿讲绘本故事。

4.教师请幼儿自己翻书、阅读绘本，尝试为家长讲述绘本故事。家长可以这样提问：小熊给了小兔子什么东西？是不是棒棒糖？

5.绘本故事阅读完成后，请幼儿将绘本送回书架。

四、美工活动：棒棒糖

活动目标：

1.通过尝试，学会用团、搓、插、盘等简单的泥工制作棒棒糖。

2.在活动中体验成功的喜悦。

活动准备：

彩泥、棉签、棒棒糖实物（球状和圆形棒棒糖）

活动过程：

1.教师出示两种不同形状的棒棒糖，请幼儿观察两个棒棒糖的形状，语言提示“圆形”。

2.教师出示材料，介绍材料名称，并介绍活动名称，语言提示“做棒棒糖”。

3.教师示范做“棒棒糖”的方法：找一种自己喜欢的颜色的彩泥放在手心里团，慢慢地团成圆球状，再将棉签插入彩泥，做成球状的“棒棒糖”；或者将两种颜色的彩泥分别搓成长条状，将两条彩泥的一头捏好粘在一起，按螺旋状的方法将两条彩泥条慢慢地盘成圆形，再插入棉签做成圆形的“棒棒糖”。

4.请家长带领幼儿进行手工活动，引导幼儿慢慢地进行“棒棒糖”的制作。

5.请幼儿将自己制作好的“棒棒糖”放在展示区。

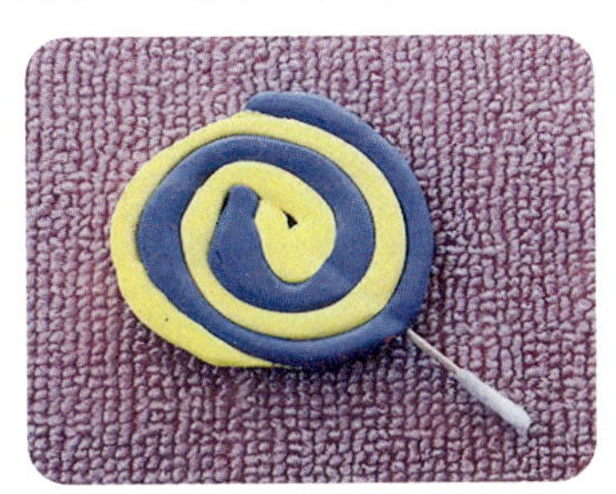

图2-10-2　棒棒糖作品示意图

五、游戏活动：捡糖果

活动目标：

1.锻炼幼儿平衡能力。

2.初步锻炼幼儿爬、走、捡的能力。

3.体验音乐的快乐，锻炼幼儿身体协调性。

活动准备：

音乐《彩色小路运球》、障碍物、1个篮子、美工作品棒棒糖若干

活动过程：

1.教师在起点放一个空篮子，在教室中间空处摆好障碍物，并把棒棒糖散落在障碍物的附近。

2.教师播放音乐，并示范活动过程：挎着篮子爬过所有障碍物捡一个棒棒糖放进篮子中再走回来，语言提示，“爬、捡、走”，返回起点把篮子递给下一个幼儿继续活动。教师示范1～2遍。

3.教师请幼儿跟随音乐完成活动。家长可以跟在幼儿身后，当幼儿不能保持平衡时给予帮助。

4.直到所有糖果都被捡完，游戏结束，关闭音乐。

六、点评与展示

活动目标：

1.通过活动体验成功的快乐。

2.初步培养幼儿自信心，乐于向他人展示自己。

3.培养幼儿初步的规则意识。

活动准备：

标签

活动过程：

同本篇第一课内容。

七、再见

活动目标：

1.培养幼儿的礼貌修养。

2.培养幼儿的耐心。

3.学会和教师告别，养成良好的礼仪习惯。

活动过程：

同本篇第一课内容。

【教学具准备】

教师教具：

1.红、黄、绿、蓝色黏土。

2.棉签10根。

幼儿学具：

同教师教具。

第十一课
海滨城堡

一、问好

活动目标：

1.初步培养幼儿的社会交往能力。

2.让幼儿形成见面打招呼的习惯。

3.激发幼儿参与活动的兴趣。

活动过程：

同本篇第一课内容。

二、静寂活动：观察沙漏

活动目标：

1.稳定幼儿情绪。

2.培养幼儿的观察能力。

活动准备：

沙漏

图 2-11-1　沙漏示意图

活动过程：

1.教师出示沙漏，介绍教具名称，语言提示“沙漏”。

2.教师示范如何让沙漏开始漏沙，引导幼儿仔细观察。

3.教师发给每个幼儿一个沙漏，请家长引导幼儿仔细观察沙漏内沙子的流动。

三、主题活动：海滨城堡

活动目标：

1.能够安静地进行阅读活动。

2.能够安静地听成人讲故事。

活动准备：

小熊绘本系利之《海滨城堡》

图2-11-2 《海滨城堡》绘本示意图

活动过程：

1.教师通过讲故事的形式，引导幼儿安静地听故事。

2.教师示范逐页翻书，一边讲故事，一边引导幼儿安静地听故事。

3.教师请幼儿领一本书，家长轻声为幼儿讲绘本故事。

4.家长请幼儿自己翻书、阅读绘本，尝试为家长讲述绘本故事。家长可以这样提问：小动物们是怎么样盖城堡的？

5.绘本故事阅读完成后，请幼儿将绘本送回书架。

四、美工活动：盖城堡

活动目标：

1. 体验玩沙子的快乐，感知发现沙子的特性是松散的。

2. 感受水的流动性。

3. 体验合作的快乐。

活动准备：

沙子、水、沙堡模具、盆子

图 2-11-3　盖城堡活动模具示意图

活动过程：

1. 教师出示沙盘玩具，介绍材料名称。

2. 教师引导幼儿观察沙子，用手感知沙子的松软性。

3. 将水倒入沙子中，引导幼儿观察水是流动的。将湿沙子和匀后，利用沙堡模型和幼儿一起盖城堡。

4. 城堡盖好后，在城堡外圈用沙子做一堵墙围起来，慢慢倒入水，观察水的流动性。

5. 请幼儿和其他的幼儿合作进行盖沙堡的活动。

6. 活动完成后提醒幼儿洗手。

五、游戏活动：城堡大战

活动目标：

1. 练习投掷的动作。

2. 培养幼儿基本的规则意识。

活动准备：

彩虹伞、锥形桶、感统玩具、按摩球、筐子

a　感统玩具

b　城堡

图 2-11-4　城堡大战活动教具示意图

活动过程：

1. 将感统玩具组装成大型障碍物，将彩虹伞盖在障碍物上当作城堡。

2. 引导幼儿依次排队，在起点处的筐子里拿好按摩球出发，向城堡上方投掷按摩球（炮弹）。

3. 依次进行游戏直到城堡倒塌为止。

4. 游戏可反复进行。

六、点评与展示

活动目标：

1. 通过活动体验成功的快乐。

2. 初步培养幼儿自信心，乐于向他人展示自己。

3. 培养幼儿初步的规则意识。

活动过程：

1. 教师根据幼儿们的作品情况进行点评。

2. 教师请家长带领幼儿一起参观作品，并请家长鼓励幼儿勇于展示自己。

七、再见

活动目标：

1. 培养幼儿的礼貌修养。

2. 培养幼儿的耐心。

3. 学会和教师告别，养成良好的礼仪习惯。

活动过程：

同本篇第一课内容。

第十二课
穿衣服

一、问好

活动目标：

1. 初步培养幼儿的社会交往能力。
2. 让幼儿形成见面打招呼的习惯。
3. 激发幼儿参与活动的兴趣。

活动过程：

同本篇第一课内容。

二、静寂活动：叠衣服

活动目标：

1. 稳定幼儿情绪。
2. 培养幼儿的生活自理能力。

活动准备：

幼儿衣服、裤子

活动过程：

1. 教师出示衣物，告知幼儿衣物名称，语言提示，“衣服”、“裤子”。
2. 教师示范叠衣服的动作，请家长带幼儿仔细观察。
3. 请幼儿进行叠衣服的活动，并将叠好的衣服放在教室柜子上。

三、主题活动：穿衣服

活动目标：

1. 能够安静地进行阅读活动。
2. 能够安静地听成人讲故事。

活动准备：

小熊绘本系列之《穿衣服》

图 2-12-1　《穿衣服》绘本示意图

活动过程：

1. 教师通过讲故事的形式，引导幼儿安静地听故事。
2. 教师示范逐页翻书讲故事，引导幼儿观察绘本中的小动物。
3. 教师请幼儿领一本书，家长轻声为幼儿讲绘本故事。
4. 请幼儿自己翻书、阅读绘本，并尝试为家长讲述绘本故事。
5. 绘本故事阅读完成后，请幼儿将绘本送回书架。

四、美工活动：漂亮的衣服

活动目标：

1. 培养幼儿对美工活动的兴趣，体验成功带来的愉悦。
2. 通过让幼儿制作、装饰衣服等活动，发展幼儿的手眼协调能力、观察力和动手操作能力。

活动准备：

报纸、彩色纸、剪刀、彩笔、纱巾、布袋

活动过程：

1. 教师介绍活动主题：今天我们收集了这么多的废旧物品，大家想想，我们可以用它们做成什么呢?

2. 教师出示用报纸和塑料袋自制的背心、裙子、披肩等，请家长引导幼儿观察装饰。

3. 请家长带幼儿自由选择材料，鼓励幼儿大胆尝试，有创造性地制作衣服。

4. 引导幼儿用绘画、粘贴等方法将服装变得更漂亮。

图 2-12-2　漂亮的衣服活动示意图

五、点评与展示

活动目标：

1. 通过活动体验成功的快乐。

2. 培养幼儿初步的规则意识。

活动准备：

标签

活动过程：

同本篇第一课内容。

六、亲子活：时装秀

活动目标：

1. 初步培养幼儿自信心，乐于向他人展示自己。

2. 幼儿通过自己动手设计服装，体验成功的快乐。

活动准备：

欢快的音乐

活动过程：

教师请家长帮幼儿穿好自己制作的衣服，排队进行时装展示。

七、再见

活动目标：

1. 培养幼儿的礼貌修养。

2. 培养幼儿的耐心。

3. 学会和教师告别，养成良好的礼仪习惯。

活动过程：

同本篇第一课内容。

第十三课
给你尝一尝

一、问好

活动目标:

1.初步培养幼儿的社会交往能力。

2.让幼儿形成见面打招呼的习惯。

3.激发幼儿参与活动的兴趣。

活动过程:

同本篇第一课内容。

二、静寂活动:切开的水果

活动目标:

1.锻炼幼儿的思维能力。

2.培养幼儿的专注力。

活动准备:

完整的水果、水果刀、切板、横切面的水果图片(苹果、草莓)

活动过程:

1.教师依次拿出完整的水果,请幼儿说出这些水果的名称。

2.教师演示横切水果,并展示切开后水果的样子。

3.请幼儿在家长的引导下找出与切开的水果一样的水果切面图片。

图 2-13-1 切开的苹果示意图

三、主题活动：给你尝一尝

活动目标：

1. 能够安静地进行阅读活动。
2. 能够安静地听成人讲故事。

活动准备：

小熊绘本系列之《给你尝一尝》

图 2-13-2 《给你尝一尝》绘本示意图

活动过程：

1. 教师通过讲故事的形式，引导幼儿安静地听故事。
2. 教师示范逐页翻书，讲故事，家长引导幼儿安静地听故事。
3. 教师请幼儿领一本书，家长轻声为幼儿讲绘本故事。
4. 请幼儿自己翻书、阅读绘本，尝试为家长讲述绘本故事。

5.绘本故事阅读完成后，请幼儿将绘本送回书架。

四、美工活动：水果拼盘

活动目标：

1.在活动中体验乐趣，加深亲子感情。

2.体验与他人分享水果的乐趣。

3.培养审美能力和创新意识。

活动准备：

水果拼盘图片、毛巾、牙签、水果、盘子

活动过程：

1.教师出示水果，家长引导幼儿能说出水果名称、形状和颜色。

2.教师展示水果拼盘图片，讲解水果拼盘的做法。教师可以这么说："今天老师为你们准备了许多好吃的水果，不过今天的水果和我们平时吃的不一样，现在请小朋友们先来看一看。你觉得它看起来像什么?"

3.请家长带幼儿制作水果拼盘。引导幼儿从颜色、品种、排列三方面创新水果拼盘。

4.请家长给拼盘取名字，让幼儿把自己制作的水果拼盘介绍给同伴。

图2-13-3　水果拼盘作品示意图

五、游戏活动：水果蹲

活动目标：

1. 培养幼儿倾听的能力。

2. 训练幼儿集中注意力。

2. 激发幼儿积极参与活动的兴趣。

活动准备：

水果胸贴

活动过程：

1. 教师将水果胸贴粘在幼儿身上，请幼儿仔细观察贴在自己身上的是什么水果，并说出水果名称。

2. 教师贴苹果胸贴，并讲解游戏规则：每个幼儿代表一种水果，注意听指令。“苹果蹲、苹果蹲，苹果蹲完草莓蹲。”胸贴是草莓的幼儿下蹲，蹲完后在家长的带领下说出指令，“草莓蹲、草莓蹲，草莓蹲完香蕉蹲。”胸贴是香蕉的幼儿下蹲，蹲完后在家长的带领下说出指令，继续游戏。

3. 家长带领幼儿进行游戏活动。

六、点评与展示

活动目标：

1. 通过活动体验成功的快乐。

2. 初步培养幼儿自信心，乐于向他人展示自己。

3. 培养幼儿初步的规则意识。

活动过程：

1. 教师根据幼儿的水果拼盘作品情况进行点评。

2. 教师请家长带幼儿按照参加宴会的礼仪来进行参观：排队走，不着急，小声说话。

3. 参观结束后，请幼儿互相品尝水果拼盘。

七、再见

活动目标：

1. 培养幼儿的礼貌修养。

2. 培养幼儿的耐心。

3. 学会和教师告别，养成良好的礼仪习惯。

活动过程：

同本篇第一课内容。

【教学具准备】

水果胸贴，5 cm×5 cm大小。

第十四课
去幼儿园

一、问好

活动目标：

1.初步培养幼儿的社会交往能力。

2.让幼儿形成见面打招呼的习惯。

3.激发幼儿参与活动的兴趣。

活动过程：

同本篇第一课内容。

二、静寂活动：软软的东西

活动目标：

1.稳定幼儿情绪。

2.培养幼儿的观察能力。

活动准备：

布袋子、棉花、毛绒玩具、彩泥、海绵

a　毛绒玩具

b　棉花

图2-14-1　软软的东西活动教具示意图

活动过程：

1.教师事先将材料装进袋子中，向幼儿展示，并摇晃布袋引导幼儿听一听有没有声音。

2.教师请幼儿来摸一摸袋子里的东西，询问幼儿有什么感觉，家长引导幼儿描述触摸的感觉，语言提示“软软的”。

三、主题活动：去幼儿园

活动目标：

1.能够安静地进行阅读活动。

2.能够安静地听成人讲故事。

活动准备：

小熊绘本系列之《去幼儿园》

图 2-14-2　《去幼儿园》绘本示意图

活动过程：

1.教师通过讲故事的形式，引导幼儿安静地听故事。

2.教师示范逐页翻书讲故事，并引导幼儿观察：哪些小动物去了幼儿园？幼儿园的老师是谁？

3.教师请幼儿领一本书，家长轻声为幼儿讲一讲故事。

4.再次请幼儿自己翻书阅读绘本，并尝试为家长讲述绘本故事。

5.绘本故事阅读完成后，请幼儿将绘本送回书架。

四、美工活动：小羊的新衣服

活动目标：

1. 通过撕扯、粘贴棉花，体验手工活动的快乐。

2. 在活动中体验成功的喜悦。

活动准备：

白棉花、小羊图片、彩笔、胶水

活动过程：

1. 教师出示小羊图片，引出为小羊穿新衣服的活动主题。

2. 教师示范为小羊穿衣服的方法：把棉花撕扯成大小合适的小棉团，在小羊身上涂上胶水，将撕好的棉花粘在有胶水的地方，并轻轻地按一按。

3. 教师分发材料，请幼儿进行为小羊穿衣服的美工活动。

4. 请家长带领幼儿在图片上用彩笔进行装饰（涂色、画小草、太阳、大树等）。

图 2-14-3　小羊的新衣服活动作品示意图

五、点评与展示

活动目标：

1. 通过活动体验成功的快乐。

2. 初步培养幼儿自信心，乐于向他人展示自己。

3. 培养幼儿初步的规则意识。

活动准备：

木头长夹子、绳子、标签

活动过程：

同本篇第二课内容。

六、游戏活动：老狼、老狼，几点了

活动目标：

1.发展幼儿四散追跑的能力，锻炼幼儿下肢力量。

2.引导幼儿能积极地参与活动，并获得快乐。

活动准备：

老狼、小羊头饰，宽阔平坦的场地

活动过程：

1.教师头戴老狼头饰，幼儿头戴小羊头饰，教师讲解游戏规则。

教师扮老狼，捂着眼睛面朝墙，幼儿扮小羊站在老狼背后。小羊开始问："老狼、老狼，几点了？"老狼回答："3点了。"小羊继续问："老狼、老狼，几点啦？"老狼一说12点，就意味着追捕开始了，小羊四散跑开，如果有一只小羊被老狼抓住，被捉住的小羊再扮演老狼，游戏重新开始。

2.教师带领幼儿进行游戏，请家长注意幼儿的安全，不要让幼儿拥挤。

七、再见

活动目标：

1.培养幼儿的礼貌修养。

2.培养幼儿的耐心。

3.学会和教师告别，养成良好的礼仪习惯。

活动过程：

同本篇第一课内容。

【教学具准备】

教师教具：

白棉花、小羊图片，老狼头饰。

幼儿学具：

白棉花、小羊图片，小羊头饰。

第十五课
安静，安静

一、问好

活动目标：

1. 初步培养幼儿的社会交往能力。
2. 让幼儿形成见面打招呼的习惯。
3. 激发幼儿参与活动的兴趣。

活动过程：

同本篇第一课内容。

二、静寂活动：动物转盘

活动目标：

1. 稳定幼儿情绪。
2. 培养幼儿的观察能力。

活动准备：

动物转盘

图 2-15-1　动物转盘示意图

活动过程：

1. 教师出示动物转盘，并慢慢转动转盘，请家长引导幼儿观察转盘上都有哪些小动物。

2. 教师请一名幼儿转动动物转盘，请其他幼儿说说指针指的是什么动物。

3. 教师轮流请幼儿转动动物转盘，其他家长引导幼儿说说指针指的是什么动物。

三、主题活动：安静，安静

活动目标：

1. 能够安静地进行阅读活动。
2. 能够安静地听成人讲故事。

活动准备：

小熊绘本系列之《安静，安静》

图2-15-2 《安静，安静》绘本示意图

活动过程：

1. 教师通过讲故事的形式，引导幼儿安静地听故事。
2. 教师示范逐页翻书讲故事，家长引导幼儿观察绘本中的小动物。
3. 教师请幼儿领一本书，家长轻声为幼儿讲一讲故事。
4. 故事讲完后，请幼儿将绘本送回到书架。

四、美工活动：制作小动物

活动目标：

1. 培养幼儿对美工活动的兴趣，体验成功带来的愉悦。

2. 通过让幼儿制作小动物，发展幼儿的手眼协调能力、观察力和动手操作能力。

活动准备：

纸杯、纸碟、纸碗、厕纸筒、甜筒纸卷、塑料圆纽扣、毛绒球等各种不同质地、不同颜色、不同大小的圆形物品，彩笔，一次性筷子，示范小动物

活动过程：

1. 教师出示并介绍材料，引出用废旧材料做小动物的话题。

2. 教师出示示范动物，请幼儿观察小动物是用哪些废旧材料做成的。

3. 请家长带幼儿自由选择材料，鼓励幼儿大胆尝试，有创造性地进行制作。

4. 引导幼儿用绘画、粘贴等方法将自己的作品变得更漂亮。

5. 小动物作品完成后，将小动物固定在一次性筷子上。

图 2–15–3　制作小动物活动作品示意图

五、点评与展示

活动目标：

1. 通过活动体验成功的快乐。

2. 培养幼儿初步的规则意识。

活动准备：

标签

活动过程：

同本篇第一课内容。

六、亲子活动：看动画片

活动目标：

1. 初步培养幼儿自信心，乐于向他人展示自己。

2. 幼儿通过自己动手设计服装，体验成功的快乐。

活动准备：

大纸箱（两面掏空）

活动过程：

1. 教师请一名家长和幼儿坐在“电视”（大纸箱子）后面，其他家长和幼儿作为观众，“电视”后面的家长和幼儿一起进行自己喜欢的动画片片段的表演。

2. 教师轮流请家长和幼儿进行动画片片段表演。

七、再见

活动目标：

1. 培养幼儿的礼貌修养。

2. 培养幼儿的耐心。

3. 学会和教师告别，养成良好的礼仪习惯。

活动过程：

同本篇第一课内容。

第十六课
帮忙

一、问好

活动目标：

1. 初步培养幼儿的社会交往能力。
2. 让幼儿形成见面打招呼的习惯。
3. 激发幼儿参与活动的兴趣。

活动过程：

同本篇第一课内容。

二、静寂活动：捡豆豆

活动目标：

1. 稳定幼儿情绪。
2. 引导幼儿主动与他人互动。

活动准备：

黄豆、盘子、瓶子

活动过程：

1. 教师将黄豆装在盘子里，假装不小心将豆子撒在地垫上。
2. 教师请幼儿帮忙捡豆子，将捡起来的豆子装进瓶子里。
3. 教师向帮忙捡豆子的幼儿表示感谢。

三、主题活动：帮忙

活动目标：

1.能够安静地进行阅读活动。

2.能够安静地听成人讲故事

活动准备：

小熊绘本系列之《帮忙》

图2-16-1 《帮忙》绘本示意图

活动过程：

1.教师通过讲故事的形式，引导幼儿安静地听故事。

2.教师边讲故事，边提问：小熊帮妈妈干什么了？小朋友们在家里帮妈妈做了什么？

3.教师请幼儿领一本书，家长轻声为幼儿讲绘本故事。

4.请幼儿自己翻书阅读绘本，尝试为家长讲述绘本故事。

5.绘本故事阅读完成后，请幼儿将绘本送回书架。

四、美工活动：彩色的花

活动目标：

1.锻炼幼儿运用搓、团、压彩泥的技能。

2.促进幼儿积极动手的激情，体验成功的快乐。

活动准备：

超轻黏土、泥工板、花朵图片、白色卡纸

活动过程：

1. 教师介绍活动名称、活动材料。

2. 教师出示花朵图片，引导幼儿观察不同的花的形态。

3. 教师在卡纸上示范塑造花朵。首先做花蕊：先揉一揉，把黏土揉软，再搓一搓，变成长条形，然后团一团变圆形，最后压一压变成花蕊；再做花瓣：先揉一揉，搓一搓，压一压，变成自己想要花瓣的造型；最后做花叶，选择绿色的黏土，揉一揉，团一团，压一压，变成叶子。

4. 请幼儿创作。请家长提醒幼儿：要先把橡皮泥揉软了再进行创作，要注意把橡皮泥团光滑了。

5. 教师鼓励幼儿创作出不同造型的花。

五、游戏活动：彩虹伞花儿开

活动目标：

1. 利用彩虹伞的色彩，刺激幼儿的视觉，让幼儿感知颜色。

2. 引导幼儿释放自己，塑造幼儿开朗活泼的性格。

3. 让幼儿体验集体游戏的快乐。

活动准备：

彩虹伞

活动过程：

1. 教师请幼儿坐在彩虹伞的中间，教师和家长拉住彩虹伞的边缘，向前走将彩虹伞合起来，向后退将彩虹伞打开。

2. 教师和家长一起一边说儿歌，一边做动作。

“荷花、荷花合”，教师和家长拉住彩虹伞的边缘向前走；

“荷花、荷花开”，教师和家长拉住彩虹伞的边缘向后退；

“荷花里面有小孩”，教师和家长抖动彩虹伞的边缘；

“小孩变出来”，请幼儿伸出双手摇一摇。

六、点评与展示

活动目标：

1. 通过活动体验成功的快乐。
2. 初步培养幼儿自信心，乐于向他人展示自己。
3. 培养幼儿初步的规则意识。

活动准备：

标签

活动过程：

同本篇第一课内容。

七、再见

活动目标：

1. 培养幼儿的礼貌修养。
2. 培养幼儿的耐心。
3. 学会和教师告别，养成良好的礼仪习惯。

活动过程：

同本篇第一课内容。

【教学具准备】

教师教具：

12色彩色黏土一包，花朵图片，白色卡纸。

幼儿学具：

同教师教具。

第十七课
好朋友

一、问好

活动目标：

1. 初步培养幼儿的社会交往能力。
2. 让幼儿形成见面打招呼的习惯。
3. 激发幼儿参与活动的兴趣。

活动过程：

同本篇第一课内容。

二、静寂活动：小泥人

活动目标：

1. 稳定幼儿情绪。
2. 培养幼儿的观察能力。

活动准备：

小泥人实物、图片、泥塑作品图片

图 2-17-1　小泥人示意图

活动过程：

1.教师出示小泥人，请幼儿摸一摸小泥人。

2.出示泥塑作品图片，引导幼儿观察。

三、主题活动：好朋友

活动目标：

1.能够安静地进行阅读活动。

2.能够安静地听成人讲故事。

活动准备：

小熊绘本系列之《好朋友》

图2-17-2 《好朋友》绘本示意图

活动过程：

1.教师通过讲故事的形式，引导幼儿安静地听故事。

2.教师示范逐页翻书，为幼儿讲故事，引导幼儿观察小动物们在干什么。

3.教师请幼儿领一本书，请家长轻声为幼儿讲一讲故事。

4.请幼儿自己翻书阅读绘本，尝试为家长讲述绘本故事。

5.绘本故事阅读完成后，请幼儿将绘本送回书架。

四、泥工活动：和泥巴

活动目标：

1.练习泥塑技能，进行大胆创作，解决创作中的问题。

2.发展观察想象能力，体验创造的快乐。

活动准备：

泥巴、水壶、泥塑转盘

a　泥巴

b　泥塑转盘

图2-17-3　活泥巴活动教具示意图

活动过程：

1.教师出示、介绍活动材料。

2.请幼儿自主进行活泥巴，引导幼儿根据泥巴的干湿程度判断需不需要加水。

3.教师将活好的泥巴放在泥塑转盘上，转动转盘，制作出不同造型的泥塑作品。

4.家长带幼儿进行泥塑作品的制作，请家长提醒幼儿注意安全。

5.活动完成后提醒幼儿洗手。

五、点评与展示

活动目标：

1.通过活动体验成功的快乐。

2.初步培养幼儿自信心，乐于向他人展示自己。

3.培养幼儿的规则意识。

活动准备：

标签

活动过程：

同本篇第一课内容。

六、游戏活动：钻泥巴

活动目标：

1.发展幼儿四散追跑的能力，锻炼幼儿下肢力量。

2.激发幼儿能积极地参与活动，并获得其中的快乐。

活动准备：

报纸（中间剪一个小口）

活动过程：

1.教师示范动作：教师蹲下，请两名家长在教师身体上方将报纸拉平，教师边说儿歌，边慢慢地站起来，并从报纸中间钻出来，站起后双手手腕并拢，手掌打开，模仿种子发芽的动作。

2.教师一边唱儿歌，一边做动作，请家长引导幼儿学做动作。

“小豆豆种地下”，蹲在地上、双手抱腿；

“发了芽，钻泥巴”，慢慢站起来；

“钻一下，动一下”，头顶慢慢钻报纸上的洞；

“钻呀、钻呀、钻得快”，头钻出报纸，并站立；

“钻出两片小芽芽”，双手手腕并拢，手掌打开，模仿种子发芽的动作。

3.请家长带幼儿进行游戏活动。

七、再见

活动目标：

1.培养幼儿的礼貌修养。

2.培养幼儿的耐心。

3.学会和教师告别，养成良好的礼仪习惯。

活动过程：

同本篇第一课内容。

第十八课
吃饭

一、问好

活动目标：

1.初步培养幼儿的社会交往能力。

2.让幼儿形成见面打招呼的习惯。

3.激发幼儿参与活动的兴趣。

活动过程：

同本篇第一课内容。

二、静寂活动：舀黄豆

活动目标：

1.稳定幼儿情绪。

2.培养幼儿与他人合作的能力。

活动准备：

黄豆若干、勺子、碗、大盆子

图2-18-1　舀黄豆活动教具示意图

活动过程：

1. 教师事先将黄豆盛在碗内，每个碗里放一把勺子。

2. 请幼儿围坐成圆圈，每个幼儿端一个碗，将碗内的豆子舀给旁边的小朋友，最后一名幼儿将豆子舀进大盆子里。

三、主题活动：吃饭

活动目标：

1. 能够安静地进行阅读活动。

2. 能够安静地听成人讲故事。

活动准备：

小熊绘本系列之《吃饭》

图2-18-2　《吃饭》绘本示意图

活动过程：

1. 教师通过讲故事的形式，引导幼儿安静地听故事。

2. 教师一边讲故事，一边引导幼儿观察小动物们在干什么。

3. 教师请幼儿领一本书，家长轻声为幼儿讲一讲的故事。

4. 请幼儿自己翻书、阅读绘本，尝试为家长讲述绘本故事。

5. 绘本故事阅读完成后，请幼儿将绘本送回书架。

四、泥工活动：粘豆子

活动目标：

1. 初步学习用种子粘贴作画的方法。

2. 能够大胆地想象构图，敢于创作。

3. 培养幼儿的动手操作能力及合作能力。

活动准备：

黑米、黄豆、红豆、大米、卡纸、白乳胶、豆子粘贴示范画

活动过程：

1. 教师出示、介绍活动材料。

2. 教师出示示范画，请幼儿们观察图片上是用豆子贴出了什么小动物。

3. 教师示范作画：拿出事先画好轮廓图的卡纸，在外轮廓线上涂上胶水，用黑米贴出轮廓，再选择合适的豆子进行粘贴。

4. 教师将各种材料发给幼儿，请幼儿动手操作。制作过程中，教师可以播放轻音乐，并观察幼儿作画过程，给予适当的指导。

a　作品1

b　作品2

图 2-18-3　粘豆子活动作品示意图

五、点评与展示

活动目标：

1. 通过活动体验成功的快乐。

2. 初步培养幼儿自信心，乐于向他人展示自己。

3. 培养幼儿初步的规则意识。

活动准备：

标签

活动过程：

1.幼儿完成作品后，教师组织幼儿和家长进行展示，可以请个别幼儿讲解作品，说说作品的内容，再请其他幼儿说说作品的优点。

2.对有进步的幼儿进行鼓励，对画面整洁的幼儿进行鼓励。

3.教师对幼儿的合作情况进行评价，培养幼儿的合作意识。

4.活动结束后，可以请幼儿将自己的作品带回家。

六、音乐活动：响瓶舞

活动目标：

1.熟悉旋律，学唱歌曲。

2.鼓励幼儿在感受乐曲旋律的基础上大胆创编动作。

3.在活动中与同伴共舞，交流情感。

活动准备：

欢快的音乐、豆子、瓶子

图2-18-4　响瓶舞活动教具示意图

活动过程：

1.教师请幼儿将手工剩下的豆子一粒一粒装进瓶子里，并拧好瓶盖。

2.教师播放音乐，请幼儿随着音乐拿着装有豆子的瓶子做动作。

七、再见

活动目标：

1. 培养幼儿的礼貌修养。
2. 培养幼儿的耐心。
3. 学会和教师告别，养成良好的礼仪习惯。

活动过程：

同本篇第一课内容。

【教学具准备】

教师教具：

1. 黑米、黄、红豆、大米等。
2. 彩色A4卡纸、白乳胶。

幼儿教具：

同教师教具。

第十九课

排好队，一个接一个

一、问好

活动目标：

1. 初步培养幼儿的社会交往能力。

2. 让幼儿形成见面打招呼的习惯。

3. 激发幼儿参与活动的兴趣。

活动过程：

同本篇第一课内容。

二、静寂活动：彩虹糖变、变、变

活动目标：

1. 稳定幼儿情绪。

2. 培养幼儿的观察能力。

活动准备：

彩虹糖、盘子、水

活动过程：

1. 教师出示彩虹糖，将彩虹糖在盘子中排成竖排。

2. 在彩虹糖的一侧慢慢加水，让彩虹糖的慢慢融化，请幼儿观察盘子中的颜色随着水流呈现的过程。

图 2–19–1 彩虹糖变、变、变活动示意图

三、主题活动：排好队，一个接一个

活动目标：

1. 能够安静地进行阅读活动。

2. 能够安静地听成人讲故事。

活动准备：

小熊绘本系列之《排好队，一个接一个》

图 2–19–2 《排好队，一个接一个》绘本示意图

活动过程：

1. 教师通过讲故事的形式，引导幼儿安静地听故事。

2. 教师示范一边逐页翻书，一边讲故事，请家长引导幼儿安静听故事。

3. 教师请幼儿领一本书，家长轻声为幼儿讲一讲故事。家长可以这样提问：小动物们是怎样排队的？

4. 请幼儿自己翻书、阅读绘本，尝试为家长讲述绘本故事。

5. 绘本故事阅读完成后，请幼儿将绘本送回书架。

四、美工活动：彩虹

活动目标：

1. 观察感知彩虹的颜色特征、排列方式 。

2. 尝试按图进行颜色排序。

活动准备：

彩虹图片，红、橙、黄、绿、青、蓝、紫色黏土，颜料，棉签，卡纸，彩笔，A4纸

活动过程：

1. 教师出示彩虹图片，引导幼儿观察彩虹的不同颜色及颜色是如何排列的。

2. 教师引导幼儿观察彩虹颜色的排序，并逐一找出与彩虹颜色相同的黏土。

3. 教师通过搓、捏、揉等动作将黏土按彩虹颜色排列摆放在卡纸上，等待晾干。

4. 教师用棉签蘸颜料，按彩虹颜色的排列顺序在纸上画彩虹，并用彩笔进行装饰。

5. 请家长带领幼儿进行美术活动。

6. 将幼儿的作品摆放在展示区进行展示。

图 2-19-3　彩泥彩虹示意图

五、游戏活动：盖房子

活动目标：

1. 通过有规律地抖动彩虹伞，锻炼幼儿手臂肌肉力量。

2. 通过集体操作，初步达成互相合作的目的。

活动准备：

彩虹伞

活动过程：

请幼儿排好队并围成圆圈站在彩虹伞四周，把彩虹伞拉平举过头顶，边说儿歌边走，等儿歌结束时转身进入彩虹伞，并在彩虹伞里蹲下，形成一个大房子。

“幼儿、幼儿盖房子”，把彩虹伞拉平举过头顶，围着圈走；

“盖了一间大房子”，转身进入彩虹伞，并在彩虹伞里蹲下，形成一个大房子。

六、点评与展示

活动目标：

1. 通过活动体验成功的快乐。

2. 初步培养幼儿自信心，乐于向他人展示自己。

3. 培养幼儿初步的规则意识。

活动准备：

标签

活动过程：

同本篇第一课内容。

七、再见

活动目标：

1. 培养幼儿的礼貌修养。

2. 培养幼儿的耐心。

3. 学会和教师告别，养成良好的礼仪习惯。

活动过程:

同本篇第一课内容。

【教学具准备】

教师教具:

1.红、橙、黄、绿、青、蓝、紫色黏土。

2.A4硬卡纸。

3.棉签10根。

幼儿教具:

同教师教具。

第二十课
打针

一、问好

活动目标：

1. 初步培养幼儿的社会交往能力。
2. 让幼儿形成见面打招呼的习惯。
3. 激发幼儿参与活动的兴趣。

活动过程：

同本篇第一课内容。

二、静寂活动：针筒运水

活动目标：

1. 稳定幼儿情绪。
2. 培养幼儿的观察能力。

活动准备：

针管、透明杯子、颜料水

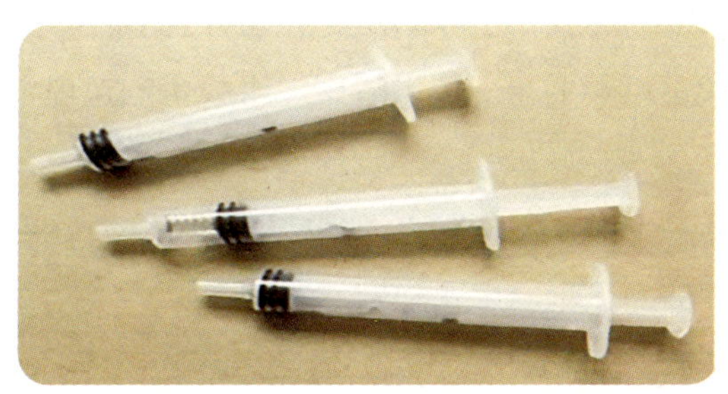

图 2-20-1　针筒运水活动教具示意图

活动过程：

1. 教师出示并介绍活动材料。

2. 教师示范针管运水：用针筒将一个杯子内的颜料水吸出，再慢慢推入另一个杯子中。

3. 教师分发活动材料，请幼儿进行操作。

三、主题活动：打针

活动目标：

1. 能够安静地进行阅读活动。

2. 能够安静地听成人讲故事。

活动准备：

小熊绘本系列之《打针》

图 2-20-2 《打针》绘本示意图

活动过程：

1. 教师通过讲故事的形式，引导幼儿安静地听故事。

2. 教师示范一边逐页翻书，一边讲故事。讲故事的过程中，引导幼儿观察绘本中的小动物去干什么了。

3. 教师请幼儿领一本书，家长轻声为幼儿讲一讲故事。

4. 故事讲完后，请幼儿将绘本送回到书架上。

四、美工活动：快餐店

活动目标：

1. 培养幼儿对美工活动的兴趣，体验成功带来的愉悦。

2. 通过让幼儿动手操作，理解食物的名称。

活动准备：

针筒橡皮泥模具、黏土、盘子、纸盒

活动过程：

1. 教师出示并介绍活动材料，用故事的形式引出做薯条的话题。

2. 教师示范针筒橡皮泥模具的使用方法：将黏土揉成椭圆的线条备用，拔掉针筒橡皮泥模具的塞子，将黏土装进针筒中，塞好塞子，慢慢推动塞子让黏土在针筒头挤出长条形作为“薯条”，装入盘子中。

3. 教师请幼儿自己选择模具进行制作活动，可以制作“面条”“米粒”等作品。

4. 请幼儿将制作好的“食物”装盘放在展示区晾干。

图 2-20-3　快餐店活动示意图

五、情景表演：我是小医生

活动目标：

1. 认识常见的医药用具，并能在游戏中运用。

2. 缓解幼儿害怕打针、吃药的心理。

活动准备：

一件白大褂、一个玩具医药箱、一支玩具体温表、一只口罩、一个玩具针筒、玩具药瓶若干、一个玩具听诊器、波波熊玩偶

图2-20-4　小医生玩具示意图

活动过程：

1. 教师穿白大褂扮演医生，帮波波熊量体温、喂药、打针。
2. 请幼儿扮演医生，进行情景表演。

六、点评与展示

活动目标：

1. 通过活动体验成功的快乐。
2. 培养幼儿初步的规则意识。

活动准备：

标签

活动过程：

同本篇第一课内容。

七、再见

活动目标：

1. 培养幼儿的礼貌修养。
2. 培养幼儿的耐心。

3. 学会和教师告别，养成良好的礼仪习惯。

活动过程：

同本篇第一课内容。

【教学具准备】

教师教具：

1. 针管。

2. 针筒橡皮泥模具，12 色黏土 1 包。

幼儿教具：

同教师教具。

第二十一课

在家吗

一、问好

活动目标:

1.初步培养幼儿的社会交往能力。

2.让幼儿形成见面打招呼的习惯。

3.激发幼儿参与活动的兴趣。

活动过程:

同本篇第一课内容。

二、静寂活动:小动物做客

活动目标:

1.稳定幼儿情绪。

2.培养幼儿与他人合作的能力。

活动准备:

用纸箱制作的房子(有可打开的门)、动物手偶(小兔子、小猪、小熊、小牛)

图2-21-1　小动物做客教具示意图

活动过程：

1. 两名教师互相配合进行活动：主班教师拿小兔子手偶，站在门前，示范敲门的动作，配班教师拿小熊手偶在门后模仿小熊声音问："谁啊？"主班教师回答："我是小兔子。"

2. 请幼儿选择自己喜欢的动物手偶，逐一敲小熊的门，家长引导幼儿回答问题。

三、主题活动：在家吗

活动目标：

1. 能够安静地进行阅读活动。

2. 能够安静地听成人讲故事。

活动准备：

小熊绘本系列之《在家吗》

图 2-21-2　《在家吗》绘本示意图

活动过程：

1. 教师通过讲故事的形式，引导幼儿安静地听故事。

2. 教师讲故事，引导幼儿观察小动物是怎么敲门的。

3. 教师请幼儿领一本书，尝试为家长讲绘本故事。家长可以帮助幼儿补充故事情节，并为幼儿做绘本的延伸。

4. 故事讲完后，请幼儿将绘本送回到书架上。

四、美工活动：小熊家的新门帘

活动目标：

1.在活动中，感受拓印画的特殊美，体验印画的乐趣。

2.能够大胆地想象构图，敢于创作。

活动准备：

树叶、宽胶带、无纺布、石头、彩笔

活动过程：

1.教师出示并介绍活动材料，通过讲故事的形式引出为小熊家做一个新门帘的话题。

2.教师示范门帘的制作方法：将树叶铺平，用宽胶带将树叶粘在无纺布后面，将无纺布正面朝上，在有叶子的地方用石头轻轻敲击叶子，将叶子放入汁液印在布上，再用彩笔装饰“门帘”。

3.教师将各种活动材料发给幼儿，请幼儿进行操作活动。幼儿操作过程中，提醒幼儿用石头敲击时注意安全。

4.教师可以播放轻音乐，观察幼儿操作，给予适当的指导。

5.请幼儿将制作好的门帘挂在展示区晾干。

图2-21-3　小熊家的新门帘活动作品示意图

五、游戏活动：去做客

活动目标：

1. 发展幼儿走、钻的能力，锻炼身体协调性。

2. 巩固动物与食物的配对练习。

活动准备：

纸箱做成三间小房子（可开门），小猫、小兔子、小猴子图片，鱼、胡萝卜、桃子图片，小筐子若干（带有挂绳），平衡木，阳光隧道

活动过程：

1. 教师布置场地：在教室一侧放置平衡木（小桥）和阳光隧道（山洞）。在教室另一侧放置小房子，在小房子上贴上小动物的图片。

2. 教师示范活动：教师将食物图片放入筐子中，挎好筐子后走过小桥，钻过山洞，逐一敲小动物的门，推开门看看房子里的小动物是谁，将小动物喜欢吃的食物送给小动物。

3. 请幼儿进行游戏活动。游戏可反复进行。

六、点评与展示

活动目标：

1. 通过活动体验成功的快乐。

2. 初步培养幼儿自信心，乐于向他人展示自己。

3. 培养幼儿初步的规则意识。

活动准备：

木头长夹子、绳子、标签

活动过程：

同本篇第一课内容。

七、再见

活动目标：

1. 培养幼儿的礼貌修养。

2. 培养幼儿的耐心。

3. 学会和教师告别，养成良好的礼仪习惯。

活动过程：

同本篇第一课内容。

【教学具准备】

教师教具：

无纺布，50 cm×30 cm 大小。

幼儿学具：

1. 无纺布，30 m×20 cm 大小。

2. 小猫、小兔子、小猴子图片，鱼、胡萝卜、桃子图片，图片需要过塑。

第二十二课
谢谢，谢谢

一、问好

活动目标：

1. 初步培养幼儿的社会交往能力。
2. 让幼儿形成见面打招呼的习惯。
3. 激发幼儿参与活动的兴趣。

活动过程：

同本篇第一课内容。

二、静寂活动：小动物换衣服

活动目标：

1. 稳定幼儿情绪。
2. 培养幼儿的观察能力。

活动准备：

圆纸筒3个，动物头像图片4张，衣服、裤子图片各4张，木桩

活动过程：

1. 教师将4张动物头像图片、4张衣服图片、4张裤子图片分别贴在三个圆纸筒不同方向的面上，将圆纸筒按头像、衣服、裤子的顺序套在木桩上，将木桩固定好。
2. 教师依次转动纸筒，请幼儿观察小动物换衣服、换裤子。
3. 请幼儿操作教具。

三、主题活动：谢谢，谢谢

活动目标：

1.能够安静地进行阅读活动。

2.能够安静地听成人讲故事。

活动准备：

小熊绘本系列之《谢谢，谢谢》

图2-22-1 《谢谢，谢谢》绘本示意图

活动过程：

1.教师通过讲故事的形式，引导幼儿安静地听故事。

2.教师示范一边逐页翻书，一边讲故事，并引导幼儿观察小动物们互相帮忙干什么了？小动物之间互相说了什么？

3.教师请幼儿领一本书，家长为幼儿轻声讲一讲故事。家长可以请幼儿听完故事后回答：小动物们帮小兔子找回了拼图，小兔子说了什么？

4.故事讲完后，请幼儿将绘本送回到书架上。

四、美工活动：制作动物拼图

活动目标：

1.感知不同动物的形态轮廓，学画自己最喜欢的动物。

2. 能按自己的方式分割画面，并尝试制作“动物拼图”。

3. 体验成功制作拼图的乐趣。

活动准备：

动物图片、硬纸、彩笔、油画棒、剪刀

活动过程：

1. 请幼儿看一看教师准备好的动物图片，并自由讨论，说一说自己最喜欢什么动物。

2. 教师示范“动物拼图”的制作活动过程：随意折叠动物图片，可以多介绍几种折叠方法，供幼儿自己选择。教师折叠好后，用剪刀按照已折叠好的线条剪开，并注意分割时要保持拼图的光滑和完整。在此活动过程中，教师叮嘱幼儿使用剪刀时要注意安全。

3. 教师分发活动材料，请幼儿尝试制作“动物拼图”。先请幼儿在动物轮廓上涂色，然后选择自己喜欢的折叠方式，制作“动物拼图”。

4. 幼儿之间相互欣赏作品，可以尝试玩一下其他幼儿的“动物拼图”，体验成功感。

5. 请幼儿将自己制作好的拼图放在展示区。

图 2–22–2　动物拼图示意图

五、手指谣：手指变、变、变

活动目标：

1. 锻炼幼儿手指灵活性，初步培养幼儿的动手能力。

2. 舒缓幼儿的焦虑情绪。

3.边说儿歌边做动作，激发幼儿的语言发展。

活动过程：

教师一边唱儿歌、一边做动作，请家长引导幼儿一起学做动作。

“一根手指头，一根手指头”，依次伸出左右手的食指；

“变、变、变、变，变成毛毛虫”，食指互绕4次，然后食指指尖向前钩3下；

“两根手指头，两根手指头”，依次伸出左右手的食指和中指；

“变、变、变、变，变成小白兔”，食指、中指互绕4次，然后向上跳3下；

“三根手指头，三根手指头”，依次伸出左右手的中指、无名指和小拇指；

“变、变、变、变，变成小花猫”，中指、无名指、小拇指互绕4次，然后放在脸蛋两旁向外拉3下；

“四根手指头，四根手指头”，依次伸出左右手的食指、中指、无名指、小拇指；

“变、变、变、变，变成螃蟹走”，左右手食指、中指、无名指、小拇指互绕4次，然后左右手大拇指靠在一起，其余四指分向下弯曲3次；

“五根手指头，五根手指头”，分别伸出左右手的五根手指；

“变、变、变、变，变成小刺猬”，左右手五指互绕4次，然后左手握拳、手背向上，右手五指张开指尖向上，靠在左手拳眼上；

“六根手指头，六根手指头”，依次伸出左右手大拇指、小拇指；

“变、变、变、变，变成小山羊”，左右手大拇指、小拇指互绕4次，然后放在头顶两侧，模仿山羊；

“七根手指头，七根手指头”，分别将左右手的五指捏在一起；

“变、变、变、变，变成小老鼠”，左右手五指捏在一起互绕4次，然后交替向前，模仿小老鼠爬的动作；

“八根手指头，八根手指头”，依次伸出左右手食指、大拇指；

“变、变、变、变，变成小手枪”，左右手食指、大拇指互绕4次，然后伸向前方，模仿开枪动作3次；

“九根手指头，九根手指头”，依次伸出左右手食指，并弯曲食指；

“变、变、变、变，变成小钩子”，左右手食指互绕4次，然后勾在一起拉一拉；

“十根手指头，十根手指头”，双手十指张开、握拳2次；

“变、变、变、变，变成梅花鹿”，握拳互绕4次，然后左右手五指张开、指尖向上，大拇指、小拇指向前，放在头顶上。

六、点评与展示

活动目标：

1. 通过活动体验成功的快乐。
2. 初步培养幼儿自信心，乐于向他人展示自己。
3. 培养幼儿初步的规则意识。

活动准备：

标签

活动过程：

同本篇第一课内容。

七、再见

活动目标：

1. 培养幼儿的礼貌修养。
2. 培养幼儿的耐心。
3. 学会和教师告别，养成良好的礼仪习惯。

活动过程：

同本篇第一课内容。

【教学具准备】

教师教具：

动物卡片，20 cm×20 cm大小。

幼儿学具：

动物卡片，10 cm×10 cm大小。

第二十三课
你真棒

一、问好

活动目标：

1.初步培养幼儿的社会交往能力。

2.让幼儿形成见面打招呼的习惯。

3.激发幼儿参与活动的兴趣。

活动过程：

同本篇第一课内容。

二、静寂活动：小熊穿袜子

活动目标：

1.稳定幼儿情绪。

2.培养幼儿的生活能力。

活动准备：

小熊玩偶，各种颜色、长短不同的袜子

活动过程：

1.教师出示小熊玩偶，通过讲故事的形式引出为小熊穿袜子的话题。

2.教师把几双不同的袜子放在一起，请幼儿找一找两只一样的袜子。

3.教师示范穿袜子的方法。

4.请幼儿为小熊穿袜子。

三、主题活动：你真棒

活动目标：

1. 能够安静地进行阅读活动。

2. 能够安静地听成人讲故事。

活动准备：

小熊绘本系列之《你真棒》

图 2-23-1　《你真棒》绘本示意图

活动过程：

1. 教师通过讲故事的形式，引导幼儿安静地听故事。

2. 教师示范一边逐页翻书，一边讲故事，并引导幼儿观察绘本中的小动物。

3. 教师请幼儿领一本书，家长轻声为幼儿讲一讲的故事。

4. 故事讲完后，请幼儿将绘本送回到书架上。

四、美工活动：做袜子

活动目标：

1. 初步探索并运用对折剪的方法进行剪纸，能够表现袜子的主要特征。

2. 培养对剪纸活动的兴趣，体验剪纸的乐趣。

活动准备：

剪刀、彩色手工纸、彩笔、毛条

活动过程：

1.教师出示并介绍活动材料，通过讲故事的形式引出做袜子的话题。

2.教师将纸对折后在纸上画出袜子轮廓，然后开始用剪刀沿着画好的线剪袜子。

3.教师再次强调剪纸步骤：对折、绘画、剪。

4.将剪好的袜子用毛条、彩笔、彩色纸条进行装饰。

5.请幼儿选择自己喜欢颜色的手工纸开始活动。家长可以帮幼儿画好袜子轮廓，请幼儿用剪刀剪下袜子，并有创造性地进行装饰，用绘画、粘贴等方法将自己的作品变得更漂亮。

图2-23-2　做袜子活动作品示意图

五、点评与展示

活动目标：

1.通过活动体验成功的快乐。

2.培养幼儿初步的规则意识。

活动准备：

标签

活动过程：

同本篇第一课内容。

六、游戏活动：找袜子

活动目标：

1. 引导幼儿进行配对练习。

2. 培养幼儿的细致观察能力。

活动准备：

幼儿袜子作品

活动过程：

1. 教师将幼儿的袜子作品打乱后放在一起，请幼儿找一找哪两只袜子是一样的。

2. 家长引导幼儿先观察袜子的颜色、长短，再观察袜子上的图案、装饰等特点，找出一样的两只袜子。

七、再见

活动目标：

1. 培养幼儿的礼貌修养。

2. 培养幼儿的耐心。

3. 学会和教师告别，养成良好的礼仪习惯。

活动过程：

同本篇第一课内容。

第二十四课

玩具回家

一、问好

活动目标:

1. 初步培养幼儿的社会交往能力。

2. 让幼儿形成见面打招呼的习惯。

3. 激发幼儿参与活动的兴趣。

活动过程:

同本篇第一课内容。

二、静寂活动：多米诺骨牌

活动目标:

1. 稳定幼儿情绪。

2. 正确摆放多米诺骨牌，提高动作的准确性。

活动准备:

多米诺骨牌

活动过程:

1. 教师请家长带幼儿围成一个圆圈并坐好。

2. 教师示范摆放多米诺骨牌。

3. 教师请家长引导幼儿一个接一个摆放多米诺骨牌。

4. 幼儿摆好多米诺骨牌后，教师慢慢推到一块骨牌，并请幼儿观察多米诺骨牌依次倒下去的样子。

5.活动可反复进行。

图 2-24-1　多米诺骨牌活动示意图

三、主题活动：玩具回家

活动目标：

1.能够安静地进行阅读活动。

2.能够安静地听成人讲故事。

活动准备：

小熊绘本系列之《玩具回家》

图 2-24-2　《玩具回家》绘本示意图

活动过程：

1.教师通过讲故事的形式，引导幼儿安静地听故事。

2.教师示范一边逐页翻书，一边讲故事，并引导幼儿观察绘本中的小动物把哪些玩具送回家了？最后小球放在了哪里？

3.教师请幼儿领一本书，家长轻声为幼儿讲一讲故事。

4.故事讲完后，请幼儿将绘本轻轻地送回到书架上。

四、美工活动：滚珠画

活动目标：

1.能操作滚珠画材料，体验滚珠画的乐趣。

2.感受色彩变化带来的美感，发展审美能力。

活动准备：

一个纸盒，与纸盒底部大小相同的白纸，一个装有红、黄、蓝、绿颜料及玻璃珠的容器，四把小勺

活动过程：

1.教师出示并介绍活动材料，通过讲故事的形式引出滚珠子画画的话题。

2.教师示范滚珠画的步骤：取一张白纸放入纸盒底部，用小勺从颜料里舀起一个玻璃珠放入纸盒内，再将小勺放回原处，轻轻晃动纸盒，使玻璃珠滚动，同时观察纸上留下的彩色图案。

3.教师依照同样的方法，尝试更换不同颜色的玻璃珠作画，并请幼儿观察纸上留下的彩色图案。

4.教师分发活动材料，请幼儿进行美术活动。

5.请家长帮幼儿将作品放在展示区等待颜料晾干。

图 2-24-3　滚珠画活动作品示意图

五、点评与展示

活动目标：

1. 通过活动体验成功的快乐。
2. 培养幼儿初步的规则意识。

活动准备：

木头长夹子、标签、绳子

活动过程：

同本篇第二课内容。

六、游戏活动：找朋友（玩具）

活动目标：

1. 学习收拾整理玩具，使用后能放回原位。
2. 巩固图片和模型的配对练习。

活动准备：

幼儿玩具、玩具筐、玩具柜

活动过程：

1. 教师事先将玩具照片贴在玩具筐和玩具柜上。
2. 教师请幼儿帮助整理玩具柜：找与玩具筐上的玩具图片相同的玩具，放在相应的玩具筐内。然后找与玩具柜上的玩具图片相同的玩具筐，并将玩具筐摆放在相应的位置上。

七、再见

活动目标：

1. 培养幼儿的礼貌修养。
2. 培养幼儿的耐心。
3. 学会和教师告别，养成良好的礼仪习惯。

活动过程：

同本篇第一课内容。

【教学具准备】

教师教具：

玻璃珠4个。

幼儿学具：

同教师教具。

第二十五课
散步

一、问好

活动目标：

1. 初步培养幼儿的社会交往能力。
2. 让幼儿形成见面打招呼的习惯。
3. 激发幼儿参与活动的兴趣。

活动过程：

同本篇第一课内容。

二、静寂活动：踩脚丫

活动目标：

1. 稳定幼儿情绪。
2. 培养幼儿的专注力。

活动准备：

脚丫图片若干

图 2-25-1　踩脚丫活动教具示意图

活动过程：

1. 教师将脚丫图片一个接一个摆放在地面上，形成一个圆圈。

2. 请家长带幼儿排成一纵队，请幼儿小脚踩在脚丫图片上，一个接一个地慢慢地踩着脚丫图片走几圈。

三、主题活动：散步

活动目标：

1. 能够安静地进行阅读活动。

2. 能够安静地听成人讲故事。

活动准备：

小熊绘本系列之《散步》

图 2-25-2　《散步》绘本示意图

活动过程：

1. 教师通过讲故事的形式，引导幼儿安静地听故事。

2. 教师示范一边逐页翻书，一边讲故事，并引导幼儿观察有哪些小动物在散步。

3. 教师请幼儿领一本书进行绘本阅读，家长可以帮助幼儿进行语言的组织，并尝试回忆绘本中出现的小动物有哪些。

4. 故事讲完后，请幼儿将绘本轻轻地送回到书架上。

四、美工活动：小动物

活动目标：

1. 尝试沿着线条轮廓撕纸。

2. 锻炼幼儿手部肌肉的灵活性和准确性。

活动准备：

手工纸上画出小动物形象（用牙签沿动物外轮廓扎小孔）、小盒、彩笔、毛条、不织布、刀

活动过程：

1. 教师出示手工纸，请幼儿仔细观察都有哪些小动物。

2. 教师可以这样说："我要请小动物们和大家玩一玩，看看老师怎么让它们从纸里面跑出来。"

3. 教师示范按轮廓撕纸的步骤，撕好后用彩笔为小动物进行装饰。

4. 教师分发活动材料，请幼儿进行撕纸活动，并装饰自己的小动物。

5. 教师提醒幼儿将撕下来的废纸放入小盒内，注意保持桌面和地面清洁。

图 2-25-3　小动物手工纸示意图

五、游戏活动：去散步

活动目标：

1. 练习听指令做动作，锻炼幼儿的反应能力。

2. 培养幼儿倾听的能力。

3.激发幼儿积极参与活动的兴趣。

活动准备：

彩虹伞

活动过程：

1.教师和家长将彩虹伞撑开，请幼儿在教室四周随意走动。

2.教师讲解游戏规则：教师和家长一起一边说儿歌，一边举着彩虹伞抖动。“小雨”时轻轻抖动彩虹伞，“大雨时”快快地抖动彩虹伞，并引导幼儿们快快躲在彩虹伞下面。

“哗啦啦，下雨了”，举起彩虹伞；

“小雨、小雨，不用怕”，轻轻抖动彩虹伞。

“大雨、大雨，快回家”，快快地抖动彩虹伞，并引导幼儿们快快躲在彩虹伞下面。

六、点评与展示

活动目标：

1.通过活动体验成功的快乐。

2.初步培养幼儿自信心，乐于向他人展示自己。

3.培养幼儿初步的规则意识。

活动准备：

木头长夹子、绳子、标签

活动过程：

同本篇第一课内容。

七、再见

活动目标：

1.培养幼儿的礼貌修养。

2.培养幼儿的耐心。

3.学会和教师告别，养成良好的礼仪习惯。

活动过程：

同本篇第一课内容。

【教学具准备】

教师教具：

画着小动物轮廓的手工纸（用牙签沿动物外轮廓扎好小孔）。

幼儿学具：

同教师教具。

第二十六课
大声回答“哎”

一、问好

活动目标：

1. 初步培养幼儿的社会交往能力。
2. 让幼儿形成见面打招呼的习惯。
3. 激发幼儿参与活动的兴趣。

活动过程：

同本篇第一课内容。

二、静寂活动：管道传球

活动目标：

1. 稳定幼儿情绪。
2. 尝试进行合作游戏。

活动准备：

乒乓球5个、横切的PVC管道、小桶

图2-26-1　管道运球教具示意图

活动过程：

1. 请家长和幼儿手拿管道排成横排站好，然后将手中的管道互相连接。

2. 教师在管道起点放入乒乓球，幼儿通过倾斜管道将乒乓球传给下一位幼儿，中途小球不能掉下来。

3. 请家长协助最后一名幼儿将球接住并传入小桶中。

三、主题活动：大声回答“哎”

活动目标：

1. 能够安静地进行阅读活动。

2. 能够安静地听成人讲故事。

活动准备：

小熊绘本系列之《大声回答“哎”》

图 2-26-2　《大声回答“哎”》绘本示意图

活动过程：

1. 教师通过讲故事的形式，引导幼儿安静地听故事。

2. 教师示范一边逐页翻书，一边讲故事，并引导幼儿观察都有哪些小动物大声回答了“哎”。

3. 教师请幼儿领一本书进行阅读，家长可以帮助幼儿进行语言组织。

4. 家长引导幼儿尝试回忆绘本中出现的小动物，然后可以再次打开绘本，请幼儿再次进行观察。

5. 故事讲完后，请幼儿将绘本轻轻地送回到书架上。

四、美工活动：瓶子上的小动物

活动目标：

1.感受瓶子的外形特征，并在瓶子上进行彩绘创作。

2.感受色彩变化带来的美感，发展审美能力。

活动准备：

啤酒瓶若干（用丙烯颜料图上底色）、颜料、水粉笔、调色盘、水杯、记号笔、毛线、彩纸

活动过程：

1.教师事先将绘本中的动物形象用铅笔描绘在瓶子上，并向幼儿展示瓶子。

2.教师示范为小动物涂色的活动过程，涂完一种颜色后将笔洗干净，再蘸取其他颜色的颜料继续涂色。

3.小动物涂好后，再用材料将瓶子一周进行装饰。

4.教师分发活动材料，请幼儿进行美术活动。

5.家长可协助幼儿进行涂色、装饰，最后用记号笔勾勒动物轮廓，让小动物更加立体。

图2-26-3 瓶子上的小动物作品示意图

五、游戏活动：我爱我的小动物

活动目标：

1.稳定幼儿情绪。

2.动物拟声词的听辨练习。

3.通过游戏活动促进亲子关系。

活动准备：

音乐《我爱我的小动物》，小羊、小猫、小鸡、小鸭玩偶，玩具筐

活动过程：

1. 教师依次出示小羊、小猫、小鸡、小鸭的玩偶，并模仿小动物叫声。

2. 教师播放音乐，请家长让幼儿坐在怀里，一边唱儿歌，一边伸出小手跟随音乐打节奏。

"我爱我的小羊，小羊怎样叫，咩咩咩，咩咩咩，咩咩咩咩咩；
我爱我的小猫，小猫怎样叫，喵喵喵，喵喵喵，喵喵喵喵喵；
我爱我的小鸡，小鸡怎样叫，叽叽叽，叽叽叽，叽叽叽叽叽；
我爱我的小鸭，小鸭怎样叫，嘎嘎嘎，嘎嘎嘎，嘎嘎嘎嘎嘎。"

六、点评与展示

活动目标：

1. 通过活动体验成功的快乐。

2. 培养幼儿初步的规则意识。

活动准备：

标签

活动过程：

1. 教师根据幼儿的动物装饰作品情况进行点评。

2. 教师请家长带领幼儿一起参观作品，并请家长鼓励幼儿勇于展示自己。

3. 请家长带幼儿按照参观画展的礼仪来进行参观：排着队走，不要着急，小声说话。

4. 活动结束后，请幼儿和自己的瓶子作品合影留念。

七、再见

活动目标：

1. 培养幼儿的礼貌修养。

2. 培养幼儿的耐心。

3. 学会和教师告别，养成良好的礼仪习惯。

活动过程：

同本篇第一课内容。

第二十七课
谁哭了

一、问好

活动目标：

1.初步培养幼儿的社会交往能力。

2.让幼儿形成见面打招呼的习惯。

3.激发幼儿参与活动的兴趣。

活动过程：

同本篇第一课内容。

二、静寂活动：管道传球

活动目标：

1.稳定幼儿情绪。

2.尝试进行合作游戏。

活动准备：

乒乓球5个、横切的PVC管道、小桶

活动过程：

同本篇第二十六课内容。

三、主题活动：谁哭了

活动目标：

1.能够安静地进行阅读活动。

2.能够安静地听成人讲故事。

活动准备：

小熊绘本系列之《谁哭了》

图 2-27-1　《谁哭了》绘本示意图

活动过程：

1.教师通过讲故事的形式，引导幼儿安静地听故事。

2.教师示范　边逐页翻书，一边讲故事边，并引导幼儿观察都有哪些小动物哭了，它们为什么哭了。

3.教师请幼儿领一本书进行阅读，家长帮助幼儿进行语言的组织。

4.家长引导幼儿尝试回忆绘本中出现过哪些小动物。家长可以再次打开绘本，请幼儿进行观察。

四、手工活动：甜筒冰激凌

活动目标：

1.引导幼儿体验合作、分享的乐趣。

2.发展幼儿动手操作能力。

活动准备：

甜筒、不同颜色的冰激凌、裱花袋、QQ糖、红豆、椰蓉、巧克力碎、小勺、冰激凌图片

活动过程：

1.教师出示冰激凌图片，通过讲故事的形式引出制作冰激凌的话题。

2. 教师示范制作冰激凌的方法：将冰激凌装入裱花袋中，慢慢地将冰激凌挤在甜筒中，再用红豆、椰蓉、巧克力碎等进行装饰。

3. 请幼儿选择不同的裱花袋制作甜筒冰激凌，鼓励幼儿制作出不同造型的冰激凌。

4. 用活动材料装饰自己的冰激凌，让冰激凌看起来更加可口。

图2-27-2 甜筒冰激凌作品示意图

五、点评与展示

活动目标：

1. 通过活动体验成功的快乐。

2. 初步培养幼儿自信心，乐于向他人展示自己。

3. 培养幼儿初步的分享意识。

活动过程：

1. 教师请幼儿介绍自己的冰激凌是什么味道的。

2. 展示结束后，请幼儿用勺子互相分享自己的冰激凌，也尝一尝别人的冰激凌是什么味道的。

六、音乐活动：五根冰棒荡秋千

活动目标：

1. 模仿成人动作进行音乐活动。

2. 激发幼儿能积极地参与活动，并获得快乐。

活动准备：

宝宝巴士音乐《五根冰棒荡秋千》

活动过程：

1. 教师和幼儿围成一个圆圈，然后播放音乐。

2. 教师随音乐创编动作，请幼儿模仿教师动作跳舞。

七、再见

活动目标：

1. 培养幼儿的礼貌修养。

2. 培养幼儿的耐心。

3. 学会和教师告别，养成良好的礼仪习惯。

活动过程：

同本篇第一课内容。

第二十八课
收起来

一、问好

活动目标：

1.初步培养幼儿的社会交往能力。

2.让幼儿形成见面打招呼的习惯。

3.激发幼儿参与活动的兴趣。

活动过程：

同本篇第一课内容。

二、静寂活动：搭积木

活动目标：

1.稳定幼儿情绪。

2.培养幼儿的观察能力。

活动准备：

软体积木

活动过程：

1.教师展示并介绍软体积木。

2.请幼儿进行搭积木的活动。

3.积木搭好后，请幼儿向一侧将积木推倒，再将积木整理好。

图 2-28-1 搭积木活动作品示意图

三、主题活动：收起来

活动目标：

1. 能够安静地进行阅读活动。

2. 能够安静地听成人讲故事。

活动准备：

小熊绘本系列之《收起来》

图 2-28-2 《收起来》绘本示意图

活动过程：

1. 教师通过讲故事的形式，引导幼儿安静地听故事。

2. 教师示范一边逐页翻书，一边讲故事，并引导幼儿观察小动物们在干什么。

3. 教师请幼儿领一本书进行阅读，家长帮助幼儿进行语言的组织。

4. 家长引导幼儿尝试回忆绘本中出现的小动物有哪些，可以再次打开绘本，请幼儿进行观察。

5.幼儿将绘本放回书架后，教师可以提问：小动物们把什么玩具收起来了？

四、美工活动：火车轨道

活动目标：

1.通过粘贴活动进行火车轨道的手工活动。

2.培养幼儿的合作意识。

活动准备：

一次性筷子、白乳胶、双面胶、火车模型

图2-28-3 火车轨道活动教具示意图

活动过程：

1.教师展示火车模型，引出“火车要去工作了”的话题。

2.教师出示并介绍活动材料。

3.教师示范制作火车轨道的步骤：准备两根筷子平行放好，将其他筷子折成相等长度平行地，依次整齐地粘贴在筷子上。

4.请幼儿进行手工活动。

5.请幼儿将自己的火车轨道和别的小朋友做好的火车轨道一一粘连在一起，组成长长的火车轨道。

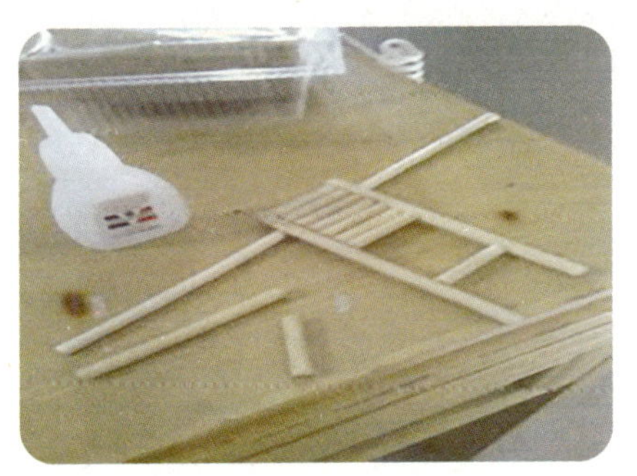

图 2-28-4　火车轨道活动示意图

五、游戏活动：开火车

活动目标：

1. 通过游戏活动，锻炼幼儿跑、钻的能力。

2. 通过集体操作，初步达成互相合作的目的，帮助幼儿初步形成规则意识。

活动准备：

3 个呼啦圈

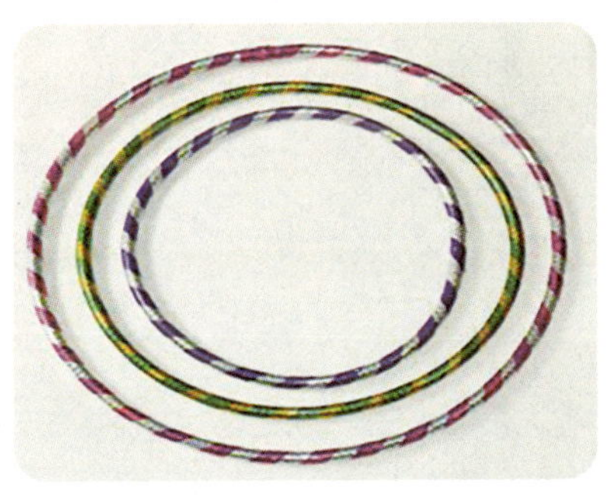

图 2-28-5　开火车活动教具示意图

活动过程：

1. 教师布置场地，请三位家长站在教室四周，分别将呼啦圈立起来扶好，模拟山洞。

2. 教师和其他家长带领幼儿排好队，并请后面的幼儿抓住前面幼儿的衣服，模仿开火车。

3. 幼儿可以快快地开火车，慢慢地开火车，并依次钻过“山洞”。

六、点评与展示

活动目标：

1. 通过活动体验成功的快乐。

2. 初步培养幼儿自信心，乐于向他人展示自己。

3. 培养幼儿初步的规则意识。

活动过程：

1. 教师根据幼儿们的作品情况进行点评。

2. 教师请家长带领幼儿一起参观作品，可以拿着火车模型排队在轨道上走一走。

七、再见

活动目标：

1. 培养幼儿的礼貌修养。

2. 培养幼儿的耐心。

3. 学会和教师告别，养成良好的礼仪习惯。

活动过程：

同本篇第一课内容。

【教学具准备】

教师教具：

1. 一次性筷子10双。

2. 白乳胶。

幼儿学具：

同教师教具。

第二十九课
吃东西

一、问好

活动目标：

1.初步培养幼儿的社会交往能力。

2.让幼儿形成见面打招呼的习惯。

3.激发幼儿参与活动的兴趣。

活动过程：

同本篇第一课内容。

二、静寂活动：波波熊会读书

活动目标：

1.稳定幼儿情绪。

2.培养幼儿的模仿能力。

3.学习正确打开书的方式。

活动准备：

波波熊玩偶

图 2-29-1　波波熊玩偶示意图

活动过程：

1.教师用波波熊玩偶引出小熊的话题，引导幼儿看看书里面也有小熊，教师发给每位幼儿一本绘本。

2.教师引导幼儿将书的正面朝上，将书摆放正确，慢慢地翻书，尝试绘本阅读。教师提醒幼儿翻书时要慢慢翻，一页一页地翻书，注意不要把书撕破。

3.阅读结束后，请幼儿将书还给教师，注意要摆放整齐。

三、主题活动：吃东西

活动目标：

1.能够安静地进行阅读活动。

2.能够安静地听成人讲故事。

活动准备：

哆哆熊绘本系列之《吃东西》，苹果、橘子、香蕉等水果模型

图 2-29-2 《吃东西》绘本示意图

活动过程：

1.教师通过讲故事的形式，引导幼儿安静地听故事。

2.请家长引导幼儿再次回忆故事内容：故事里有几个小动物？它们吃了什么东西？吃了几个苹果？

3.教师请幼儿在水果模型中找出苹果。

四、美工活动：苹果，贴、贴、贴

活动目标：

1. 初步学习数字1～3的唱数及点数练习。

2. 锻炼幼儿手指的灵活性和手眼的协调能力。

活动准备：

无纺布苹果贴贴，画纸（画有苹果树）

活动过程：

1. 教师出示苹果贴贴，并示范粘贴苹果。

2. 教师请幼儿进行苹果的粘贴活动，并引导幼儿一起数一数贴了几个苹果，进行唱数和点数练习。

图2-29-3　贴苹果活动示意图

五、游戏活动：红苹果、绿苹果

活动目标：

1. 提高幼儿的辨别能力及迅速反应的能力。

2. 培养幼儿的秩序感及规则意识。

活动准备：

红苹果、绿苹果卡片，魔法棒

图 2-29-4　红苹果、绿苹果活动教具示意图

活动过程：

1.教师出示苹果卡片，语言提示，“这是苹果”。

2.教师出示两种颜色的苹果，引导幼儿复习颜色名称。

3.请幼儿选一种颜色的苹果卡片贴在胸前。

4.教师拿魔法棒扮仙女姐姐，发出指令，家长带幼儿一起听指令并做出相应的动作。

“红苹果、红苹果，蹲、蹲、蹲”，贴着红苹果卡片的幼儿蹲下；

“绿苹果、绿苹果，跑、跑、跑”，贴着绿苹果卡片的幼儿原地跑；

“红苹果、红苹果，转、转、转”，贴着红苹果卡片的幼儿原地转一圈；

“绿苹果、绿苹果，跳、跳、跳”，贴着绿苹果卡片的幼儿原地跳一跳。

六、点评与展示

活动目标：

1.通过活动体验成功的快乐。

2.初步培养幼儿自信心，乐于向他人展示自己。

3.培养幼儿初步的规则意识。

活动准备：

木头长夹子、标签

活动过程：

同本篇第二课内容。

七、再见

活动目标：

1. 培养幼儿的礼貌修养。

2. 培养幼儿的耐心。

3. 学会和教师告别，养成良好的礼仪习惯。

活动过程：

同本篇第一课内容。

第三十课
好饿的毛毛虫

一、问好

活动目标：

1. 初步培养幼儿的社会交往能力。
2. 让幼儿形成见面打招呼的习惯。
3. 激发幼儿参与活动的兴趣。

活动过程：

同本篇第一课内容。

二、静寂活动：传送沙子

活动目标：

1. 稳定幼儿情绪。
2. 学习与他人合作。

活动准备：

杯子、沙子、盆子

图 2-30-1 传送沙子活动教具示意图

活动过程：

1. 教师请家长和幼儿围成圆圈坐好，并发给每个幼儿一个杯子。

2. 教师给一个幼儿的杯子里倒一些沙子，然后请该幼儿将沙子倒在旁边家长的杯子里，家长再倒给下一个幼儿的杯子里，一个一个传下去。最后一个人把沙子倒进盆子里。注意：沙子不能倒在外面。

三、主题活动：好饿的毛毛虫

活动目标：

1. 仔细观察，理解画面所表达的内容，初步感知毛毛虫变蝴蝶的活动过程。

2. 培养幼儿对绘本阅读的兴趣，发展幼儿的观察力和想象力。

活动准备：

毛毛虫玩偶、故事PPT、水果模型若干（1个苹果、2个梨、3个李子、4个草莓、5个橘子）

图 2-30-2　《好饿的毛毛虫》绘本示意图

活动过程：

1. 教师出示毛毛虫玩偶，引出毛毛虫吃东西的话题。

2. 教师播放故事PPT，结合水果图片进行绘本故事讲述。

3. 教师引导幼儿一起回顾故事：毛毛虫吃了好多东西啊，它吃了1个苹果、2个梨、3个李子、4个草莓、5个橘子。

4. 再次播放故事PPT，请家长根据画面内容小声为幼儿讲述故事。

四、手工活动：毛毛虫

活动目标：

1.能运用搓、团、捏等技能表现毛毛虫的特征。

2.锻炼幼儿手部肌肉力量。

活动准备：

黏土、毛毛虫成品

活动过程：

1.教师出示毛毛虫成品，引出制作毛毛虫的话题。

2.教师出示并介绍活动材料。

3.教师示范制作毛毛虫的步骤：将两种不同颜色的黏土团成大小不同的球，按ABAB的排列顺序由大到小排列并粘在一起，在毛毛虫的头上做好触角和眼睛。

4.请家长带幼儿进行毛毛虫的制作，可以制作不同形态的毛毛虫，例如直立的、弯曲的、躬身的等。

图2-30-3　毛毛虫活动作品示意图

五、游戏活动：毛毛虫长大了

活动目标：

1.稳定幼儿情绪。

2.模仿成人动作。

活动准备：

儿歌《蝴蝶》、纱巾（每个幼儿两块纱巾）

活动过程：

1. 教师一边念儿歌，一边做动作，请家长带领幼儿模仿教师动作。

“手上有个桶”，左手手掌弯曲成桶状；

“桶上有个盖，盖上有个孔”，右手手心向下平盖在桶上，食指与中指稍分开；

“往里看一看”，用眼睛看孔；

“有条小虫虫”，左手食指穿过孔，做蠕动状。

2. 教师将两个纱巾一角绑起来，披在幼儿后背上，并将相邻的另外两个角绑在幼儿手腕上。

3. 请幼儿挥动胳膊扇扇“翅膀”，伴随音乐模仿蝴蝶飞舞的动作。

六、点评与展示

活动目标：

1. 通过活动体验成功的快乐。

2. 初步培养幼儿的分享意识。

活动准备：

标签

活动过程：

同本篇第一课内容。

七、再见

活动目标：

1. 培养幼儿的礼貌修养。

2. 培养幼儿的耐心。

3. 学会和教师告别，养成良好的礼仪习惯。

活动过程：

同本篇第一课内容。

【教学具准备】

幼儿学具：

12色黏土一包。

第三十一课

鼠小弟的小背心

一、问好

活动目标：

1. 初步培养幼儿的社会交往能力。
2. 让幼儿形成见面打招呼的习惯。
3. 激发幼儿参与活动的兴趣。

活动过程：

同本篇第一课内容。

二、静寂活动：绘本欣赏《碰碰脑门儿》

活动目标：

1. 能够安静地进行阅读活动。
2. 学习正确打开书的方式。
3. 巩固对动物的认知，复习动物拟声词。

活动准备：

立体绘本《碰碰脑门儿》，小狗、小猪、兔子、长颈鹿、老鼠、大象手偶

图 2-31-1 《碰碰脑门儿》绘本示意图

活动过程：

1.教师出示小熊手偶，语言提示，“这是小熊泰迪，他还带来了好多小动物，我们一起来看看都有谁”。

2.教师边翻书边讲解故事内容：汪汪汪，来了一只小狗，噜噜噜，还有一只小猪，他们俩在一起碰碰脑门儿……

3.故事完成后，教师示范将书合起来再次摆正。

4.教师再次引导幼儿一起回顾故事内容，并将动物手偶藏于身后，结合绘本内容逐一出示动物手偶。然后，用动物手偶演示一只小狗和一头小猪碰碰脑门儿，小兔子和长颈鹿碰碰脑门儿，小老鼠和大象碰碰脑门儿的故事情节。

5.请幼儿领取手偶，进行故事内容的演示。

三、主题活动：鼠小弟的小背心

活动目标：

1.能够安静地进行阅读活动。

2.能够安静地听成人讲故事。

活动准备：

绘本《鼠小弟的小背心》

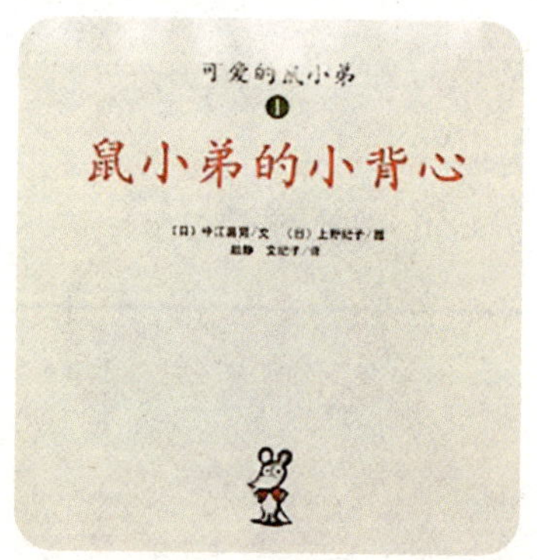

图2-31-2 《鼠小弟的小背心》绘本示意图

活动过程：

1.教师通过讲故事的形式，引导幼儿安静地听故事。

2.教师示范一边逐页翻书，一边讲故事。

3.教师引导幼儿观察都有哪些小动物穿了鼠小弟的小背心。小背心变得怎么样了？引导幼儿回答，“越来越大”。

4.教师请幼儿领一本书进行阅读，家长帮助幼儿进行语言的组织。

5.家长引导幼儿尝试回忆绘本中出现的小动物，可以再次打开绘本，请幼儿进行观察。

四、美工活动：气球娃娃

活动目标：

1.尝试继续在气球上进行绘画。

2.观察气球的形态，能够变大、变小。

活动准备：

气球、彩笔、卫生纸、装饰小帽子、羽毛

活动过程：

1.教师出示气球，并动作幅度大一些地示范吹气球的动作。

2.家长引导幼儿观察气球可以变大、变小。

3.教师分发气球，请家长帮幼儿吹气球，让幼儿观察气球是怎么越来越大的；将气球的吹气口捏住，慢慢将气球中的气放出来，让幼儿仔细观察气球是怎么越来越小的。

4.请家长将气球绑好，用彩笔为气球画上眼睛、鼻子、嘴巴等，并用材料进行装饰。

图 2-31-3　气球娃娃活动作品示意图

五、点评与展示

活动目标：

1.通过活动体验成功的快乐。

2.培养幼儿初步的规则意识。

活动准备：

标签

活动过程：

同本篇第一课内容。

六、再见礼仪：拜拜歌

活动目标：

1.培养幼儿的礼貌修养。

2.培养幼儿的耐心。

3.学会和教师告别，养成良好的礼仪习惯。

活动过程：

同本篇第一课内容。

【教学具准备】

1.气球3～5个。

2.彩色羽毛3～5根。

第三十二课
我的小老虎呢

一、问好

活动目标：

1. 初步培养幼儿的社会交往能力。
2. 让幼儿形成见面打招呼的习惯。
3. 激发幼儿参与活动的兴趣。

活动过程：

同本篇第一课内容。

二、静寂活动：绘本欣赏《碰碰脑门儿》

活动目标：

1. 能够安静地进行阅读活动。
2. 学习正确打开书的方式。
3. 巩固对动物的认知，复习动物拟声词。

活动准备：

立体绘本《碰碰脑门儿》，小狗、小猪、兔子、长颈鹿、老鼠、大象手偶

活动过程：

同本篇第三十一课内容。

三、主题活动：我的小老虎呢

活动目标：

1. 能够安静地进行阅读活动。

2. 能够安静地听成人讲故事。

活动准备：

布书《我的小老虎呢?》

图 2-32-1　《我的小老虎呢?》绘本示意图

活动过程：

1. 教师通过讲故事的形式，引导幼儿安静地听故事。

2. 教师示范一边逐页翻书，一边讲故事，引导幼儿在书中找一找小老虎藏在了哪里？在水里、花丛里、树洞里，还是在树林里？

3. 教师：小老虎藏起来了，老虎妈妈好伤心啊，小朋友可不要随便藏起来让妈妈着急哦！

四、美工活动：大房子

活动目标：

1. 初步学习握笔姿势，尝试画横线和竖线。

2. 锻炼幼儿手部肌肉力量。

活动准备：

小老虎图片、垫板、油画棒

活动过程：

1.教师出示小老虎图片，可以这样说：“小老虎喜欢和妈妈捉迷藏。我们帮老虎妈妈给小老虎做一间大房子，让小老虎不要乱跑，别让妈妈担心。”

2.教师示范三指握笔的动作，把小老虎图片放在垫板上，在小老虎头上面画横线，再在横线上画一道竖线（注意不要画在小老虎身上），组成一个十字，再在竖线上画横线，直到把小老虎圈起来，“大房子”就做好了。

3.教师分发活动材料，请幼儿进行画线活动。

4.幼儿作品完成后进行作品展示。

五、点评与展示

活动目标：

1.通过活动体验成功的快乐。

2.培养幼儿初步的规则意识。

活动准备：

木头长夹子、绳子、标签

活动过程：

同本篇第二课内容。

六、再见礼仪：拜拜歌

活动目标：

1.培养幼儿的礼貌修养。

2.培养幼儿的耐心。

3.学会和教师告别，养成良好的礼仪习惯。

活动过程：

同本篇第一课内容。

第三十三课
好饿的小蛇

一、问好

活动目标：

1. 初步培养幼儿的社会交往能力。
2. 让幼儿形成见面打招呼的习惯。
3. 激发幼儿参与活动的兴趣。

活动过程：

同本篇第 课内容。

二、静寂活动：洗手

活动目标：

1. 稳定幼儿情绪。
2. 培养幼儿的生活自理能力。

活动准备：

洗手液、洗手盆、毛巾、水壶

活动过程：

1. 教师整理桌子，放好洗手盆，洗手液、毛巾、擦桌布、水壶。
2. 教师示范正确的洗手方法。
3. 请幼儿进行洗手活动。

三、主题活动：好饿的小蛇

活动目标：

1. 能够安静地进行阅读活动。
2. 培养幼儿的观察能力和大胆的表现能力。
3. 在理解故事内容的基础上，大胆表现故事中的拟声词，感受故事的童趣。

活动准备：

小蛇玩偶、故事PPT、水果图片若干（苹果、香蕉、菠萝、葡萄）

图 2-33-1 《好饿的小蛇》绘本示意图

活动过程：

1. 教师出示小蛇玩偶，引出小蛇吃东西的话题。
2. 教师播放故事PPT，结合水果图片讲绘本故事。
3. 教师引导幼儿一起回顾故事：好饿的小蛇吃了好多东西啊，它吃了一个圆圆的苹果、一根黄色的香蕉……
4. 再次播放故事PPT，请家长根据图片小声为幼儿讲故事。

四、游戏活动：好饿的小蛇

活动目标：

1. 稳定幼儿情绪。
2. 模仿成人动作。

活动过程：

教师一边念儿歌，一边做动作，请家长带领幼儿模仿教师动作。

“好饿的小蛇扭一扭”，双手合十举过头顶，扭动身体，模仿蛇爬行的动作；

“看见苹果咬一口”，双臂弯曲在胸前，模仿抱着苹果的动作；

“啊呜、啊呜、啊呜”，双手握拳举在嘴前，模仿吃东西的动作；

“咕噜、咕噜、咕噜”，双手掌心揉肚子。

“好饿的小蛇扭一扭”，双手合十举过头顶，扭动身体，模仿蛇爬行的动作；

“看见香蕉咬一口”，双臂弯曲在胸前，模仿抱着香蕉的动作；

“啊呜、啊呜、啊呜”，双手握拳举在嘴前，模仿吃东西的动作；

“咕噜、咕噜、咕噜”，双手掌心揉肚子。

接下来依次更换食物名称：葡萄、菠萝，然后继续做上述动作进行活动。

五、手工活动：做饭团

活动目标：

1. 幼儿尝试做饭团，体验制作的成功感和分工合作的乐趣。

2. 锻炼幼儿手部肌肉力量。

活动准备：

蒸熟的大米和糯米、一次性手套、火腿丁、肉松、海苔片、保鲜膜、饭盒

活动过程：

1. 教师将保鲜膜铺在桌子上，请幼儿们戴好一次性手套。

2. 教师出示并介绍活动材料。

3. 教师示范做饭团的步骤：把米饭放在手里压平，放入适量火腿丁，把饭团捏成三角形，贴上海苔就可以了。

4. 请家长引导幼儿制作饭团。注意：提醒幼儿在桌子上进行活动。

图2-33-2　做饭团活动作品示意图

六、点评与展示

活动目标：

1. 通过活动体验成功的快乐。

2. 初步培养幼儿的分享意识。

活动过程：

1. 教师根据幼儿的饭团作品情况进行点评。

2. 教师请家长带领幼儿请别人品尝自己做的饭团，学会相互分享。

3. 请家长带幼儿按照参加宴会礼仪来进行品尝：排着队走，不要着急，小声说话。

七、再见礼仪：拜拜歌

活动目标：

1. 培养幼儿的礼貌修养。

2. 培养幼儿的耐心。

3. 学会和教师告别，养成良好的礼仪习惯。

活动过程：

同本篇第一课内容。

第三十四课
小金鱼逃走了

一、问好

活动目标：

1. 初步培养幼儿的社会交往能力。
2. 让幼儿形成见面打招呼的习惯。
3. 激发幼儿参与活动的兴趣。

活动过程：

同本篇第一课内容。

二、静寂活动：喂小鱼

活动目标：

1. 稳定幼儿情绪。
2. 培养幼儿的观察能力。

活动准备：

小鱼模型、鱼缸、鱼、鱼食

图 2-34-1　鱼缸与小鱼示意图

活动过程：

1. 教师出示小鱼模型，请幼儿观察，语言提示“小鱼”。
2. 教师展示装着小鱼的鱼缸，请幼儿观察小鱼，看看小鱼是怎么游的。
3. 给幼儿分发鱼食，请幼儿喂小鱼。

三、主题活动：小金鱼逃走了

活动目标：

1. 能够安静地进行阅读活动。
2. 培养幼儿的观察能力和大胆的表现能力。
3. 在理解故事内容的基础上，大胆表现故事中的拟声词，感受故事的童趣。

活动准备：

小鱼玩偶、《小金鱼逃走了》绘本、故事PPT

图 2-34-2 《小金鱼逃走了》绘本示意图

活动过程：

1. 教师出示小鱼玩偶，引出小金鱼要从鱼缸中逃走了的话题。
2. 教师播放故事PPT，并给幼儿讲述绘本故事。
3. 请家长带领幼儿观察小金鱼藏在了哪里，比如，窗帘上、花盆里、柜子里……

4. 教师引导幼儿一起回顾故事内容。

5. 再次播放故事PPT，请家长根据画面内容小声为幼儿讲述故事。

四、手工活动：彩虹鱼

活动目标：

1. 尝试运用不同的材料展现小鱼形象。

2. 锻炼幼儿手部肌肉力量。

活动准备：

彩色纸质圆盘、彩色手工纸、儿童剪刀、双面胶

活动过程：

1. 教师事先将彩色圆盘剪一个小口，作为小鱼的嘴巴，将剪下来的小扇形粘在与缺口相对的盘子边缘，作为小鱼的尾巴。

2. 教师出示并介绍活动材料。

3. 教师将彩色手工纸剪成大小相同的圆，然后对折成半圆，将半圆粘在纸盘上，作为小鱼的鱼鳞。

4. 家长带幼儿进行手工活动。

图 2-34-3　彩虹鱼活动作品示意图

五、游戏活动：捞小鱼

活动目标：

1. 通过游戏发展幼儿反应能力。

2. 通过游戏激发幼儿的愉快情绪。

活动过程:

1.教师与一名家长双臂举高搭在一起，模拟渔网的样子，其他家长带领幼儿排队依次从“渔网”下钻过，边说儿歌边进行活动。

“一网不捞鱼，

二网不捞鱼，

三网捞一条大尾巴鱼。”

2.家长带领幼儿发“哎哟”声，模仿被“渔网”捞住的“小鱼”，被网住的幼儿可以休息。

3.游戏继续进行，直到“小鱼”都被捞完。

六、点评与展示

活动目标:

1.通过活动体验成功的快乐。

2.培养幼儿敢于展示自己的能力。

活动准备:

木头长夹子、绳子、标签

活动过程:

同本篇第二课内容。

七、再见礼仪：拜拜歌

活动目标:

1.培养幼儿的礼貌修养。

2.培养幼儿的耐心。

3.学会和教师告别，养成良好的礼仪习惯。

活动过程:

同本篇第一课内容。

第三十五课
蔬菜的肚子

一、问好

活动目标：

1. 初步培养幼儿的社会交往能力。
2. 让幼儿形成见面打招呼的习惯。
3. 激发幼儿参与活动的兴趣。

活动过程：

同本篇第一课内容。

二、静寂活动：切菜

活动目标：

1. 稳定幼儿情绪。
2. 培养幼儿的观察能力。

活动准备：

莲藕、柿子椒、洋葱、莲花菜等蔬菜，菜板，小刀

活动过程：

1. 教师出示蔬菜，请家长告知幼儿蔬菜名称。

2. 教师进行切菜的活动，将莲藕、柿子椒横切，将洋葱、莲花菜竖切。请幼儿观察蔬菜切开以后的样子。

a　竖切洋葱

b　横切柿子椒

图2-35-1　切菜活动示意图

三、主题活动：蔬菜的肚子

活动目标：

1.能够安静地进行阅读活动，认识各种蔬菜。

2.能够安静地听成人讲故事。

活动准备：

绘本《蔬菜的肚子》及故事PPT

图2-35-2　《蔬菜的肚子》绘本示意图

活动过程：

1.教师通过讲故事的形式，引导幼儿安静地听故事。

2.教师播放故事PPT，为幼儿讲绘本故事。

3.教师引导幼儿一起回顾故事，并引导幼儿说一说蔬菜名称。

4.再次播放故事PPT，请家长根据画面内容小声为幼儿讲述故事内容。

四、美工活动：蔬菜印章画

活动目标：

1. 培养幼儿的动手能力，锻炼手的控制能力及准确性。

2. 尝试用蔬菜进行美术作品活动，在活动中体验成功的喜悦。

活动准备：

莲藕横切片、柿子椒横切片、洋葱竖切面、莲花菜竖切面，白纸，红、黄、蓝、绿颜料，油画棒

活动过程：

1. 教师出示切好的蔬菜，请家长带领幼儿观察是什么蔬菜。

2. 教师介绍蔬菜名称，示范蔬菜印章画的方法：用切面蘸颜料，印在白纸上，印出蔬菜轮廓，再选择另外一种蔬菜进行印画的活动。然后，用油画棒装饰印画。

3. 请幼儿进行活动，教师提醒幼儿轻轻地蘸颜料，再印纸上，不要把颜料洒在衣服上。

4. 教师根据幼儿的印画作品，引导并帮助幼儿用油画棒进行装饰。

a 作品 1

b 作品 2

图 2–35–3 蔬菜印章画

五、游戏活动：找朋友

活动目标：

1. 培养幼儿的观察能力。

2. 锻炼幼儿的逻辑思维能力。

活动准备：

莲藕横切片、柿子椒横切片、洋葱竖切面、莲花菜竖切面，幼儿印画作品

活动过程：

1.教师出示各种切好的蔬菜，再次复习蔬菜名称。

2.出示幼儿印画作品，请幼儿找一找印画是用哪种蔬菜印制的。

六、点评与展示

活动目标：

1.通过活动体验成功的快乐。

2.初步培养幼儿自信心，乐于向他人展示自己。

3.培养幼儿初步的规则意识。

活动准备：

木头长夹子、绳子、标签

活动过程：

同本篇第二课内容。

七、再见礼仪：拜拜歌

活动目标：

1.培养幼儿的礼貌修养。

2.培养幼儿的耐心。

3.学会和教师告别，养成良好的礼仪习惯。

活动过程：

同本篇第一课内容。

第三十六课
亲子树

一、问好

活动目标：

1. 初步培养幼儿的社会交往能力。

2. 让幼儿形成见面打招呼的习惯。

3. 激发幼儿参与活动的兴趣。

活动过程：

同本篇第一课内容。

二、静寂活动：管道传球

活动目标：

1. 稳定幼儿情绪。

2. 尝试进行合作游戏。

活动准备：

乒乓球5个、横切的PVC管道、小桶

活动过程：

同本篇第二十六课内容。

三、主题活动：绘本阅读

活动目标：

1. 能够安静地进行阅读活动。

2. 能够自己组织语言讲述绘本故事。

活动准备：

小熊系列绘本

活动过程：

教师为每个幼儿发一本绘本，请幼儿逐页翻书，并能够尝试讲故事。

四、美工活动：亲子树

活动目标：

1. 用手掌拓印进行美术活动。

2. 在活动中体验成功的喜悦。

3. 进行集体美术活动。

活动准备：

白色帆布（1 m×10 m大小）、颜料、彩笔、油画棒

活动过程：

1. 教师出示帆布（提前画好树干和树枝），示范手掌拓印的方法。

2. 请幼儿和家长一起在布上进行手掌拓印，也可以用手指点化，拓印拳头等。

3. 家长带领幼儿在作品上用彩笔进装饰，可以画上小草、太阳、小动物、小朋友等。

五、游戏活动：小摇床

活动目标：

1. 发展幼儿大脑平衡觉，感受在空中摇摆的快乐。

2. 游戏中体验愉快情绪，促进亲子关系。

活动准备：

浴巾、小熊玩偶

活动过程：

1. 教师出示床单，向家长讲解玩法，并请一名家长上前示范动作。

2. 教师和家长分别站在床单两端，将床单打开，让小熊玩偶平躺在里面。

3. 教师和家长抬起床单四角，一边念儿歌，一边有节奏地晃动床单。

4. 儿歌结束后，停止摇晃，请幼儿站在地上，教师蹲下与幼儿说“再见”，鼓励幼儿下次再来参加活动。

“小床单，真奇妙，幼儿躺着笑一笑。

妈妈摆，爸爸摇，乐得幼儿哈哈笑。”

图 2-36-1　小摇床活动示意图

六、点评与展示

活动目标：

1. 通过活动体验成功的快乐。
2. 初步培养幼儿自信心，乐于向他人展示自己。
3. 培养幼儿初步的规则意识。

活动准备：

幼儿照片

活动过程：

1. 教师将了“亲子树”作品铺整齐，请幼儿欣赏集体作品。
2. 请家长和幼儿一起将幼儿的照片贴在自己的手掌印上，再在空白处请家长签名。

七、再见礼仪：拜拜歌

活动目标：

1.培养幼儿的礼貌修养。

2.培养幼儿的耐心。

3.学会和教师告别，养成良好的礼仪习惯。

活动过程：

同本篇第一课内容。

【教学具准备】

白色帆布，1 m×10 m大小。

第三篇　音乐之声

第一课
可以转起来的音乐

一、自我介绍及问好：打电话

活动目标：

1. 教师和幼儿家长打招呼，消除陌生感。
2. 初步培养幼儿的社会交往行为。
3. 给幼儿展示自己的机会，学会正确介绍自己。

活动准备：

配班教师弹琴

活动过程：

教师进行唱名活动，被唱到名字的幼儿站起来挥挥手，跟着教师接着唱歌。

谱子：2/4

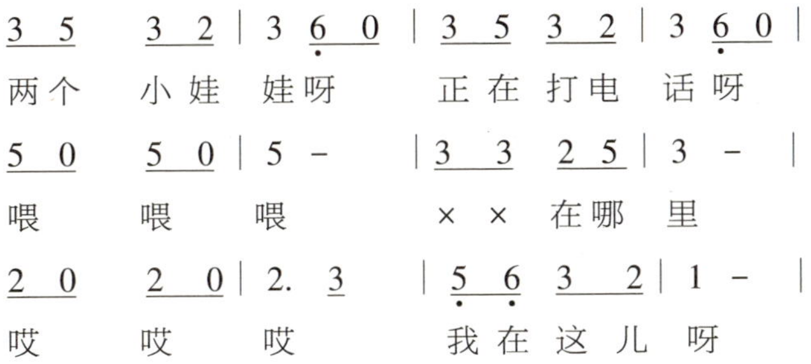

3 5 3 2 | 3 6 0 | 3 5 3 2 | 3 6 0 |
两个 小 娃 娃 呀 正 在 打 电 话 呀
5 0 5 0 | 5 - | 3 3 2 5 | 3 - |
喂 喂 喂 × × 在 哪 里
2 0 2 0 | 2. 3 | 5 6 3 2 | 1 - |
哎 哎 哎 我 在 这 儿 呀

二、音乐律动：健壮的小马

活动目标：

1.通过简单的动作可以让幼儿感受音乐的节奏。

2.锻炼幼儿的音乐欣赏能力。

3.锻炼幼儿的协调能力。

活动准备：

音乐《健壮的小马》

活动过程：

1.膝上律动：家长将双腿并拢伸直，请幼儿坐在膝盖上，家长双手扶在幼儿腋下，伴随音乐， 做膝盖起伏的动作。

2.第一遍2/4节奏，第二遍4/4节奏，第三遍扶着幼儿做左右摇摆的动作。

三、调性练习

活动目标：

1.练习对音名发声的模仿能力。

2.对基本的音高、音准进行练习。

3.了解简单的乐理词汇（C大调的音阶）。

活动准备：

钢琴

活动过程：

1.教师请幼儿欣赏钢琴的声音C大调音阶，语言提示，“今天我们学习的是C大调的音阶”。

2.教师右手弹琴do，re，mi，fa，sol，la，si，do（2/4拍节奏）。

3.请幼儿听教师是怎么唱的，教师试唱音名，请大家一起欣赏。

四、主题活动：可以转起来的音乐

（一）故事欣赏

在一座大森林里，有一群小动物住在一起，袋鼠妈妈带着小袋鼠，还有它们的好朋友长颈鹿、小兔子和叮当猫。一天早晨，他们一起约好要去郊游。大家都高兴地唱起了歌。走着走着，突然一条宽宽的河挡住了他们的去路。这可怎么办呀？大家都发愁了。袋鼠妈妈说："我们可以跳过去。"于是袋鼠妈妈把小袋鼠装进自己的口袋，跑了两步，一下子就跳了过去。长颈鹿的腿长长的，他一步就跨过了小河。现在就剩下小兔子和叮当猫啦，怎么办呢？小兔子想起了飞机飞行的样子，他把自己的长耳朵拧在一起，双手伸平，学着飞机的样子就飞过了小河，他高兴极啦。现在就剩下叮当猫了。叮当猫可着急了："这该怎么办呢？我要是过不了河，就不能和大家一起去玩儿啦！"他想呀想呀，突然高兴地笑了起来，"哈哈，我有办法啦！妈妈说过有一种神奇的音乐能使人听到它就转起来，如果我听了这种音乐就可以一边转一边过这条河啦。"于是叮当猫赶紧拿出自己的音乐盒，播放起了音乐（教师播放《月光奏鸣曲》）。叮当猫高兴地等待转起来，可是怎么都转不起来，反而想要睡觉了。叮当猫想这个音乐可能不是妈妈说的那种音乐，于是它又换了一首（教师播放《鳟鱼》）。叮当猫一听这个音乐可真欢快。可是它还是转不起来，反而想蹦蹦跳跳，越听音乐越想跳，这个肯定还不是妈妈说的那首音乐。于是，叮当猫又换了一首音乐（教师播放《百花圆舞曲》）。这次音乐一响起，叮当猫就想让自己的身体随着音乐转动，最后叮当猫听着这首可以转起来的音乐过了河，终于可以和大家一起去郊游啦！

活动准备：

俄国作曲家柴可夫斯基交响乐《百花圆舞曲》、德国作曲家贝多芬作品《月光奏鸣曲》、维也纳作曲家舒伯特作品《鳟鱼》

（二）声势律动

活动准备：

音乐《百花圆舞曲》

活动过程：

1. 教师请幼儿自由创编动作，只拍重拍，教师喊节奏"一二三，一二三"。

2. 叉腰转圈，双臂平举转圈，双臂高举转圈。

3. 主、配班教师可以示范双人拉手转圈。

（三）体态律动

请幼儿用自己的感受转圈跳舞，或者与其他幼儿手拉手转圈跳舞。

(四)乐器玩奏

活动目标:

1. 通过操作简单的奥尔夫打击乐器,培养幼儿稳定的节奏感。

2. 继续训练幼儿的听力。

3. 让幼儿分辨强弱拍。

活动准备:

三角铁、碰钟

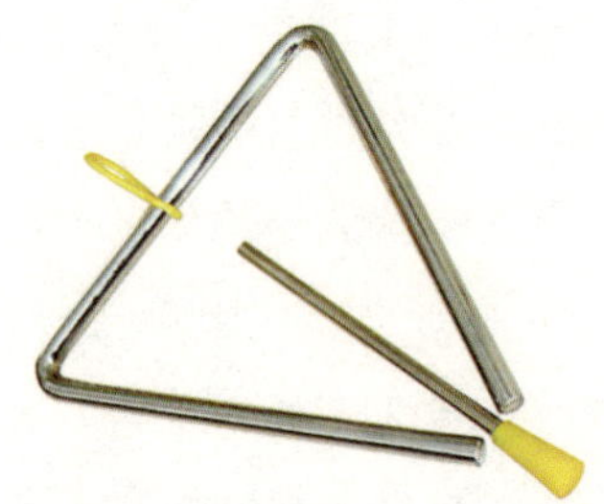

a 三角铁

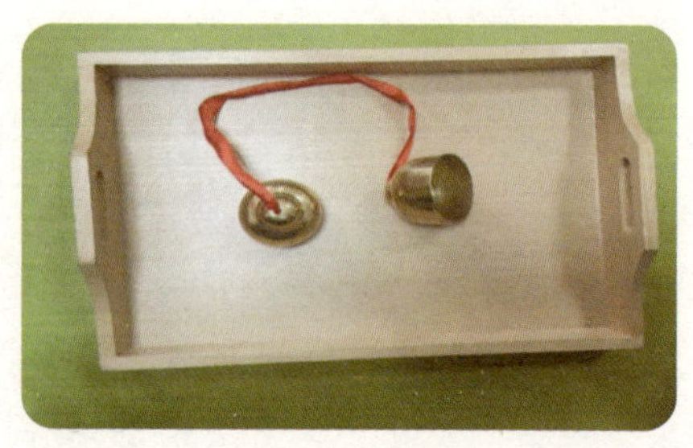

b 碰钟

图3-1-1 可以转起来的音乐活动乐器示意图

活动过程:

第一段:教师示范3/4拍节奏,重拍时敲击三角铁。

第二段:教师示范3/4拍节奏,重拍时碰碰钟。

(五)游戏与情景表演

活动准备:

音乐《百花圆舞曲》《月光奏鸣曲》《鳟鱼》

活动过程:

教师随机播放三首音乐,请幼儿分别做对应动作。

播放《百花圆舞曲》时请幼儿转圈;播放《月光奏鸣曲》时请幼儿躺下来休息;播放《鳟鱼》时请幼儿站起来跳一跳。

五、再见

活动目标：

1. 培养幼儿的礼貌修养。

2. 培养幼儿的耐心。

3. 学会和教师告别，养成良好的礼仪习惯

活动准备：

钢琴或电子琴

活动过程：

教师创编再见儿歌，在活动全部结束后，唱给每一位幼儿。

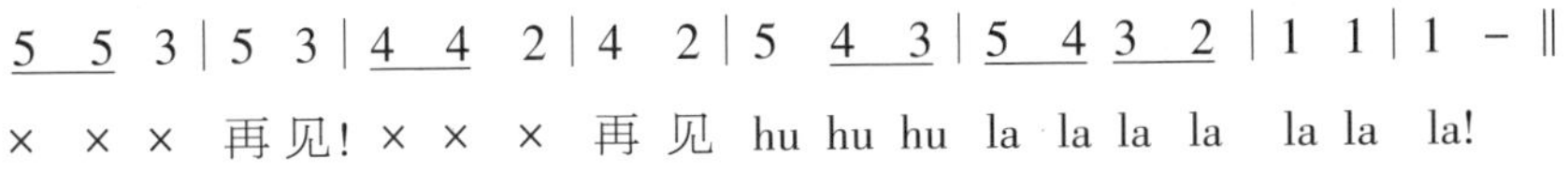

5 5 3 | 5 3 | 4 4 2 | 4 2 | 5 4 3 | 5 4 3 2 | 1 1 | 1 – ‖

× × × 再 见! × × × 再 见 hu hu hu la la la la la la la!

【教学具准备】

教师教具：

故事画册，4K纸大小。内容如下：

1. 森林里，袋鼠妈妈、小袋鼠、长颈鹿、小兔子、叮当猫唱着歌一起去郊游，来到一条宽宽的大河前。

2. 袋鼠妈妈把小袋鼠装进口袋里跳过河。

3. 长颈鹿跨过河。

4. 小兔子把长耳朵拧在一起学着飞机飞行的样子飞过了河，河对岸只剩下着急的叮当猫。

5. 叮当猫幻想气泡里出现妈妈说的一种神奇的音乐可以让人转起来，赶紧播放了音乐，可是叮当猫并没有转起来。

6. 原来叮当猫播放错了音乐，赶紧换了一首欢快的音乐，它听着音乐转起来了，过了河，和大家一起去郊游了。

幼儿学具：

同教师教具的故事画册内容，A3纸大小。

第二课
三只小猪

一、自我介绍及问好：打电话

活动目标：

1. 教师和幼儿家长打招呼，消除陌生感。
2. 初步培养幼儿的社会交往行为。
3. 请给幼儿展示自己的机会，学会正确介绍自己。

活动准备：

配班教师弹琴

活动过程：

同本篇第一课内容。

二、音乐律动：健壮的小马

活动目标：

1. 通过简单的动作可以让幼儿感受音乐的节奏。
2. 锻炼幼儿的音乐欣赏能力。
3. 锻炼幼儿的协调能力。

活动准备：

音乐《健壮的小马》

活动过程：

同本篇第一课内容。

三、调性练习

活动目标：

1. 练习对音名发声的模仿能力。

2. 对基本的音高、音准进行练习。

3. 了解简单的乐理词汇（C大调的音阶）。

活动准备：

钢琴

活动过程：

同本篇第一课内容。

四、主题活动：三只小猪

（一）故事欣赏

从前有一只猪妈妈，她有三只可爱的猪宝宝。猪妈妈很爱她的宝宝们，猪宝宝也很爱妈妈。她们一起住在稻草房子里。这个房子每天被风吹日晒的，都有些破旧了。有一天，猪妈妈对猪宝宝们说："宝宝们，我们家的稻草房子有些旧了，咱们用石头盖个房子吧！因为用石头盖的房子很结实，大风刮不倒，大雨下不进来，大灰狼也进不来！"猪宝宝们特别高兴，一起跟妈妈盖起了房子。过了几天小猪家的石头房子就盖好啦，猪妈妈和宝宝高兴极啦，一起唱起了歌。猪宝宝们太高兴啦，还跳起了舞，结果一个个都摔到了泥坑里，弄得全身都是泥。妈妈让猪宝宝们快去洗澡！我们一起来听一听这首猪宝宝唱的歌吧！

"三只猪宝宝有个快乐的家，
猪妈妈爱猪娃娃，
猪妈妈她说的是：oink，oink，oink，
三只小猪说的是：whee，whee，whee！"

（二）声势律动

活动目标：

请幼儿继续感受三拍的音乐。

活动过程：

1. 请幼儿创编四个动作。
2. 拍手，拍头—拍手，拍肩—拍手，拍腿。

（三）乐器玩奏

活动目标：

1. 通过操作简单的奥尔夫打击乐器，培养幼儿稳定的节奏感。
2. 继续训练幼儿的听力。
3. 让幼儿分辨强弱拍。

活动准备：

三角铁、沙锤

图3-2-1　沙锤示意图

活动过程：

第一段：教师示范3/4拍节奏，重拍时敲击三角铁。

第二段：教师示范3/4拍节奏，重拍时晃动沙锤。

（四）游戏与情景表演

活动目标：

感受游戏的快乐

活动准备：

音乐、大型泡沫积木、障碍物

活动过程：

1. 教师把幼儿分为两组，一组运送大积木，另一组盖房子。
2. 教师设置障碍，请一组幼儿通过障碍运送大积木，另一组幼儿收到积木后盖房子。

五、再见

活动目标：

1. 培养幼儿的礼貌修养。
2. 培养幼儿的耐心。
3. 学会和教师告别，养成良好的礼仪习惯。

活动准备：

钢琴或电子琴

活动过程：

同本篇第一课内容。

【教学具准备】

教师教具：

故事画册，4K纸大小。内容如下：

1. 猪妈妈带三只小猪做游戏的场景。
2. 猪妈妈和三只小猪说话的场景。
3. 猪妈妈和小猪用石头盖房子。
4. 猪妈妈和小猪在房子旁边做游戏。
5. 小猪都摔到了泥坑里，弄了一身泥，妈妈帮猪宝宝洗澡。

幼儿学具：

同教师教具的故事画册内容，A3纸大小。

第三课
芝麻开门

一、自我介绍及问好：打电话

活动目标：

1. 教师和幼儿家长打招呼，消除陌生感。
2. 初步培养幼儿的社会交往行为。
3. 给幼儿展示自己的机会，学会正确介绍自己。

活动准备：

配班教师弹琴

活动过程：

同本篇第一课内容。

二、音乐律动：健壮的小马

活动目标：

1. 通过简单的动作可以让幼儿感受音乐的节奏。
2. 锻炼幼儿的音乐欣赏能力。
3. 锻炼幼儿的协调能力。

活动准备：

音乐《健壮的小马》

活动过程：

同本篇第一课内容。

三、调性练习

活动目标：

1.练习对音名发声的模仿能力。

2.对基本的音高、音准进行练习。

3.了解简单的乐理词汇（C大调的音阶）。

活动准备：

钢琴

活动过程：

同本篇第一课内容。

四、主题活动：芝麻开门

（一）故事欣赏

很久以前，在波斯国有一个人叫阿里巴巴。阿里巴巴靠卖柴火为生，他每天赶着毛驴去丛林中砍柴，再驮到集市去卖，以此维持生活。有一天，阿里巴巴赶着三只毛驴，上山砍柴。等他砍好柴准备下山的时候，忽然看见一群强盗骑着马飞奔而来。阿里巴巴心里害怕，便爬到一棵大树上躲避起来。这时候，那帮强盗在大石头前站定。他们共有四十个人，一个个年轻力壮，行动敏捷。原来强盗们准备将抢来的宝贝藏起来。这时，一个首领模样的人来到那个大石头跟前，大声地说道："芝麻开门!"随着那个首领的喊声，大石头突然打开了一道宽阔的门，强盗们刚进入洞内，那道大门便自动关上了。阿里巴巴等了好长时间，山洞的门突然开了，强盗从山洞里出来了，他们大喊："芝麻关门。"洞门自动关了起来。强盗们走后，阿里巴巴站在大石头前，尝试着喊了一声"芝麻开门。"山洞门一下子就打开了，他在里面发现了好多的财宝，便挑了一些财宝带回家。当他走出山洞的时候，又喊了一声"芝麻关门"，山洞门就关上了。然后他开开心心地回家了。现在让我们也来听听这首儿歌吧。

（二）声势律动

活动过程：

前奏时：双手握拳一前一后做骑马的动作，并随音乐节奏左右摇摆，然后拍腿左右手交换。

“芝麻开门快点开”，双手合拢再打开，做开门的动作；

“我带弟弟一起来”，双手握拳前后摆臂；

“我们不想发大财”，在胸前摆动双手；

“只要玩具满口袋”，双手交叉拍肩。

间奏时：大喊“芝麻开门”。

后间奏时双手绕花，结束时重拍手。

（三）乐器玩奏

活动目标：

1.通过操作简单的奥尔夫打击乐器，培养幼儿稳定的节奏感。

2.继续训练幼儿的听力。

3.让幼儿分辨强弱拍。

活动准备：

大鼓、小鼓、嚓

a 大鼓

b 小鼓

c 嚓

图3-3-1 芝麻开门活动乐器示意图

活动过程：

前奏时敲鼓棒。

唱歌词时双手各敲一只鼓。

间奏时双手分别敲大鼓、小鼓边。

后间奏时演奏嚓。

结束时双手敲大鼓。

（四）游戏与情景表演

活动准备：

感统障碍组合、布偶、纱巾

活动过程：

1. 教师布置障碍物，请幼儿走过障碍。

2. 教师在中间一处拿纱巾当作山洞门，请幼儿路过的时候大喊："芝麻开门"，然后教师打开纱巾，让幼儿通行。

3. 进入山洞的幼儿取一个玩具布偶返回。

五、再见

活动目标：

1. 培养幼儿的礼貌修养。

2. 培养幼儿的耐心。

3. 学会和教师告别，养成良好的礼仪习惯

活动准备：

钢琴或电子琴

活动过程：

同本篇第一课内容。

【教学具准备】

教师教具：

故事画册，4K纸大小。内容如下：

1. 阿里巴巴在山上砍柴，看到了一队强盗。他们的马都驮了一个大大的袋子，阿里巴巴赶紧藏了起来。

2. 强盗在一个大山洞口指着洞口大声喊："芝麻开门。"

3. 山洞的大门打开了，强盗们把一袋袋的东西都搬进了洞里。

4. 所有的东西都被搬完了，在洞口大喊："芝麻关门"，山洞的大门关起来了。强盗们离开了。

5. 阿里巴巴也学着强盗的样子，走到了山洞口，指着山洞喊道："芝麻开门。"山洞门就打开了。

6.阿里巴巴在山洞里挑了很多的宝物。

7.阿里巴巴在山洞门口大喊："芝麻关门"，山洞的大门关起来了。

幼儿学具：

同教师教具的故事画册内容，A3纸大小。

第四课
放错了的音乐

一、自我介绍及问好：打电话

活动目标：

1. 教师和幼儿家长打招呼，消除陌生感。
2. 初步培养幼儿的社会交往行为。
3. 给幼儿展示自己的机会，学会正确介绍自己。

活动准备：

配班教师弹琴

活动过程：

同本篇第一课内容。

二、音乐律动：乔西的歌

活动目标：

1. 通过简单的动作可以让幼儿感受音乐的节奏。
2. 锻炼幼儿的音乐欣赏能力。
3. 锻炼幼儿的协调能力。

活动准备：

音乐、腕铃

活动过程：

1. 请家长给幼儿戴好腕铃，幼儿手拉手站成一个圈。
2. 前奏时摇一摇手腕，然后踏步，最后点踏步 ×× × 节奏（重复三遍）。

三、调性练习

活动目标：

1. 练习对音名发声的模仿能力。
2. 对基本的音高、音准进行练习。
3. 了解简单的乐理词汇（C大调的音阶）。

活动准备：

钢琴

活动过程：

同本篇第一课内容。

四、主题活动：放错了的音乐

（一）故事欣赏

在一座美丽的大森林里，住着好多可爱的小动物，有小猫、小兔子、小花狗和斑马，它们都是非常好的朋友。有一天小花狗像平常一样，在家门口等着它的主人，因为主人一回来就会给它带好吃的肉骨头。可是今天主人回来时手里拿了一张音乐盘，主人把小花狗叫了过来，对它说："快听听这张盘上的音乐，有吹口哨的声音，还有你的声音呢。"小花狗一听高兴极啦，汪汪汪地叫了起来，和主人一起听起了音乐（教师播放《口哨与小狗》）。小花狗真高兴呀，它决定明天一定要把音乐盘带给它的朋友们听一听，它们肯定羡慕得不得了。第二天一大早，小花狗带着自己的音乐盘就来到了大家经常玩的地方。小花狗一看大家都到了，故意大声说："我有一首特别好听的音乐，你们想听听吗？"大家都很喜欢音乐，回答道："快让我们听听吧。"小花狗说："这里有我的声音，还有口哨的声音，大家一起边听边跳舞吧。"小花狗把音乐盘放进CD机里，这时音乐声传了出来，大家一边听口哨和小狗的声音，一边高兴地跳舞啦！请小朋友们和老师一起来欣赏这首美国作曲家普莱雅创作的《口哨与小狗》。

活动准备：

音乐《口哨与小狗》

（二）声势律动

教学动作：

A段：拍手2次。

B段：拍腿、拍肚子、拍头、拍肩，四个部分重复两遍。

A段：拍手2次。

最后绕手拍手，口哨时把食指放在嘴边做“嘘”的动作。

（三）体态游走

A段：原地踏步。

B段：双手向下弯曲放在胸前，吐出舌头，模仿小狗的样子。

A段：原地踏步。

结束时快速跑回自己的位置上坐下来。

（四）乐器玩奏

活动目标：

1.通过操作简单的奥尔夫打击乐器，培养幼儿稳定的节奏感。

2.继续训练幼儿的听力。

3.让幼儿分辨强弱拍。

活动准备：

单铃、西班牙响板

a　单铃

b　西班牙响板

图3-4-1　放错了的音乐活动乐器示意图

活动过程：

1.乐器演奏：一手拿一只乐器，可以上、下、左、右变化方位演奏。

2.乐器游走：边踏步走路边演奏乐器。

（五）游戏与情景表演

活动准备：

小狗头饰、障碍物、皱纹纸尾巴

活动过程：

1.请幼儿戴着小狗头饰站在教室的一端，家长饰演没尾巴小狗，站在教室的另一端。

2.教师在教室中间放置障碍物。

3.请幼儿沿着障碍物跑动，去给没有尾巴的“小狗”贴尾巴。

五、再见

活动目标：

1.培养幼儿的礼貌修养。

2.培养幼儿的耐心。

3.学会和教师告别，养成良好的礼仪习惯

活动准备：

钢琴或电子琴

活动过程：

同本篇第一课内容。

【教学具准备】

教师教具：

活动画册，4K纸大小。内容如下：

1.美丽的大森林里住着小猫、小兔子、小花狗和斑马。

2.小花狗在门口等主人（梦见主人会带肉骨头回来），主人回来给它带了一张音乐盘。

3.小花狗开心极了，带着音乐盘去大家经常玩的一块草地。

4.小狗播放音乐，大家开心地一起在草地上跳舞。

幼儿学具：

1.小狗头饰，背面有自粘胶可调整大小。

2.皱纹纸卷成的小动物尾巴若干个，别针式或夹子式可固定在衣服上。

3.同教师教具的故事画册内容，A3纸大小。

第五课
挪亚方舟

一、自我介绍及问好：打电话

活动目标：

1. 教师和幼儿家长打招呼，消除陌生感。
2. 初步培养幼儿的社会交往行为。
3. 给幼儿展示自己的机会，学会正确介绍自己。

活动准备：

配班教师弹琴

活动过程：

同本篇第一课内容。

二、音乐律动：乔西的歌

活动目标：

1. 通过简单的动作可以让幼儿感受音乐的节奏。
2. 锻炼幼儿的音乐欣赏能力。
3. 锻炼幼儿的协调能力。

活动准备：

音乐、腕铃

活动过程：

同本篇第四课内容。

三、调性练习

活动目标：

1.练习对音名发声的模仿能力。

2.对基本的音高、音准进行练习。

3.了解简单的乐理词汇（C大调的音阶）。

活动准备：

钢琴

活动过程：

同本篇第一课内容。

四、主题活动：挪亚方舟

（一）故事欣赏

从前有个地方，那里的人经常做坏事。上帝对此很生气，决定要惩罚他们，要用洪水把那里的坏人和罪恶全部带走。这些人里面有一个叫挪亚的人，特别善良。于是，上帝就找到他，说，“你从现在开始要做一艘船。”挪亚就按照上帝说的做了一艘很大的船，船刚做好，天上就下起了大雨。这场雨下得真大呀，一直下了40个白天和黑夜。所有的水聚集起来形成了洪水，最后洪水把这里都淹没了。挪亚带着他的家人坐在船上，他们在船上使劲儿地划着，一直到了山的那边。雨终于停啦，他们在一路上救起了很多小动物，有大象、狮子、老虎、小白兔、梅花鹿、蛇……又过了40个白天和黑夜，水慢慢地退了下去。挪亚和家人带着动物们开始了新的生活。小动物们为了感谢挪亚，给他的船起了一个名字——挪亚方舟。让我们一起来听听这首歌吧！

“哦！划船呀，挪亚方舟、挪亚方舟，
挪亚方舟，划船呀，挪亚方舟划向前，
那雨水下了多少天，40个白天和夜晚，
划船呀，挪亚方舟、挪亚方舟，
挪亚方舟，划船呀，挪亚方舟划向前，
那方舟摇摇摆摆在旋转，挪亚方舟上了山。”

（二）声势律动

活动过程：

教师请幼儿创编划船动作。

（三）乐器玩奏

活动目标：

1. 通过操作简单的奥尔夫打击乐器，培养幼儿稳定的节奏感。
2. 继续训练幼儿的听力。
3. 让幼儿分辨强弱拍。

活动准备：

十三铃、手鼓

a　十三铃

b　手鼓

图 3-5-1　挪亚方舟活动乐器示意图

活动过程：

教师创编动作。

（四）游戏与情景表演

活动准备：

小动物手偶、彩虹伞

活动过程：

1. 教师抖动彩虹伞。
2. 家长和幼儿盘腿坐在彩虹伞旁，一起做划船动作。
3. 教师在彩虹伞上放上小动物手偶，再次抖动彩虹伞。
4. 家长和幼儿去“打捞”小动物玩偶。

五、再见

活动目标：

1. 培养幼儿的礼貌修养。

2. 培养幼儿的耐心。

3. 学会和教师告别，养成良好的礼仪习惯。

活动准备：

钢琴或电子琴

活动过程：

同本篇第一课内容。

【教学具准备】

教师教具：

故事画册，4K纸大小。内容如下：

1. 昏暗的森林里有的人欺负小动物，有的人砍树木，还有些人在打架。

2. 上帝看到大家做坏事的场景，很生气。

3. 上帝告诉挪亚让他造一艘船。

4. 挪亚刚做好船，天上就下起了大雨，雨水把这里都淹没了。

5. 挪亚带着他的一家人坐在船上，他们使劲儿地划着船。

6. 这只大船在大雨中摇摇摆摆，一直到了山的那边，雨终于停啦。

7. 他们把大象、狮子、老虎、小白兔、梅花鹿、蛇都救上了船。

8. 水慢慢地退了下去。挪亚和家人带着动物，开始了新的生活。

幼儿学具：

同教师教具的故事画册内容，A3纸大小。

第六课
拔萝卜

一、自我介绍及问好：打电话

活动目标：

1. 教师和幼儿家长打招呼，消除陌生感。
2. 初步培养幼儿的社会交往行为。
3. 给幼儿展示自己的机会，学会正确介绍自己。

活动准备：

配课教师弹琴

活动过程：

同本篇第一课内容。

二、音乐律动：照相

活动目标：

1. 培养幼儿自创动作的能力。
2. 让幼儿通过身体的简单动作，感受音乐的节奏。
3. 增进亲子感情。

活动准备：

音乐、配班教师配合、纸板相框

活动过程：

1. 请幼儿自己创编动作，当音乐响起时就开始做各种动作。
2. 音乐停止时，请幼儿停止动作摆出造型。

3.教师双手食指、大拇指相对，模仿照相的动作。

4.请家长将纸板相框摆放在幼儿面前。

5.家长和教师配合模仿给摆好造型的幼儿“拍照片”。

三、调性练习

活动目标：

1.练习对音名发声的模仿能力。

2.对基本的音高、音准进行练习。

3.了解简单的乐理词汇。

活动准备：

电子琴或钢琴、简谱2小节

活动过程：

1.教师请幼儿安静地坐下来。

2.教师弹琴领唱，请大家一起唱C大调的音阶。

简谱：

1 3 5 | 5 3 1 | 1 3 5 3 | 1 –

三、主题活动：拔萝卜

（一）故事欣赏

老爷爷种了个萝卜，他对萝卜说：“长吧，长吧，萝卜啊，长得甜呐！长吧，长吧，萝卜啊，长得大啊！”萝卜越长越大，大得不得了。

老爷爷就去拔萝卜。他拉住萝卜的叶子，“嗨哟、嗨哟”地拔呀拔，拔不动。老爷爷喊：“老婆婆，老婆婆，快来帮忙拔萝卜！”“唉！来了，来了。”

老婆婆拉着老公公，老爷爷拉着萝卜叶子，一起拔萝卜。“嗨哟、嗨哟”地拔呀拔，还是拔不动。老婆婆喊：“小姑娘，小姑娘，快来帮忙拔萝卜！”“唉！来了，来了。”

小姑娘拉着老婆婆，老婆婆拉着老爷爷，老爷爷拉着萝卜叶子，一起拔萝卜。“嗨哟、嗨哟”地拔呀拔，还是拔不动。小姑娘喊：“小狗儿，小狗儿，快来帮忙拔萝卜！”“汪汪汪！来了，来了。”

小狗儿拉着小姑娘，小姑娘拉老婆婆，老婆婆拉着老爷爷，老爷爷拉着萝卜叶子，一起拔萝卜。“嗨哟、嗨哟”地拔呀拔，还是拔不动。小狗儿喊：“小花猫，小花猫，快来帮忙拔萝卜!”“喵喵喵！来了，来了。”

小花猫拉着小狗儿，小狗儿拉着小姑娘，小姑娘拉着老婆婆，老婆婆拉着老爷爷，老爷爷拉着萝卜叶子，一起拔萝卜。“嗨哟、嗨哟”地拔呀拔，还是拔不动。小花猫喊：“小耗子，小耗子，快来帮忙拔萝卜!”“吱吱吱！来了，来了。”小耗子拉着小花猫，小花猫拉着小狗儿，小狗儿拉着小姑娘，小姑娘拉着老婆婆，老婆婆拉着老爷爷，老爷爷拉着萝卜叶子，一起拔萝卜。“嗨哟、嗨哟”地拔呀拔，大萝卜有点动了，再用力地拔呀拔，终于，大萝卜被拔出来啦!大家围着大萝卜蹦啊，跳啊，别提有多高兴啦。

天色渐渐地暗了下来，大家一起抬着大萝卜，高兴地回家了。

（二）音乐欣赏：《小兔乖乖，把门开开》

歌词：

“小兔子乖乖，把门开开，
快点开开，我要进来。
不开，不开，我不开，
妈妈没回来，谁来也不开。”

（三）体态律动

活动过程：

1.教师把幼儿分为两组，一组扮演大灰狼，一组扮演小兔子。

2.教师带领幼儿一边唱儿歌，一边做动作。

大灰狼一组：“小兔子乖乖，把门开开”，模仿小兔子跳一跳；

“快点开开，我要进来”，做敲门的动作。

小白兔：“不开，不开，我不开”，做摆手的动作；

“妈妈没回来”，模仿小兔子跳一跳；

“谁来也不开”，做摆手的动作。

（四）游戏与情景表演

活动准备：

老爷爷、老婆婆、小姑娘、小花猫、小狗儿、小老鼠的头饰，羊角球（萝卜）

活动过程：

教师和家长一起分组带领幼儿表演故事情节。

五、再见

活动目标：

1.培养幼儿的礼貌修养。

2.培养幼儿的耐心。

3.学会和教师告别，养成良好的礼仪习惯。

活动准备：

钢琴或电子琴

活动过程：

同本篇第一课内容。

【教学具准备】

教师教具：

故事画册，4K纸大小。内容如下：

1.老爷爷种了一个萝卜，给它浇水施肥。

2.老爷爷拔萝卜。

3.老爷爷和老婆婆一起来拔萝卜。

4.老爷爷和老婆婆叫来小姑娘一起来拔萝卜。

5.老爷爷和老婆婆、小姑娘、小狗儿一起来拔萝卜。

6.老爷爷和老婆婆、小姑娘、小狗儿、小花猫一起来拔萝卜。

7.老爷爷和老婆婆、小姑娘、小狗儿、小花猫、小老鼠一起来拔萝卜。

8.萝卜被拔出来了。

幼儿学具：

同教师教具的故事画册内容，A3纸大小。

第七课
伤心和振奋的音乐

一、自我介绍及问好：小乐器在哪里

活动目标：

1. 教师和幼儿家长打招呼，消除陌生感。

2. 初步培养幼儿的社会交往行为。

3. 给幼儿展示自己的机会，学会正确介绍自己。

活动准备：

配班教师弹琴

活动过程：

教师组织家长和幼儿坐下来，教师给每位幼儿唱儿歌，被唱到名字的幼儿答应"哎"，并起立介绍自己。

语言提示：

1. 你叫什么名字？你几岁了？你是男孩还是女孩？（幼儿表达不完整或者不清晰时，家长可以适当提供帮助）

2. 延伸问题：你拿到的小乐器叫什么名字？你能敲敲它吗？你能说说它的样子、颜色吗？

谱子：2/4

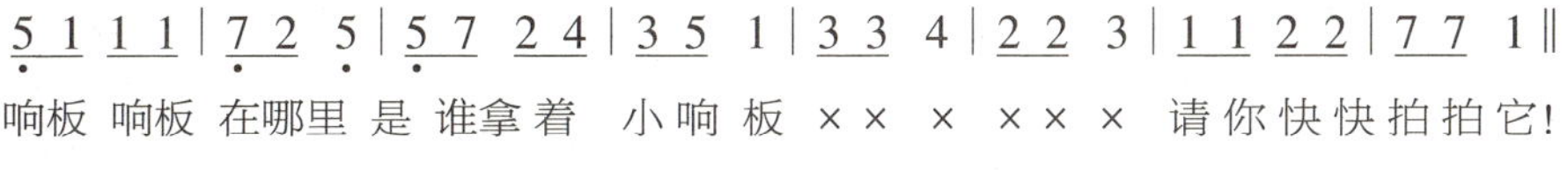

5 1 1 1 | 7 2 5 | 5 7 2 4 | 3 5 1 | 3 3 4 | 2 2 3 | 1 1 2 2 | 7 7 1 ‖

响板 响板 在哪里 是 谁拿 着 小 响 板 ×× × ×× × 请 你 快 快 拍 拍 它！

二、音乐律动：照相

活动目标：

1. 培养幼儿自创动作的能力。
2. 让幼儿通过身体的简单动作，感受音乐的节奏。
3. 增进亲子感情。

活动准备：

音乐、配班教师配合、纸板相框

活动过程：

同本篇第六课内容。

三、调性练习

活动目标：

1. 练习对音名发声的模仿能力。
2. 对基本的音高、音准进行练习。
3. 了解简单的乐理词汇。

活动准备：

电子琴或钢琴、简谱2小节

活动过程：

同本篇第六课内容。

四、主题活动：伤心和振奋的音乐

(一) 故事欣赏

在一座美丽的大森林里住着许多可爱的小动物们，有大象、小袋鼠、小鸟、小狗、小猫、小兔子。有一天早晨，小动物们又一起玩儿，可是小狗还没有来。小动物们一起去找小狗，最后在一棵大树的后面发现了他，原来他躲在大树后面哭呢。小兔子连忙问他："小狗你怎么啦?"可是，小狗不回答，只是还在哭。大家都来想办法逗小狗开心。大象从树上摘下好吃的果子送给他，小袋鼠表演跳高给他看，可是都没有用，小狗哭得更伤心啦！原来小狗的妈妈去了很远的地方，要过一阵子才能回来，小狗实在想妈妈得不行。这时小鸟想了一个好办法："别急、别急，听音乐就可以让小狗高兴起来的。"于是，小鸟放了一首音乐，可是小狗听了哭得更伤心啦！大家也觉得特别地难过，这是什么歌呢？让我们一起来听听吧（教师播放《二泉映月》）。小动物们赶紧让小鸟换首音乐。这次的音乐让小狗笑了，还和大家一起跳起了舞，这是什么音乐呢？让我们一起来听听吧（教师播放《加沃特舞曲》）。这个音乐让人听起来真高兴，还想跳舞。小朋友们，音乐怎么有这么大的魔力呀？可以让我们高兴，还可以让我们伤心呢！

注：《二泉映月》是一首很悲凉的乐曲，听着容易让人产生悲伤的情绪。很多家长质疑幼儿并没有这样的生活经历？能听得懂吗？其实幼儿并不能理解乐曲的真正含义，但是他（她）能够感受音乐带给他（她）的情绪。这就是音乐的魔力。

（二）音乐欣赏

在讲故事的过程中欣赏《二泉映月》《加沃特舞曲》。

（三）声势律动：加沃特舞曲

活动目标：

1.通过对世界名曲的欣赏和感受，拓展幼儿的音乐性。

2.让幼儿练习各种节奏。

3.为以后的创编音乐舞蹈做准备。

活动过程：

教师根据a—b—a三段式音乐结构，进行动作创编。

（四）体态律动

活动过程：

1.教师请幼儿站起来用小动物走路的动作来感受音乐的节奏。

2.教师建议幼儿可以模仿大象、小鸟、小猫、小狗、小兔子等小动物的走路模样进行活动。

（五）乐器玩奏

活动目标：

1.通过操作简单的奥尔夫打击乐器，培养幼儿的节奏感。

2.继续训练幼儿的听力及反应能力。

活动准备：

双响筒、十三铃、三角铁

图3-7-1 双响筒示意图

活动过程：

1.三段音乐分别用三种乐器演奏。

第一段时用双响筒演奏；第二段时用十三铃演奏；第三段时用三角铁演奏。

2.分组演奏。

根据教师的指挥，请家长引导幼儿交换乐器演奏。

3.乐器游走。

请幼儿挑选喜欢的乐器边走边演奏。

（五）情景表演或游戏

活动准备：

圆形障碍物、一张笑脸图片、一张哭脸图片、印章或水彩笔、音乐

活动过程：

1.教师在教室中间放置圆形障碍物，请幼儿站在障碍物内。

2.教师随机挑选音乐，请幼儿注意聆听。

3.请幼儿走出圆形障碍物，根据自己的感受用水彩笔在哭脸或者笑脸上做记号。

五、再见

活动目标：

1.培养幼儿的礼貌修养。

2.培养幼儿的耐心。

3.学会和教师告别，养成良好的礼仪习惯。

活动准备：

钢琴或电子琴

活动过程：

同本篇第一课内容。

【教学具准备】

教师教具：

故事画册，4K纸大小。内容如下：

1.在一座美丽的大森林里，大象、小袋鼠、小鸟、小猫、小兔子在一起玩。

2.小狗藏在大树后面哭，小动物在寻找小狗。

3.小动物们找到了小狗，小兔子问小狗怎么啦，小狗不理他还是哭。

4.大象从树上摘下好吃的果子给他吃，小袋鼠给他表演跳高，小狗依旧在哭。

5.这时小鸟放了一首音乐，可是小狗听了哭得更伤心啦，大家也觉得特别地难过。

6.小鸟换了一首音乐，这回小狗听了高兴地笑了起来，还和大家一起跳起了舞。

幼儿学具：

同教师教具的故事画册内容，A3纸大小。

第八课

园丁剪草

一、自我介绍及问好：小乐器在哪里

活动目标：

1.教师和幼儿家长打招呼，消除陌生感。

2.初步培养幼儿的社会交往行为。

3.给幼儿展示自己的机会，学会正确介绍自己。

活动准备：

配班教师弹琴

活动过程：

同本篇第七课内容。

二、音乐律动：照相

活动目标：

1.培养幼儿自创动作的能力。

2.让幼儿通过身体的简单动作，感受音乐的节奏。

3.增进亲子感情。

活动准备：

音乐、配班教师配合、纸板相框

活动过程：

同本篇第六课内容。

三、调性练习

活动目标：

1. 练习对音名发声的模仿能力。
2. 对基本的音高、音准进行练习。
3. 了解简单的乐理词汇。

活动准备：

电子琴或钢琴、简谱2小节

活动过程：

1. 教师请幼儿安静坐下来。
2. 请大家一起唱C大调的音阶。

简谱：

2 4 6 | 6 4 2 | 2 4 6 4 | 2 –

四、主题活动：园丁剪草

（一）故事欣赏

有一个快乐的园丁老爷爷，他有一个美丽的大花园，他的工作就是照顾花园里的小花和小草。他把这些花花草草照顾得非常好。他有一个习惯，每次剪草的时候都要听着音乐，然后他就把草剪成了音乐的形状。小朋友们，你们知道音乐是什么形状的吗？让我们一起来看看，园丁老爷爷剪草的形状。看园丁老爷爷剪的草，像小山一样，让我们起来听听，园丁老爷爷听的是什么样的一段音乐呢？（播放音乐的第一乐段，教师用手指指出图片中的图形）过一会儿园丁老爷爷又把草剪得像一个个三角形的小房子，这次他又听了什么样的音乐呢？（播放音乐的第二乐段，教师用手指画出图片中的图形）原来老爷爷真的能剪出跟音乐一样形状的图形来呀！这可真有趣，小朋友们请你们伸出手来和老师一起来感受一下老爷爷听的这首音乐吧。

（二）声势律动

活动目标：

1. 初步感受打拍子的手势。

2.感受三拍的旋律。

3.为以后音乐节拍的学习做准备。

活动过程：

A乐段：双手跟着节奏打v字形状；

B乐段：双手跟着节奏打△形；

A乐段：双手跟着节奏打v字形状。

（三）体态律动

活动过程：

请幼儿用跳跃和走路来表示3/4拍的强弱弱关系。

（四）乐器玩奏

活动准备：

三角铁、响板

图3-8-1　响板示意图

活动过程：

1.请幼儿将三角铁和响板放在地面上，随着音乐用手划过响板划V字形，用手画过三角铁三角形。

2.分段演奏。

A段时用响板演奏；B段时用三角铁演奏；A段时用响板演奏。

（五）情景表演或游戏

活动准备：

白色纸张、水彩笔

活动过程：

请幼儿边听音乐，边在纸上画出对应线条。

五、再见

活动目标：

1. 培养幼儿的礼貌修养。

2. 培养幼儿的耐心。

3. 学会和教师告别，养成良好的礼仪习惯。

活动准备：

钢琴或电子琴

活动过程：

同本篇第一课内容。

【教学具准备】

教师教具：

故事画册，4K纸大小。内容如下：

1. 园丁老爷爷在花园里照顾小花和小草，他边剪草边听着音乐。

2. 园丁老爷爷草剪成了音乐的形状，看园丁老爷爷剪的草，剪得像一个V。

3. 过一会儿，园丁老爷爷又把草剪得像一个个三角形的小房子。

幼儿学具：

同教师教具的故事画册内容，A3纸大小。

第九课

我的朋友在哪里

一、自我介绍及问好：小乐器在哪里

活动目标：

1.教师和幼儿家长打招呼，消除陌生感。

2.初步培养幼儿的社会交往行为。

3.给幼儿展示自己的机会，学会正确介绍自己。

活动准备：

配班教师弹琴

活动过程：

同本篇第七课内容。

二、音乐律动：照相

活动目标：

1.培养幼儿自创动作的能力。

2.让幼儿通过身体的简单动作，感受音乐的节奏。

3.增进亲子感情。

活动准备：

音乐、配班教老师配合、纸板相框

活动过程：

同本篇第六课内容。

三、调性练习

活动目标：

1. 练习对音名发声的模仿能力。

2. 对基本的音高、音准进行练习。

3. 了解简单的乐理词汇。

活动准备：

电子琴或钢琴、简谱2小节

活动过程：

同本篇第八课内容。

四、主题活动：我的朋友在哪里

（一）故事欣赏

小朋友们，大家有没有玩过躲猫猫的游戏啊？在玩这个游戏的时候，要请一个小朋友蒙住眼睛，其他的小朋友都藏起来，然后让这个小朋友睁开眼睛去找其他的小朋友。小朋友们玩游戏的时候都会躲在哪里呀？是不是躲在桌子下面、大树后面……我们在玩这个游戏的时候，可以请蒙住眼的小朋友从一数到七。在他（她）数数的时候，其他的小朋友都藏起来。等他（她）数完了，睁开眼睛，开始寻找藏起来的小朋友。找到一个小朋友，他（她）就说："在这里，在这里，我的朋友在这里！"朋友们都找到啦，大家一起玩得真开心！现在让我们一起来听一听这首好听的歌谣吧！

活动准备：

捉迷藏图片

（二）音乐欣赏

歌谣内容：

"一二三四五六七，我的朋友在哪里？
在这里，在这里，我的朋友在这里。
啦啦啦啦，真欢喜，同唱歌来同游戏。
笑嘻嘻，多甜蜜，我的朋友就是你！

一二三四五六七，我的朋友在哪里？

在这里，在这里，我的朋友在这里。”

（三）声势律动

活动目标：

让幼儿能自己根据歌词用动作表达自己的想法，释放天性。

活动过程：

请家长引导幼儿创编儿歌动作。

（四）体态律动

活动过程：

结合声势律动活动中幼儿创编的动作，再加上脚下动作，请幼儿们边做动作边游走。

（五）乐器玩奏

活动目标：

请幼儿自己创编动作。

活动准备：

手鼓、沙锤

活动过程：

教师可以根据自己的时间安排，引导幼儿分组演奏、看指挥演奏、分段落演奏。

（六）情景表演或游戏

活动准备：

沙锤、单铃铛

活动过程：

1.请幼儿站成一个圆圈，每人拿一种乐器。

2.教师播放音乐。音乐响起后，请幼儿根据音乐的节奏开始传送乐器，锻炼幼儿的节奏感和配合能力。

五、再见

活动目标：

1. 培养幼儿的礼貌修养。
2. 培养幼儿的耐心。
3. 学会和教师告别，养成良好的礼仪习惯。

活动准备：

钢琴或电子琴

活动过程：

同本篇第一课内容。

【教学具准备】

教师教具：

捉迷藏图片，4K纸大小。图片内容如下：

1. 公园里一个小朋友蒙住眼睛，其他的小朋友四散跑。
2. 小朋友躲在大树后面、石头后面、花丛里面等，露出半个身子。

第十课
库奇奇

一、自我介绍及问好：小乐器在哪里

活动目标：

1.教师和幼儿家长打招呼，消除陌生感。

2.初步培养幼儿的社会交往行为。

3.给幼儿展示自己的机会，学会正确介绍自己。

活动准备：

配班教师弹琴

活动过程：

同本篇第七课内容。

二、音乐律动：伊比呀呀

活动目标：

1.培养幼儿创编动作的能力。

2.让幼儿通过身体的简单动作，感受音乐的节奏。

3.增进亲子感情。

活动准备：

音乐、配班教师配合

活动过程：

1.教师引导幼儿创编四个动作：压一压、推一推、拉一拉、扭一扭。

2.教师播放音乐，随着音乐请幼儿演示创编好的动作。

三、调性练习

活动目标：

1. 练习对音名发声的模仿能力。

2. 对基本的音高、音准进行练习。

3. 了解简单的乐理词汇。

活动准备：

电子琴或钢琴、简谱2小节

活动过程：

1. 教师请幼儿安静坐下来。

2. 请大家一起唱C大调的音阶。

简谱：

3 4 5 | 3 5 1 | 5 4 3 2 | 1 –

四、主题活动：库奇奇

（一）故事欣赏

从前，在一座城堡里面住着一位美丽的公主，她被一条大恶龙锁在了城堡里。一个勇敢的骑士想要救出公主，他碰到了一位白胡子老爷爷。老爷爷告诉骑士要想救出公主会遇到很多的困难，但是遇到困难的时候可以大声喊“库、库、库奇奇”的咒语，这些困难就都可以被解决了。骑士谢过了老爷爷，骑着马走啊走（教师播音乐《库奇奇》），来到了一条河流边，他大声地喊：“库、库、库奇奇”。小朋友们可以一起和骑士喊一喊咒语：“库、库、库奇奇”。勇士走过了河流（教师播音乐《库奇奇》），又来到了一座大森林里，小朋友们和骑士大声地喊：“库、库、库奇奇”，骑士穿过了森林（教师播音乐《库奇奇》）。他又来到了一座高山前，小朋友们和勇士大声地喊：“库、库、库奇奇。”骑士翻过了高山（教师播音乐《库奇奇》）。最后他来到了城堡，看到了那条大恶龙，他拔出了宝剑，大声地喊：“库、库、库奇奇。”终于，他打败了大恶龙，救出了公主。

活动准备：

勇士头饰、公主头饰、恶龙图片、城堡

(二)体态律动

活动过程:

1.四个乐句:做出骑马的动作原地跑。

2.四个半音:拍手。

3.说第一遍咒语:双手握拳向前。

4.说第二遍咒语:双手握拳举高。

(三)乐器玩奏

活动准备:

手摇铃、响板、节奏棒、双响筒

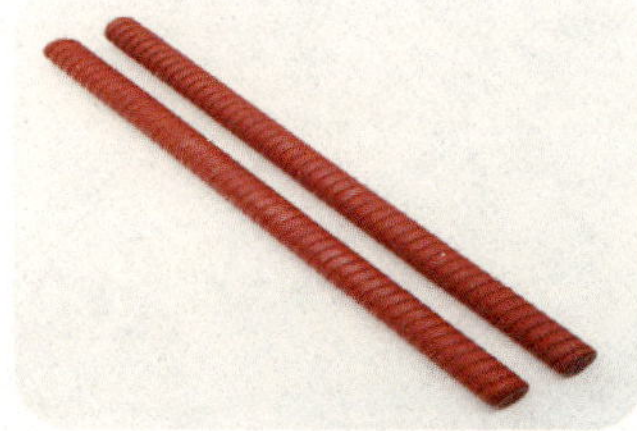

a 节奏棒

b 双响筒

图3-10-1 库奇奇活动乐器示意图

活动过程:

教师和幼儿一起创编动作。教师可以根据自己的时间安排,引导幼儿分组演奏、看指挥演奏、分段落演奏。

(四)情景表演或游戏

活动准备:

障碍物、四个台阶、纱巾、一筐图书

活动过程:

1.教师放置障碍物和台阶,并请两名家长拉起纱巾站在台阶的最高处,纱巾后面放置一筐图书。

2.请幼儿穿越障碍,走上四个台阶。

3.请幼儿指着纱巾(山洞门)喊出咒语。第一遍咒语时,双手向前指着喊,“库、库、库奇奇”;第二遍咒语时,双手指向天空喊,“库、库、库奇奇”。

4. 请家长打开纱巾，让幼儿通过并拿一本书返回。

五、再见

活动目标：

1. 培养幼儿的礼貌修养。

2. 培养幼儿的耐心。

3. 学会和教师告别，养成良好的礼仪习惯。

活动准备：

钢琴或电子琴

活动过程：

同本篇第一课内容。

第十一课
懒惰虫

一、自我介绍及问好：小乐器在哪里

活动目标：

1.教师和幼儿家长打招呼，消除陌生感。

2.初步培养幼儿的社会交往行为。

3.给幼儿展示自己的机会，学会正确介绍自己。

活动准备：

配班教师弹琴

活动过程：

同本篇第七课内容。

二、音乐律动：伊比呀呀

活动目标：

1.培养幼儿创编动作的能力。

2让幼儿通过身体的简单动作，感受音乐的节奏。

3.增进亲子感情。

活动准备：

音乐、配班教师配合

活动过程：

同本篇第十课内容。

三、调性练习

教学活动目标：

1. 练习对音名发声的模仿能力。

2. 对基本的音高、音准进行练习。

3. 了解简单的乐理词汇。

活动准备：

电子琴或钢琴、简谱2小节

活动过程：

同本篇第十课内容。

四、主题活动：懒惰虫

（一）故事欣赏

从前有一个小宝宝他实在是太懒啦，大家都叫他懒懒。这是多难听的名字啊！他懒得不想动，什么事情都要妈妈帮忙。他每天懒得不起床，起来后还要让妈妈帮他穿衣服，吃饭的时候要妈妈喂他吃，连走路都要妈妈抱着。他上学经常迟到。有一天晚上，懒懒睡着了，突然听到有人在说话："朋友们，懒懒不喜欢我们，他从来都不用我们，我们一点儿用都没有，我们还是走吧！"（教师可以提问："小朋友们猜猜这是谁在说话呢？哦！原来是懒懒的胳膊和腿。"）说着，懒懒的胳膊就自己走了。"那咱们也走吧！"说着，懒懒的腿也走了。懒懒迷迷糊糊地醒来了，"天呐，我怎么成了这个样子了？"懒懒知道自己错了，没有和自己的胳膊、腿成为好朋友，现在他们都离开了，懒懒好难过啊！他跟妈妈承认了错误，保证以后再也不偷懒啦。（教师可以提问："你们猜猜懒懒的胳膊和腿又回来了吗？当然回来了。原来是懒懒做了一场梦"。）从此以后，懒懒真的再也不偷懒了。

（二）音乐欣赏

活动过程：

1. 教师播放音乐。

2. 第一乐段时，请幼儿闭上眼睛欣赏这首音乐。

3.第二、三乐段时，请幼儿拍手进行学唱。

（三）声势律动

活动过程：

教师和幼儿一起创编动作。

（四）体态律动

活动过程：

教师和幼儿一起创编动作。

（五）乐器玩奏

活动准备：

手摇铃、红色节奏棒

活动过程：

教师可以根据自己的时间安排，引导幼儿分组演奏、看指挥演奏、分段落演奏。

（六）情景表演或游戏

活动准备：

纱巾、毛绒玩具

活动过程：

1.请幼儿趴在地垫上，家长用纱巾将幼儿的双脚绑起来。

2.请幼儿模仿小虫子的样子向前蠕动。

3.请幼儿从玩具筐里取一个毛绒玩具，然后再像小虫子一样蠕动着返回到起点。

五、再见

活动目标：

1.培养幼儿的礼貌修养。

2.培养幼儿的耐心。

3.学会和教师告别，养成良好的礼仪习惯。

活动准备：

钢琴或电子琴

活动过程：

同本篇第一课内容。

【教学具准备】

教师教具：

故事画册，4K纸大小。内容如下：

1. 懒懒让妈妈帮他穿衣服、吃饭，还要抱着他走。

2. 懒懒睡着啦，做梦梦见自己的胳膊和腿在说话。

3. 懒懒的胳膊不见了。

4. 懒懒的腿也不见了。

5. 懒懒迷迷糊糊地醒来了，很伤心。

6. 懒懒跟妈妈承认了错误。

7. 懒懒的胳膊和腿又回来了。

幼儿学具：

同教师教具的故事画册的内容，A3纸大小。

第十二课
我们大家做得好

一、自我介绍及问好：小乐器在哪里

活动目标：

1. 教师和幼儿家长打招呼，消除陌生感。

2. 初步培养幼儿的社会交往行为。

3. 给幼儿展示自己的机会，学会正确介绍自己。

活动准备：

配班教师弹琴

活动过程：

同本篇第七课内容。

二、音乐律动：伊比呀呀

活动目标：

1. 培养幼儿创编动作的能力。

2让幼儿通过身体的简单动作，感受音乐的节奏。

3. 增进亲子感情。

活动准备：

音乐、配班教师配合

活动过程：

同本篇第十课内容。

三、调性练习

活动目标：

1.练习对音名发声的模仿能力。

2.对基本的音高、音准进行练习。

3.了解简单的乐理词汇。

活动准备：

电子琴或钢琴、简谱2小节

活动过程：

1.教师请幼儿安静坐下来。

2.请大家一起唱C大调的音阶。

简谱：

1 1 5 5 | 6 6 5 | 4 4 3 3 | 2 2 1

四、主题活动：我们大家做得好

（一）活动主题引导

教师引出活动主题，可以这样说："今天老师带来了一个娃娃，她可以和我做一样的动作。我要是把手举起来，这个娃娃也可以把手举起来，和我的动作一模一样。"主班教师出示提线娃娃，控制好提线以后，请配班教师发出指令："请你跟我这样做。"配班教师做出肢体动作，主班教师操作提线娃娃做出相应的肢体动作。主班教师可以请小朋友们发出指令："请你跟我这样做。"小朋友表演动作，教师操作提线娃娃，模仿做出相同的动作。"现在提线娃娃带来了她的魔法球，就是这个红鼻子，谁带上了这个红鼻子，就要和她做一样的动作。"请家长帮幼儿戴好红鼻子后，教师操作提线娃娃，并发出指令："请你跟我这样做。"请家长引导幼儿做出相同的动作。

活动准备：

提线娃娃、红鼻子玩具

（二）音乐欣赏

请幼儿欣赏音乐。

(三)声势律动

活动目标:

1.通过对身体的拍打，让幼儿加深对身体部位名称的认知。

2.让幼儿练习稳定的节奏。

3.为以后的音乐舞蹈做准备。

活动过程:

教师和幼儿一起创编动作。

(四)体态律动

活动过程:

1.拍手、往前双脚跳。

2.踏步、往前双脚跳。

(五)乐器玩奏

活动目标:

1.通过操作简单的奥尔夫打击乐器，培养幼儿稳定的节奏感。

2.继续训练幼儿的听力。

3.让幼儿学会看指挥做动作，为以后的教学做准备。

活动准备:

沙蛋、十三铃、西班牙响板

图3-12-1 沙蛋示意图

活动过程:

教师可以根据自己的时间安排，引导幼儿分组演奏、看指挥演奏、分段落演奏。

（六）情景表演或游戏

活动准备：

彩虹伞（舞台）

活动过程：

1. 教师将彩虹伞平铺在地垫上。

2. 请幼儿面向彩虹伞站成一个圆圈。

3. 请幼儿创编动作，并围着彩虹伞跳舞。

五、再见

活动目标：

1. 培养幼儿的礼貌修养。

2. 培养幼儿的耐心。

3. 学会和教师告别，养成良好的礼仪习惯。

活动准备：

钢琴或电子琴

活动过程：

同本篇第一课内容。

第十三课
开车舞

一、自我介绍及问好：小乐器在哪里

活动目标：

1.教师和幼儿家长打招呼，消除陌生感。

2.初步培养幼儿的社会交往行为。

3.给幼儿展示自己的机会，学会正确介绍自己。

活动准备：

配班教师弹琴

活动过程：

同本篇第七课内容。

二、音乐律动：落叶

活动目标：

1.培养幼儿感知动作的能力。

2.让幼儿通过身体的简单动作，感受音乐的节奏。

3.增进亲子感情。

活动准备：

音乐、树叶若干、配班教师配合

活动过程：

教师边唱儿歌边做动作，请家长引导幼儿一起学做动作。

“风儿你带什么来”，双手举过头顶，身体随着节奏左右摇摆；

“一片树叶落下来”，双手慢慢下落，模仿树叶落下来动作；

“叮”，捡起落下来的一片树叶（拿在手里）；

“风儿你带什么来”，双手举过头顶，身体随着节奏左右摇摆；

“两片树叶落下来”，双手慢慢下落，模仿树叶落下来动作；

“叮叮”，捡起地上落下来的两片树叶（拿在手里）；

“风儿你带什么来”，双手举过头顶，身体随着节奏左右摇摆；

“三片树叶落下来”，双手慢慢下落，模仿树叶落下来动作；

“叮叮叮”，捡起地上落下来的三片树叶（拿在手里）；

“风儿你带什么来”，双手举过头顶，身体随着节奏左右摇摆；

“四片树叶落下来”，双手慢慢下落，模仿树叶落下来动作；

“叮叮叮叮”，捡起地上落下来的四片树叶（拿在手里）；

“风儿你带什么来”，双手举过头顶随着节奏左右摇摆；

“树叶全都掉下来”，双手慢慢下落，模仿树叶落下来动作，将手中的树叶全部抛洒出去。

三、调性练习

活动目标：

1. 练习对音名发声的模仿能力。

2. 对基本的音高、音准进行练习。

3. 了解简单的乐理词汇。

活动准备：

电子琴或钢琴、简谱2小节

活动过程：

同本篇第十二课内容。

四、主题活动：开车舞

（一）活动主题引导

教师引出活动主题，可以这样说：“小朋友们有没有坐过汽车啊？马路上有很多不同的汽车，有私家车，出租车，救护车，警车，洒水车，摩托车，卡车，公交车等等。老师也会开车，今天我邀请小朋友们来坐车。开车的时候，我们要握好方向盘，方向盘向左转的时候，小汽车就会往左边走，方向盘向右转的时候，小汽车就会往右边走。我的小汽车上还有油门和刹车，我想要开车走的时候要踩油门，要让车停下来的时候，要踩刹车。请小朋友们想一想小汽车通过十字路口的时候，要看什么啊？对了，要看交通信号灯，绿灯的时候我们要开车走，红灯的时候我们要把车停下来。我们一起来学学这个动作啊！”教师创编踩油门、踩刹车、左转、右转等动作，请家长引导幼儿学习动作。教师继续说：“接下来我们一起听着音乐开车啦，我先请小朋友们来欣赏《开车舞》。”

活动准备：

各种汽车图片

（二）音乐欣赏

播放音乐，请幼儿闭上眼睛，欣赏这首音乐。

（三）声势律动

活动目标：

释放天性，让幼儿自由选择创编动作。

活动过程：

请幼儿自己创编四个动作。

（四）体态律动

活动过程：

请幼儿边踏步走，边结合声势律动做双手动作，达到手脚的协调性。

（五）乐器玩奏

活动目标：

锻炼幼儿看指挥做动作的能力，为将来学习做准备。

活动准备：

西班牙响板、双响筒、节奏棒、手摇铃

活动过程：

教师可以自己指挥，把幼儿分组，用四种乐器齐奏或者两两合奏。

（六）情景表演或游戏

活动准备：

一个方向盘、红灯卡片、绿灯卡片、黄灯卡片

活动过程：

1. 请幼儿排成长队，排在第一个的幼儿当司机。

2. 主班教师手持信号灯卡片，配班教师根据主班教师给出的信号，做出红灯停、黄灯踏步等待、绿灯通行的动作。

3. 请幼儿们开始“开汽车”，可以左转、右转，并根据两位教师的提示踩油门、踩刹车。

五、再见

活动目标：

1. 培养幼儿的礼貌修养。

2. 培养幼儿的耐心。

3. 学会和教师告别，养成良好的礼仪习惯。

活动准备：

钢琴或电子琴

活动过程：

同本篇第一课内容。

第十四课

魔盒握手

一、自我介绍及问好：小乐器在哪里

活动目标：

1.教师和幼儿家长打招呼，消除陌生感。

2.初步培养幼儿的社会交往行为。

3.给幼儿展示自己的机会，学会正确介绍自己。

活动准备：

配班教师弹琴

活动过程：

同本篇第七课内容。

二、音乐律动：落叶

活动目标：

1.培养幼儿感知动作的能力。

2.让幼儿通过身体的简单动作，感受音乐的节奏。

3.增进亲子感情。

活动准备：

音乐、树叶若干、配班教师配合

活动过程：

同本篇第十三课内容。

三、调性练习

活动目标：

1. 练习对音名发声的模仿能力。

2. 对基本的音高、音准进行练习。

3. 了解简单的乐理词汇。

活动准备：

电子琴或钢琴、简谱2小节

活动过程：

同本篇第十三课内容。

四、主题活动：魔盒握手

（一）活动主题引导

教师引出活动主题，可以这样说："老师发现了一个神奇的盒子，它是一个魔盒。这个盒子里面装了很多长长的声音，我们先来听一听这个声音有多长，看一看长长的声音是什么样的。老师现在对着魔盒大声地说la——，然后看看能拉出来一个多长的声音。"教师边发音边拉出长毛线，毛线全部拉出来后，停止声音。"大家看，我的声音有这么长。小朋友们想不想试一试你的声音有多长啊？"教师请幼儿来做声音长度的练习。所有幼儿完成长音练习后，教师说："现在，我们要把我们长长的声音再藏到我们的魔盒中，让它来帮我们保护好我们长长的声音吧！"

活动准备：

魔盒、丝带或者毛线、剪刀

（二）声势律动

活动目标：

1. 通过动作感受音乐的长短。

2. 让幼儿练习自己创编音乐。

活动过程：

1. 拍手、绕手。

2.握手。

3.引导幼儿创编动作，比如藏眼睛、猪鼻子、碰脸、堵住耳朵、碰屁股、拥抱等。

(三)乐器玩奏

活动准备:

沙蛋、手摇铃、西班牙响板

活动过程:

教师可以根据自己的时间安排，引导幼儿分组演奏、看指挥演奏、分段落演奏。

(四)情景表演或游戏

活动准备:

音乐

活动过程:

1.教师和所有的小朋友拉成一长队。

2.音乐响起开始踏步走或者匀速跑步。

3.听到长音时蹲下。

五、再见

活动目标:

1.培养幼儿的礼貌修养。

2.培养幼儿的耐心。

3.学会和教师告别，养成良好的礼仪习惯。

活动准备:

钢琴或电子琴

活动过程:

同本篇第一课内容。

第十五课
动物园

一、自我介绍及问好：小乐器在哪里

活动目标：

1. 教师和幼儿家长打招呼，消除陌生感。
2. 初步培养幼儿的社会交往行为。
3. 给幼儿展示自己的机会，学会正确介绍自己。

活动准备：

配班教师弹琴

活动过程：

同本篇第七课内容。

二、音乐律动：落叶

活动目标：

1. 培养幼儿感知动作的能力。
2. 让幼儿通过身体的简单动作，感受音乐的节奏。
3. 增进亲子感情。

活动准备：

树叶若干，音乐，配班教师配合

活动过程：

同本篇第十三课内容。

三、调性练习

活动目标：

1.练习对音名发声的模仿能力。

2.对基本的音高、音准进行练习。

3.了解简单的乐理词汇。

活动准备：

电子琴或钢琴、简谱2小节。

活动过程：

1.教师请幼儿安静坐下来。

2.请大家一起唱C大调的音阶。

简谱：

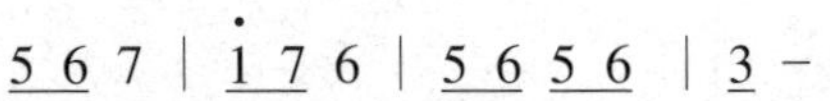

5 6 7 | $\dot{1}$ 7 6 | 5 6 5 6 | 3 –

四、主题活动：动物园

（一）故事欣赏

今天动物园里要开舞会了，邀请了很多的小动物参加舞会，有小兔子、黑熊、小鸭子、小鸟。每个小动物都有不同的本领。小兔子是一个很大方的小动物，表演了跳、跳、跳的动作。小黑熊有些害羞，它不好意思地说：“我给大家表演一下我走路的样子吧。”小黑熊走起路来笨笨的，逗得小动物们哈哈大笑。小鸭子也表演了自己走路的样子，小鸭子走起路来摇摇摆摆的。小鸟表演了扇动翅膀飞呀飞。

教师提问：“小朋友们想学一学谁的本领呢？我们一起听听它们都表演了什么呢？然后我们和它们一起参加舞会吧。”

活动准备：

小兔子、黑熊、小鸭子、小鸟的图片

（二）音乐欣赏

播放音乐，请幼儿闭上眼睛，欣赏这首音乐。

（三）体态律动

活动过程：

音乐前奏时芭蕾舞手位，唱歌词的时候模仿小动物的动作。

“小小兔子出来玩，跳呀跳，跳呀跳”，伸出双手食指和中指放在头顶，跳一跳；

“小小兔子出来玩，跳呀跳呀跳”，同上面的动作；

“小小黑熊出来玩，走呀走，走呀走”，双手叉腰，原地踏步；

“小小黑熊出来玩，走呀走呀走”，同上面的动作；

“小小鸭子出来玩，走呀走，走呀走”，双臂下垂、双手撑开、掌心向下，摇晃身体；

“小小鸭子出来玩，走呀走呀走”，同上面的动作；

“小小鸟儿出来玩，飞呀飞，飞呀飞”，伸开双臂、上下扇动；

“小小鸟儿出来玩，飞呀飞呀飞”，同上面的动作。

（四）乐器玩奏

活动目标：

释放幼儿的天性。

活动准备：

手鼓、手摇铃、双响筒

活动过程：

1. 请幼儿创编动作。

2. 给幼儿分组，看教师指挥演奏乐器。

（五）情景表演或游戏

活动准备：

纱巾、小动物头饰

活动过程：

1. 请家长给幼儿戴好头饰。

2. 间奏部分时，请家长手持纱巾把幼儿藏在里面，平行移动。

3. 唱歌谣时，请幼儿根据歌词模仿小动物动作。

五、再见

活动目标：

1.培养幼儿的礼貌修养。

2.培养幼儿的耐心。

3.学会和教师告别，养成良好的礼仪习惯。

活动准备：

钢琴或电子琴

活动过程：

同本篇第一课内容。

【教学具准备】

教师教具：

小兔子、黑熊、小鸭子、小鸟图片。

幼儿教具：

小兔子、黑熊、小鸭子、小鸟头饰。

第十六课
影子

一、自我介绍及问好：小乐器在哪里

活动目标：

1.教师和幼儿家长打招呼，消除陌生感。

2.初步培养幼儿的社会交往行为。

3.给幼儿展示自己的机会，学会正确介绍自己。

活动准备：

配班教师弹琴

活动过程：

同本篇第七课内容。

二、音乐律动：茉莉花

活动目标：

1.培养幼儿自创动作的能力。

2.让幼儿通过左右摆动，转圈，抖动纱巾等简单动作，感受音乐的节奏。

活动准备：

音乐、纱巾、三角铁、碰钟、鼓，配班教师配合

活动过程：

1.教师把幼儿分成两组，一组手拿乐器，一组手拿纱巾。

2.引导幼儿和教师一起创编动作，原地起舞——演奏乐器或抖动纱巾。

三、调性练习

活动目标:

1.练习对音名发声的模仿能力。

2.对基本的音高、音准进行练习。

3.了解简单的乐理词汇。

活动准备:

电子琴或钢琴、简谱2小节。

活动过程:

同本篇第十五课内容。

四、主题活动:影子

(一)活动主题引导

教师引出活动主题，可以这样说:“今天老师带来了一个新朋友，它可以和我做一样的动作，也可以变成各种各样的样子，它还会各种变化。变成大大的，变成小小的，变成长长的，变成短短的。现在我要把这个新朋友带出来了，请大家仔细看看(教师可以做手影让小朋友直观理解影子的含义)。我们的影子就是我们做什么动作，它就做什么动作，是不是?今天我先邀请小朋友来做我的影子，我做什么动作，就请小朋友学我做什么动作!(教师示范8次八分音符节奏，可以拍头、拍手、拍腿等)有没有小朋友想来做影子游戏?”教师邀请几位小朋友上来展示自己的创编动作，其他小朋友模仿做动作。

活动准备:

影子箱

(二)声势律动

活动目标:

1.培养幼儿创编动作的能力。

2.培养幼儿的想象力。

3.为以后的音乐舞蹈创编做准备。

活动过程:

1.教师做动作，大家一起模仿。

2. 两位小朋友一组，一位先做动作，另一位模仿动作。

（三）体态律动

活动过程：

1. 教师引导幼儿创编动作，模仿各种小动物的动作。

2. 教师做动作，大家一起模仿。

3. 两位小朋友一组，一位先做动作，另一位模仿动作。

（四）乐器玩奏

活动目标：

让幼儿学会看指挥做动作，为以后的教学做准备。

活动准备：

多种乐器

活动过程：

1. 教师拿一种乐器，做一种动作，幼儿做教师的影子，模仿一遍。

2. 教师选择不同的乐器，做不同的动作，请幼儿进行模仿。

（五）情景表演或游戏

活动准备：

纸、画笔

活动过程：

分多步骤画简笔线条画，教师画一笔，幼儿画一笔。

五、再见

活动目标：

1. 培养幼儿的礼貌修养。

2. 培养幼儿的耐心。

3. 学会和教师告别，养成良好的礼仪习惯。

活动准备：

钢琴或电子琴

活动过程：

同本篇第一课内容。

第十七课
拨弦

一、自我介绍及问好：小乐器在哪里

活动目标：

1.教师和幼儿家长打招呼，消除陌生感。

2.初步培养幼儿的社会交往行为。

3.给幼儿展示自己的机会，学会正确介绍自己。

活动准备：

配班教师弹琴

活动过程：

同本篇第七课内容。

二、音乐律动：茉莉花

活动目标：

1.培养幼儿自创动作的能力。

2.让幼儿通过左右摆动，转圈，抖动纱巾等简单动作，感受音乐的节奏。

活动准备：

音乐、纱巾、三角铁、碰钟、鼓，配班教师配合

活动过程：

同本篇第十六课内容。

三、调性练习：总复习

活动目标：

1. 练习对音名发声的模仿能力。
2. 对基本的音高、音准进行练习。
3. 了解简单的乐理词汇。

活动准备：

电子琴或钢琴、简谱

活动过程：

1. 教师请幼儿安静坐下来。
2. 请大家一起唱C大调的音阶。

简谱：

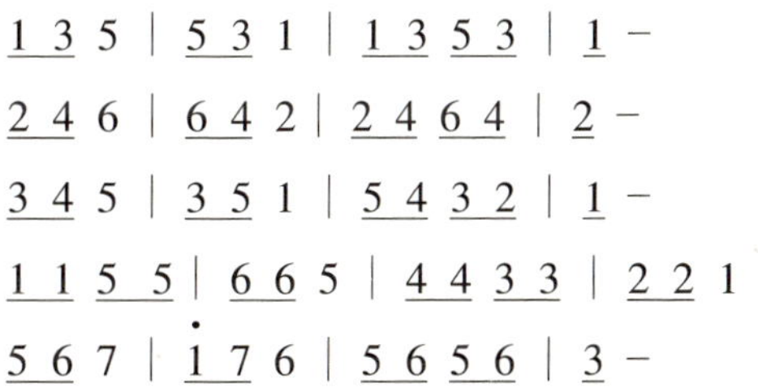

1 3 5 | 5 3 1 | 1 3 5 3 | 1 –

2 4 6 | 6 4 2 | 2 4 6 4 | 2 –

3 4 5 | 3 5 1 | 5 4 3 2 | 1 –

1 1 5 5 | 6 6 5 | 4 4 3 3 | 2 2 1

5 6 7 | 1̇ 7 6 | 5 6 5 6 | 3 –

四、主题活动：拨弦

（一）故事欣赏

大森林里要开音乐会了，有个小朋友叫天天，他也很想去参加音乐会，可是他不知道音乐会在哪里举行。这可怎么办啊？忽然天天想到了一个办法，“我找一个导游就好了呀。听说大灰狼也要去参加舞会，可我不敢去问大灰狼。对了，我悄悄地跟着大灰狼不就行了吗！”天天想到了好办法，心里高兴起来了。

到了音乐会的那一天，天天就准备悄悄地跟在大灰狼的后边，可要是被大灰狼发现了可怎么办呢？对了，要是大灰狼回头看，天天就赶紧藏到大灰狼的后面不就行了吗！如果大灰狼走得快，天天也走得快，大灰狼走得慢，天天也走得慢。

（教师引出活动主题，可以这样说：“小朋友们，我们帮帮天天吧！我想了一个好办法，把橡皮筋拴在杯子上，拨动一下，它就发出轻轻的“嘣嘣”的声音。每当大灰狼要转头的时候，我们就拨动橡皮筋，提醒天天一下。”)

就这样，天天一路跟着大灰狼就到了音乐会现场，天天太高兴了，他和小动物们一起参加了音乐会。等到了回去的时候，天天由于来的时候太紧张了，不认识回去的路，怎么办呢？没关系，天天有好办法！还是悄悄地跟着大灰狼不就行了吗！

活动准备：

橡皮筋、杯子

（二）声势律动

1.教师发给每位幼儿一根橡皮筋和杯子。

2.教师请幼儿欣赏音乐，当有“嘣嘣”声的时候，请幼儿也拨动橡皮筋。

（三）体态律动

活动过程：

A段：每一乐句的最后两拍请幼儿跳两下。

B段：请大家随着音乐摇动身体。

A段：每一乐句的最后两拍请幼儿跳两下。

（四）乐器玩奏

活动准备：

铝板琴

图3-17-1　铝板琴示意图

活动过程：

请幼儿在听到“嘣嘣”声时，刮动铝板琴。

（五）情景表演或游戏

活动准备：

纱巾、大灰狼头饰

活动过程：

1. 请家长手拿丝巾扮演大树，教师戴大灰狼头饰扮演大灰狼。

2. 请幼儿跟着“大灰狼”走，在听到“嘣嘣”声的时候，教师转头，幼儿要马上藏到“大树”的后边。

五、再见

活动目标：

1. 培养幼儿的礼貌修养。

2. 培养幼儿的耐心。

3. 学会和教师告别，养成良好的礼仪习惯。

活动准备：

钢琴或电子琴

活动过程：

同本篇第一课内容。

第十八课
啤酒桶与小老鼠

一、自我介绍及问好：小乐器在哪里

活动目标：

1.教师和幼儿家长打招呼，消除陌生感。

2.初步培养幼儿的社会交往行为。

3.给幼儿展示自己的机会，学会正确介绍自己。

活动准备：

配班教师弹琴

活动过程：

同本篇第七课内容。

二、音乐律动：茉莉花

活动目标：

1.培养幼儿自创动作的能力。

2.让幼儿通过左右摆动，转圈，抖动纱巾等简单动作，感受音乐的节奏。

活动准备：

音乐、纱巾、三角铁、碰钟、鼓，配班教师配合

活动过程：

同本篇第十六课内容。

三、调性练习：总复习

活动目标：

1. 练习对音名发声的模仿能力。

2. 对基本的音高、音准进行练习。

3. 了解简单的乐理词汇。

活动准备：

电子琴或钢琴、简谱

活动过程：

同本篇第十七课内容。

四、主题活动：啤酒桶与小老鼠

（一）故事欣赏

从前，有一个地方又脏又臭，是一个垃圾站，从来都没有人住。有一天，一位叔叔路过这里，他把一个啤酒桶扔进了一个垃圾袋，一股啤酒味儿飘了出来。这个香味儿被住在附近的小老鼠闻到了，于是他找啊找，顺着味儿很快就找到了垃圾站，找到了好大的一只啤酒桶呀，小老鼠太高兴了，他开始大口大口地喝啤酒，不一会儿就喝饱啦。可这时他想到了朋友们，于是小老鼠就给朋友们打电话："喂，朋友们，快来垃圾站，这里有好多的啤酒。"小老鼠的朋友们都来了，他们围着大啤酒桶，又喝又跳。正在他们玩得高兴的时候，听到一个声音哭着说："呜——，我也想和你们一起玩儿。"小老鼠问："是谁哭了？""是我，我是啤酒桶"。"你为什么哭呀？""我也想和你们一起玩儿"，啤酒桶说。小老鼠说："你没有手，也没有脚，怎么和我们一起玩儿呀？"这时啤酒桶哭得更伤心了，一只红老鼠说："别哭了，别哭了，我有一个好办法，在晚上12点钟三下敲，你就能长出手和脚了。"啤酒桶听了很高兴。小老鼠们七手八脚地找来了一口小钟。等到晚上12点钟，"丁丁丁"，红老鼠敲完三下钟后（教师用三角铁或碰钟敲3下），啤酒桶真的长出了手、脚和头。啤酒桶真高兴呀，他和小老鼠们在一起玩儿。天亮的时候红老鼠又敲了三下钟，"丁丁丁"（教师用三角铁或碰钟敲3下），真神奇啊，啤酒桶的头、手和脚又不见啦！小老鼠说："啤酒桶，明天晚上咱们再来一起玩儿，再见。”

活动准备：

老鼠手偶、啤酒桶卡片、三角铁或碰钟

（二）情景游戏和表演

1.教师分配角色，请幼儿分别扮演小老鼠、红老鼠、其他老鼠、小钟，进行表演。

2.其他幼儿当观众。

3.结束后大家交换角色，再表演一次。

五、再见

活动目标：

1.培养幼儿的礼貌修养。

2.培养幼儿的耐心。

3.学会和教师告别，养成良好的礼仪习惯。

活动准备：

钢琴或电子琴

活动过程：

同本篇第一课内容。